傷痕文學大系 7

共產黨監獄裡一個死囚的故事

鍾耀南◎著

LITERARY TIMES

博客思出版社

「看他的過去就可以知道他的現在，
看他的過去和現在就可以知道他的將來」

——毛澤東（1945）

當初，我都不敢相信我能把這幾份文件保存到今天。在監獄裡，私藏判決書是「不認罪服法，抗拒改造」的表現。有時甚至可以是死罪的依據。

共產黨把判決書交到你手上，一般都不會馬上把它收回去，不過，每年五六次的大搜查，所有的起訴書，判決書都是收繳的重點。連手抄本都不例外。為防有人把這些有損改造秩序的東西縫在棉被裏面，每年總有一兩次要求在犯人間互相調換棉被，你不知道你收藏的東西會落到誰的手裏，到時候就會被翻出來上繳上去。

共產黨之所以不允許犯人保留這些東西，一方面是不想讓一些舊知識份子或者懂法律的人憑基本法理觀念去批判判決書上的荒誕，再就是因為判決書上都是以誇張的政治口號來代替法律原則。而且毋需以客觀事實為依據，這就完全經不起理性的挑戰；更重要的是共產黨對犯人的量刑，首先是看該犯的階級出身，家庭成份和個人歷史，其次才是犯罪情節，而且還要配合當時的政治形勢需要。因此，同一種罪行，有的人是重罪輕判，有的卻是輕罪重判；太平時期是輕判，運動當頭是重判。犯人間不許談案情，不許保留判決書都是為了杜絕犯人間互相比較案情和判刑，避免人人鬧上訴提申訴，否則，所謂「認罪服法，安心改造」的局面就無法維持。

請不要問我是怎樣可以把這些荒誕又兒戲的文件保存到今天的，總之在千千萬萬的勞改犯當中，能把這幾頁東西完好地保存到今天，可以說是絕無僅有，這些碩果僅存的文件，對瞭解和研究共產黨的所謂「法治」，實在彌足珍貴。

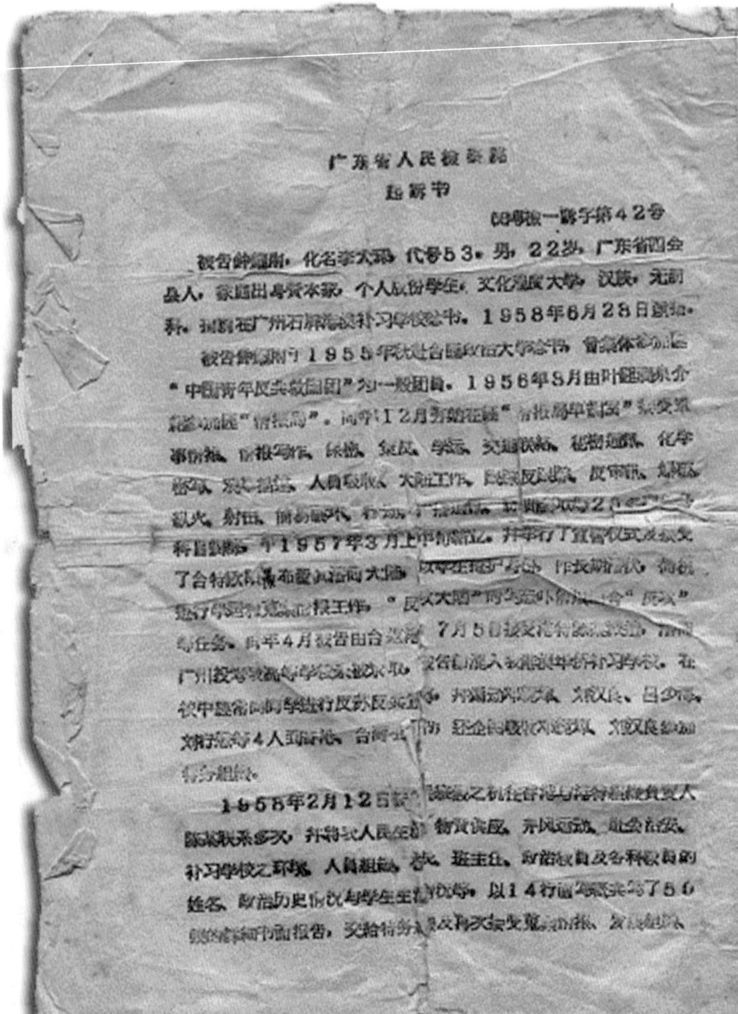

广东省人民检察院

起诉书

(58)粤检一诉字第42号

被告钟[illegible]，化名李大[illegible]，代号53，男，22岁，广东省四会县人，家庭出身资本家，个人成份学生，文化程度大学，汉族，无前科，[illegible]在广州石牌[illegible]补习学校念书。1958年6月28日[illegible]。

被告[illegible]于1955年秋赴台湾[illegible]大学念书，曾[illegible]参加“中国青年反共救国团”为一般团员。1956年8月由[illegible]介绍参加[illegible]“情报局”。同年12月开始在[illegible]“[illegible]”[illegible]事情报、[illegible]、[illegible]、[illegible]、[illegible]、交通联络、秘密通讯、化学[illegible]、[illegible]、人员吸收、大陆工作、[illegible]、[illegible]、[illegible]、射击、[illegible]等25[illegible]科目训练。于1957年3月上旬[illegible]，并举行了宣誓仪式及接受了[illegible]“反攻大陆”[illegible]“反攻”[illegible]等任务。同年4月被告由台湾[illegible]7月5日[illegible]广州[illegible]补习学校。在[illegible]刘汉良、吕少[illegible]、[illegible]等4人[illegible]、台湾[illegible]刘汉良参加特务组织。

1958年2月12日被告[illegible]之前在香港与[illegible]联系多次，并将我人民[illegible]物资供应、[illegible]运动、[illegible]、补习学校之环境、人员组织、校长、班主任、政治教员及各种教员的姓名、政治历史情况与学生[illegible]等，以14行[illegible]写了56[illegible]报告，交给特务[illegible]。

廣東省人民檢察院 起訴書 (58)粵檢一訴字第42號

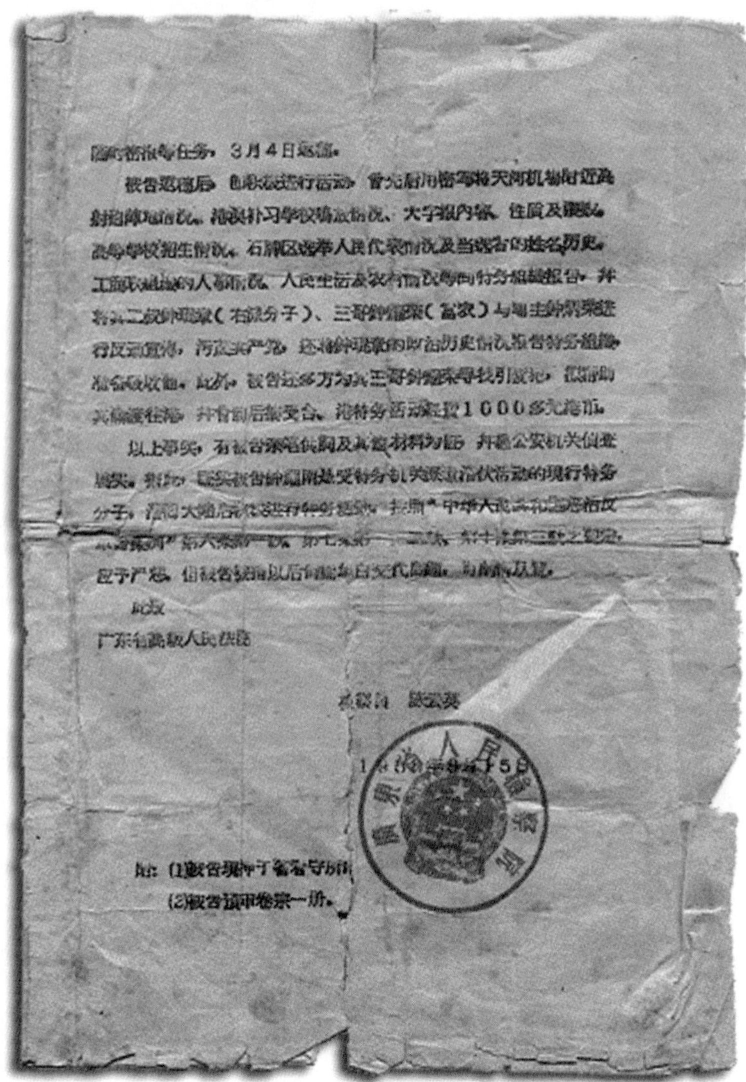

[illegible]任务，3月4日返穗。

被告返穗后，仍积极进行活动，曾先后用密写将天河机场附近高射炮阵地情况、补习学校情况、大字报内容、性质及[illegible]、各学校招生情况、石牌区选举人民代表情况及当选者的姓名历史、工商改造的人事情况、人民生活及农村情况等向特务组织报告，并将其二叔[illegible]（右派分子）、三哥[illegible]（富农）与地主[illegible]进行反动宣传，污蔑共产党，还将[illegible]的政治历史情况报告特务组织，[illegible]。此外，被告还多方为其三哥[illegible]寻找引渡地，[illegible]往港，并曾前后接受台、港特务活动经费1000多元港币。

以上事实，有被告亲笔供词及其他材料为证，并经公安机关侦查属实。据此，证实被告[illegible]是受特务机关派遣潜伏活动的现行特务分子，潜回大陆后积极进行特务活动，按照《中华人民共和国惩治反革命条例》第六条第一款、第七条第[illegible]款、第十[illegible]条第三款之规定，应予严惩。但被告到案以后能坦白交代罪行，[illegible]。

此致

广东省高级人民法院

检察员 [illegible]

19[illegible]年9月15日

附：(1)被告现押于省看守所。

(2)被告预审卷宗一册。

廣東省人民檢察院
起訴書

(58) 粵檢一訴字第 42 號

被告鍾耀南，化名李大琛，代號 53。男，22 歲，廣 東省 四會縣人，家庭出身資本家，個人成份學生，文化程度大學，漢族，無前科。捕 前 在 廣 州石牌港澳補習學校唸書。1958 年 6 月 28 日逮捕。

被告鍾耀南於 1955 年秋赴臺匪政治大學唸書，曾集體參 加 匪“中 國 青 年 反共救國團”為一般團員，1956 年 8 月由葉匪潤泉介紹參加匪“情報局”。同年 12 月開始在匪“情報局單訓室” 接受 軍事情報、情報寫作、保密、策反、學運、交通聯絡、秘密通訊、 化學密寫、觀察描述、人員吸收、大陸工作、跟蹤反跟蹤、反審訊、爆破、縱火、射擊、簡易破壞、行動、廣播通訊、訪問套取等 20 多項 特 務科目訓練，於 1957 年 3 月上中旬結業。並舉行了宣誓 儀 式及 接 受了臺特歐陽晟佈置其潛回大陸，以學生掩護身份，作長期潛伏，伺 機進行學運和蒐集情報工作，“反攻大陸” 時 寫恐嚇信以配合“反攻”等任務。同年 4 月被告由臺返港，7 月 5 月 接受港特陳某派遣，潛 回廣州投考我高等學校未被錄取，被告即混入我港澳華僑補習學校 。在校中經常向同學進行反蘇反共宣傳，並煽動鄧鏡輝、劉漢良、呂少海、劉行懋等 4 人到香港、臺灣去唸書；還企圖吸收 鄧鏡輝、 劉漢良參加特務組織。

1958 年 2 月 12 日 被告乘寒假之機 往香港與港特組織負責人陳某聯系多次，並將我人民生活、 物資供應、 整風運動、 社會治安、補習學校之環境、人員組織， 校長、 班主任、政治教員及各科教員的姓名、 政治歷史情況與學生生活情況等，以 14 行直寫紙共寫了 50 張的詳細書面報告， 交給特務組織及再次接受蒐集情報、 發展組織、

這是 1958 年的起訴書，罪名是現行特務。

隨時密報等任務，3 月 4 日返穗。

被告返穗後，即積極進行活動，曾先後用密寫將天河機場附近高射砲陣地情況、港澳補習學校鳴放情況、大字報內容、性質及張數、高等學校招生情況、石牌區選舉人民代表情況及當選者的姓名歷史、工商聯組織的人事情況、人民生活及農村情況等向特務組織報告，並將其二叔鍾焜章（右派份子）三哥鍾耀桑（富農）與地主鍾炳桑進行反動宣傳，污蔑共產黨，還將鍾琨章的政治歷史情況報告特務組織，準備吸收他。此外，被告還多方為其三哥鍾耀桑尋找引渡犯，擬幫助其偷渡往港。並曾前後接受臺、港特務活動經費 1000 多元港幣。

以上事實，有被告親筆供詞及其他材料為證，並經公安機關偵查屬實。據此，證實被告鍾耀南是受特務機關派遣潛伏活動的現行特務分子，潛回大陸後積極進行特務活動。按照"中華人民共和國懲治反革命條例"第六條第一款、第七條第一、二款、第十條第三款之規定，應予嚴懲。但被告被捕以後尚能坦白交代問題，可酌情從寬。

此致\

廣東省高級人民法院

檢察員　陳雲英

1958 年 9 月 15 日

附：（1）被告現押於省看守所

（2）被告預審卷宗一冊

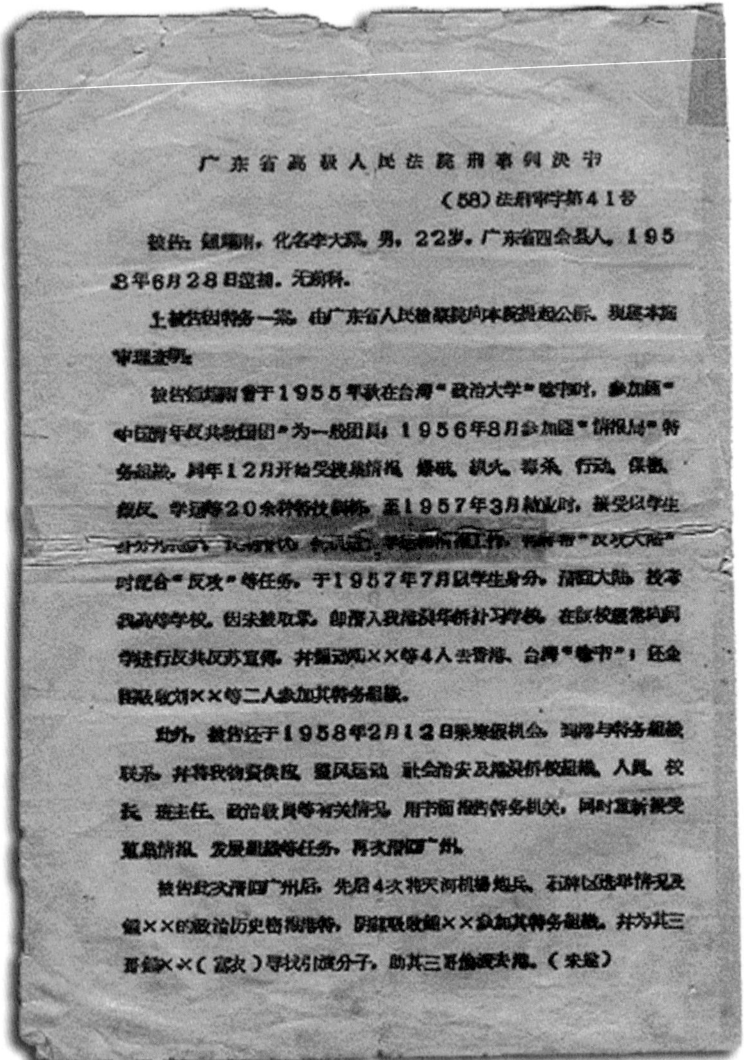

廣東省高級人民法院刑事判決書　（58）法刑審字第41號

广东省高级人民法院刑事判决书

（58）法刑审字第41号

被告：鍾耀南，化名李大聪，男，22岁，广东省四会县人，1958年6月28日逮捕，无前科。

上被告特务一案，由广东省人民检察院向本院提起公诉，现经本院审理查明：

被告鍾耀南曾于1955年秋在台湾"政治大学"读书时，参加匪"中国青年反共救国团"为一般团员；1956年8月参加匪"情报局"特务组织，同年12月开始受搜集情报、爆破、纵火、暗杀、行动、保密、策反、学运等20余种特务技术训练，至1957年3月结业时，接受以学生[illegible]"反攻大陆"时配合"反攻"等任务。于1957年7月以学生身分，潜回大陆，投考我高等学校，因未被取录，即潜入我[illegible]华侨补习学校，在该校经常向同学进行反共反苏宣传，并煽动冯××等4人去香港、台湾"读书"；还企图发展刘××等二人参加其特务组织。

此外，被告还于1958年2月12日乘寒假机会，潜港与特务组织联系，并将我物资供应、整风运动、社会治安及[illegible]侨校组织、人员、校长、班主任、政治教员等有关情况，用书面报告特务机关，同时重新接受蒐集情报、发展组织等任务，再次潜回广州。

被告此次潜回广州后，先后4次将天河机场炮兵、石牌区选举情况及鍾××的政治历史书面报告特务，阴谋联系鍾××参加其特务组织，并为其三哥鍾××（富农）寻找引渡分子，助其三哥偷渡去港。（未完）

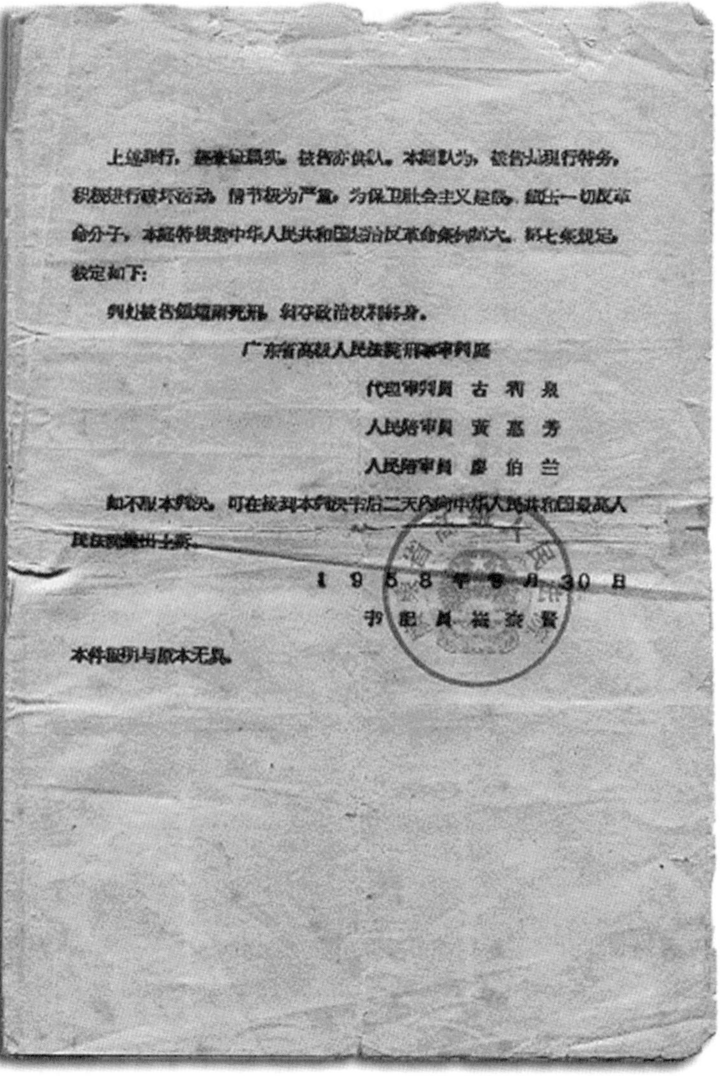

上述罪行，證據確实，被告亦供認。本庭認为，被告从事特务，积极进行破坏活动，情节极为严重，为保卫社会主义建設，鎮压一切反革命分子，本庭特根据中华人民共和国惩治反革命条例第六、第七条規定，判决如下：

判处被告鍾端爾死刑，剥夺政治权利終身。

广东省高级人民法院刑事审判庭

代理审判員 古 莉 泉

人民陪审員 黄 惠 秀

人民陪审員 廖 伯 兰

如不服本判决，可在接到本判决书后三天內向中华人民共和国最高人民法院提出上訴。

1 9 5 8 年 [illegible] 月 30 日

书記員 [illegible]

本件証明与原本无異。

廣 東 省 高 級 人 民 法 院 刑 事 判 決 書

（58）法刑審字第41號

被告：鍾耀南，化名李大琛。男，22歲。廣東省四會縣人。1958年6月28日逮捕。無前科。

上被告因特務一案，由廣東省人民檢察院向本院提起公訴。現經本庭審理查明:

被告鍾耀南曾於1955年秋在臺灣"政治大學"唸書時，參加匪"中國青年反共救國團"為一般團員；1956年8月參加匪"情報局"特務組織，同年12月開始受搜集情報、爆破、縱火、毒殺、行動、保密、策反、學運等20餘種特技訓練。至1957年3月結業時，接受以學生身份為掩護，長期潛伏，伺機進行學運和情報工作，待蔣幫"反攻大陸"時配合"反攻"等任務。於1957年7月以學生身份。潛回大陸。投考我高等學校。因未被取錄，即潛入我港澳華僑補習學校。在該校經常向同學進行反共反蘇宣傳。並煽動鄧XX等4人去香港、臺灣"唸書"；還企圖吸收劉XX等二人參加其特務組織。

此外，被告還於1958年2月12日乘寒假機會，到港與特務組織聯系，並將我物資供應。整風運動。社會治安及港澳僑校組織。人員、校長。班主任、政治教員等有關情況，用書面報告特務機關，同時重新接受蒐集情報、發展組織等任務，再次潛回廣州。

被告此次潛回廣州後，先後4次將天河機場炮兵、石牌區選舉情況及鍾XX的政治歷史密報港特，陰謀吸收鍾XX參加其特務組織。並為其三哥鍾XX（富農）尋找引渡分子，助其三哥偷渡去港。（未遂）

第一次死刑判決，全過程雖然不足半個鐘，卻是我多次加減刑中唯一的一次正式站在法庭上聽判。

上述罪行，經查證屬實。被告亦供認。本庭認為，被告是現行特務，積極進行破壞活動，情節極為嚴重，為保衛社會主義建設，鎮壓一切反革命份子，本庭特根據中華人民共和國懲治反革命條例第六、第七條規定。裁定如下:

判處被告鍾耀南死刑，剝奪政治權利終身。

廣東省高級人民法院刑事審判庭

代理審判員　古 利 泉
人民陪審員　黃 惠 芳
人民陪審員　廖 伯 蘭

如不服本判決，可在接到本判決書後二天內向中華人民共和國最高人民法院提出上訴。

1 9 5 8 年 9 月 30 日

書 記 員　崔 奎 賢

本件證明與原本無異。

本件證明與原本無異。

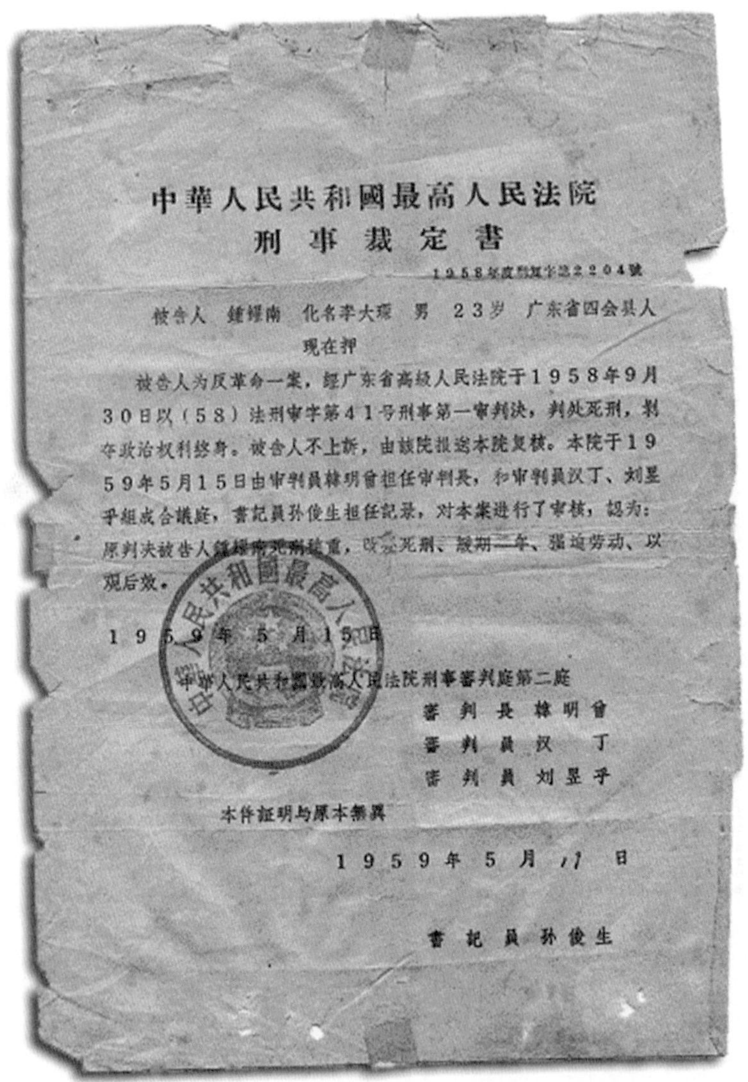

中華人民共和國最高人民法院
刑事裁定書

1958年度刑复字第2204號

被告人　鍾燿南　化名李大琛　男　23岁　广东省四会县人
现在押

被告人为反革命一案，經广东省高級人民法院于1958年9月30日以（58）法刑审字第41号刑事第一审判决，判处死刑，剝夺政治权利終身。被告人不上訴，由該院报送本院复核。本院于1959年5月15日由审判員韓明會担任审判長，和审判員汉丁、刘昱乎組成合議庭，書記員孙俊生担任記录，对本案进行了审核，認为：原判决被告人鍾燿南死刑过重，改处死刑、緩期二年、强迫劳动、以观后效。

1959年5月15日

中華人民共和國最高人民法院刑事審判庭第二庭

審判長　韓明會
審判員　汉　丁
審判員　刘昱乎

本件証明与原本無異

1959年5月11日

書記員　孙俊生

中華人民共和國最高人民法院 刑事裁定書　1958年度刑複字第2204號

中華人民共和國最高人民法院
刑事裁定出書
1958年度刑複字第2204號

被告人 鍾耀南 化名李大琛 男 23歲 廣東四會縣人 現在押

被告人為反革命一案，經廣東省高級人民法院於1958年9月30日以（58）法刑審字第41號刑事第一審判決，判處死刑，剝奪政治權利終身。被告人不上訴，由該院報送本院複核，本院於1959年5月15日由審判員韓明曾擔任審判長，和審判員漢丁、劉昱乎組成合議庭，書記員孫俊生擔任記錄，對本案進行了審核，認為：原判決被告人鍾耀南死刑稍重，改處死刑、緩期二年、強迫勞動、以觀後效。

1959年5月15日

中華人民共和國最高人民法院刑事審判庭第二庭

審判長 韓明曾

審判員 漢 丁

審判員 劉昱乎

本件證明與原本無異

1959年5月19日

書記員 孫俊生

廣東法院說我是現行特務，到了北京忽然變成反革命了。誰的罪大一點，我至今不懂。

曲江縣人民法院刑事判決書　（62）刑訴字第1號

曲江县人民法院刑事判决书

（62）分刑诉字第1号

公诉人：曲江县人民检察院检察员郭[illegible]。

被　告：钟耀南，男，25岁，出身地主，本人成份学生，汉族，高中文化，广东省[illegible]人，有前科，现在广东省第二监狱改造。

被告因抗拒改造一案，业经本院审理终结，查明：

被告钟耀南因现行特务案，1958年6月12日被判处死刑，缓期二年，强迫劳动，以观后效。

被告在死缓期间一贯不服管守法，在改造中进行各种破坏活动，大肆诬蔑我人民政府和社会主义制度，[illegible]人民公社、大跃进、总路线[illegible]苦战三年吃不饱[illegible]

[illegible]

同犯共同抗拒改造。对国内外形势，钟更肆意歪曲，大[illegible]反动[illegible]言论，进行造谣恐吓，说美国已[illegible]打苏联，世界大战会打起来，蒋介石快反攻大陆，犯人有[illegible]之日，有[illegible]之时了。[illegible]，并与同犯[illegible]、[illegible]、[illegible]等用文字[illegible]，[illegible]。在劳动中一贯消极怠工，严重地破坏生产秩序，於1962年3月间有一天在劳动中擅自离开工地，被[illegible]，企图逃跑。被告还於1961年勾结[illegible]、[illegible]等组织逃跑集团，企图[illegible]，[illegible]同犯等罪行。

根据上述罪行，经审理属实，本人供认不讳。反革命分子钟耀南因现行特务罪被我人民法院判处死刑缓期。但被告反动本质毫无悔改，继续坚持与人民为敌的反动立场，在死缓期间表现极坏，思想十分反动，情节严重。据此，本院特根据中华人民共和国劳动改造条例第71条第[illegible]

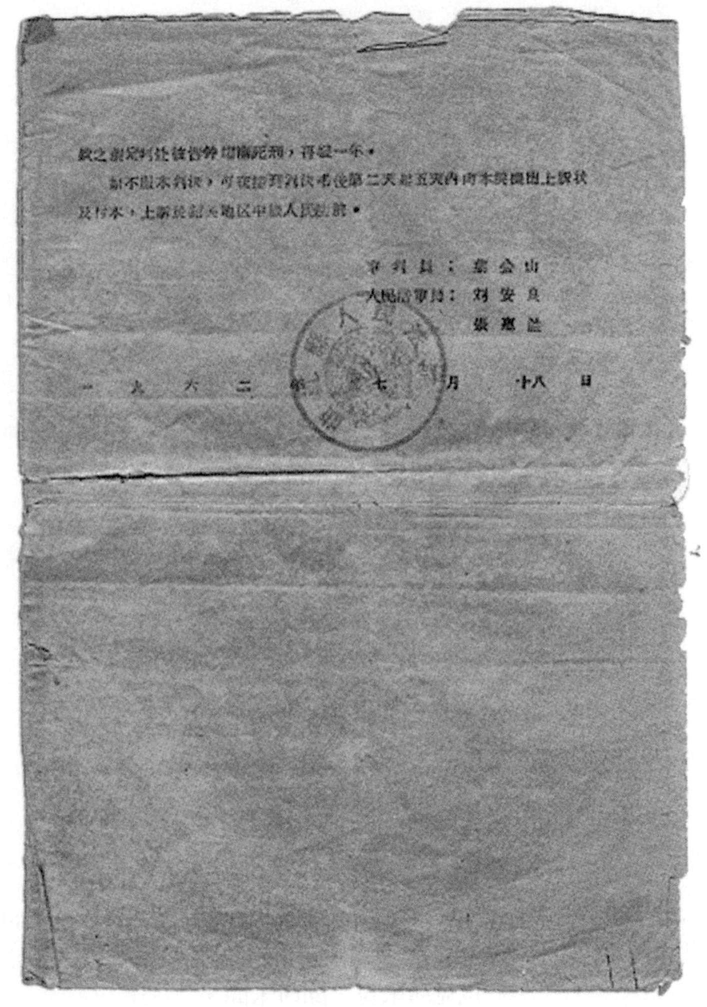

款之規定判處被告[illegible]死刑，[illegible]一年。

如不服本判決，可在接到判決書後第二天起五天內向本院提出上訴狀及付本，上訴於[illegible]地区中級人民法院。

審判員：[illegible]公山

人民陪審員：刘安良

張[illegible]

一九六二年七月十八日

曲 江 縣 人 民 法 院 刑 事 判 決 書

（62）ㄉ刑訴字第 1 號

公訴人：曲江縣人民檢察院檢察員鄧紹珍。

被　告：鍾耀南，男，25 歲，出身華僑，本人成份學生，漢族，高中文化，廣東四會縣人，有前科，現在廣東省第二監獄改造。

被告因抗拒改造一案，業經本院審理終結，查明：

被告 鍾耀南因現行特務案，1958 年 6 月 12 日被捕判處死刑，緩期二年，強迫勞動，以觀後效。

被告在死緩期間一貫不認罪守法，在改造中進行各種破壞活動，大肆謾罵我人民政府和社會主義制度，惡毒污衊人民公社、大躍進、總路線說苦戰三年吃不飽，越戰越糟等。並污罵我勞改政策說現代的犯人不如舊社會的狗和豬。同時，狂妄地提出中國犯人要有國際紅十字會監督，以煽動同犯共同抗拒改造。對國內外形勢，鍾犯則加以歪曲，大肆宣揚反動變天言論，進行造謠恐嚇，說美國己武裝西德攻打蘇聯，世界大戰會打起來，蔣介石快反攻大陸，犯人有翻身之日，有報仇之時了。宣揚香港的阿飛舞，並與同犯黃栽華、陳志杰、蘇長增等用英文講外國語，唱黃色反動歌曲在勞動中一貫消極怠工，嚴重地破壞監規守則，於 1961 年 3 月間有一次在勞動中擅自離開工地，越過警戒線，企圖逃跑。被告還於 1961 年偽造事實向我假報罪犯羅銳章、陳金等組織逃跑集團。企圖騙取立功，陷害同犯等罪行。

根據上述罪行，經審理屬實，本人供認不諱。反革命份子鍾耀南前因現行特務罪為最高人民法院裁定處死緩刑。但被告反動本質毫無悔改，繼續堅持與人民為敵的反動立場，在死緩期間表現極壞，思想十分反動，情節嚴重。為此，本院特根據中華人民共和國勞動改造條例第 71 條第二、四款之規定判處被告鍾耀南死刑，再緩一年。

如不服本判決可在接到判決書後第二天起五天內向本院提出上訴狀及副本，上訴於韶關地區中級人民法院。

審判員：葉會山
人民陪審員：劉安良
張惠蘭

一九六二年七月十八日

奇文共賞 請勿錯過

本人於 1958 年 6 月 28 日被逮捕。原來 6 月 12 日已被判了死刑。法定死緩兩年，為何三年不殺。所謂死刑再緩一年，連我這資深勞改犯也見所未見，聞所未聞。

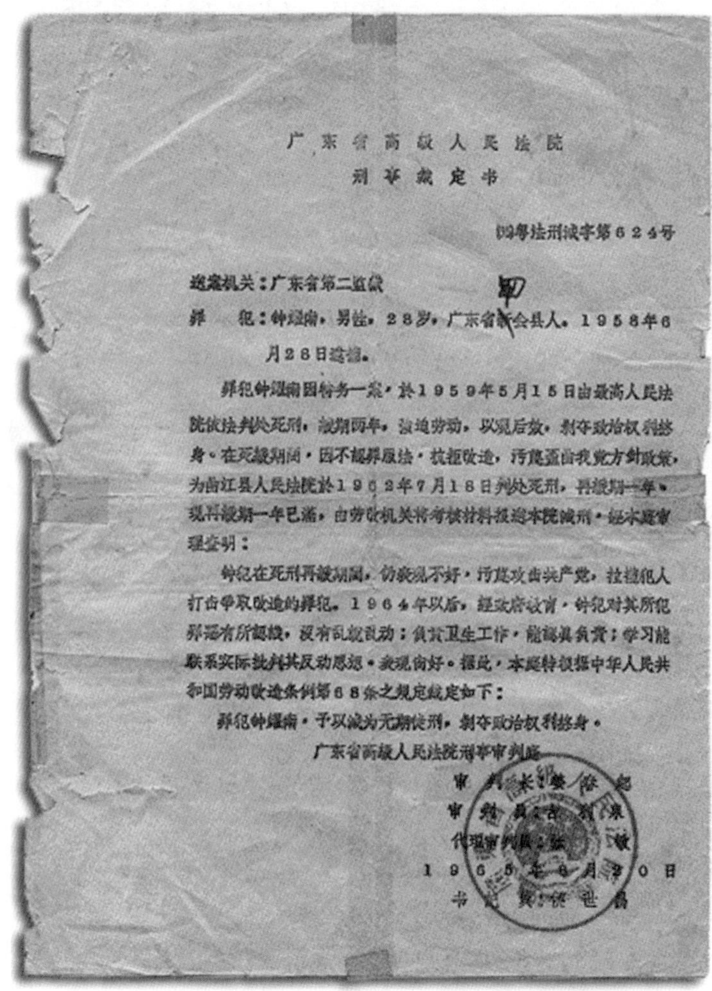
广东省高级人民法院

刑事裁定书

(65)粤法刑减字第624号

送案机关：广东省第二监狱

罪　犯：钟[illegible]南，男性，28岁，广东省新会县人。1958年6月28日逮捕。

罪犯钟[illegible]南因特务一案，於1959年5月15日由最高人民法院依法判处死刑，缓期两年，强迫劳动，以观后效，剥夺政治权利终身。在死缓期间，因不認罪服法，抗拒改造，污蔑歪曲我党方针政策，为曲江县人民法院於1962年7月18日判处死刑，再缓期一年。现再缓期一年已满，由劳改机关将考核材料报送本院减刑，经本庭审理查明：

钟犯在死刑再缓期间，仍表现不好，污蔑攻击共产党，拉拢犯人打击争取改造的罪犯。1964年以后，经政府教育，钟犯对其所犯罪恶有所認識，没有乱说乱动；負責卫生工作，能認真負責；学习能联系实际批判其反动思想，表现尚好。据此，本庭特根据中华人民共和国劳动改造条例第68条之规定裁定如下：

罪犯钟[illegible]南，予以减为无期徒刑，剥夺政治权利终身。

广东省高级人民法院刑事审判庭

审判长：[illegible]

审判员：[illegible]

代理审判员：[illegible]

1965年[illegible]月[illegible]0日

书记员：[illegible]

廣東省高級人民法院 刑事裁定書 (65)法刑減字第624號

三哥 [illegible] 大埔番.
唐山鉄道学院.
七哥. [illegible]
七嫂: [illegible]
八哥. [illegible] 2501 [illegible]
六哥 增城县委. 农林局长.
九姐 广东省第一人民医院
[illegible]科主任.

1965.8.28.上午[illegible]

廣東省高級人民法院
刑事裁定書

（65）粵法刑減字第624號

送案機關：廣東省第二監獄
罪　　犯：鍾耀南，男性，28歲，廣東省新會縣人。1958年6月28日逮捕。

罪犯鍾耀南因特務一案，於1959年5月15日由最高人民法院依法判處死刑，緩期兩年，強迫勞動，以觀後效，剝奪政治權利終身。在死緩期間，因不認罪服法，抗拒改造，污衊歪曲我黨方針政策，為曲江縣人民法院於1962年7月18日判處死刑，再緩期一年，現再緩期一年己滿，由勞改機關將考核材料報送本院減刑，經本庭審理查明::

鍾犯在死刑再緩期間，仍表現不好，污衊攻擊共產黨，拉攏犯人打擊爭取改造的罪犯。1964年以後，經政府教育，鍾犯對其所犯罪惡有所認識，沒有亂說亂動；負責衛生工作，能認真負責；學習能聯系實際批判其反動思想。表現尚好。據此，本庭特根據中華人民共和國勞動改造條例第68條之規定裁定如下：

罪犯鍾耀南，予以減為無期徒刑，剝奪政治權利終身。

廣東省高級人民法院刑事審判庭
審判長：姜春起
審判員：古利泉
代理審判員：張　敏
1965年8月20日
書記員：侯世昌

本人祖藉四會。知錯而改，再錯再改（參看刑事裁定書 原件）。候斬期間縱使仍表現不好，污蔑攻擊共產黨。只因一時經濟好轉，一片太平景象，於是刀下留人，改我無期。不過共產黨視法律如兒戲卻沒改。

青海省高級人民法院刑事裁定書

（77）青法刑減字第109號

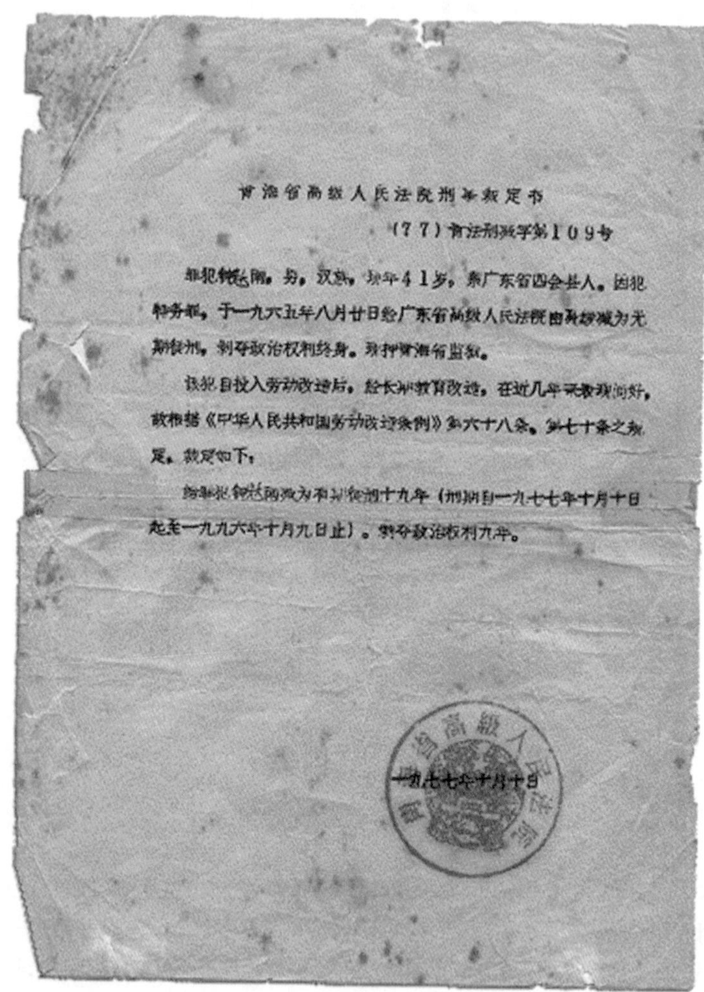

青海省高级人民法院刑事裁定书

（77）青法刑减字第109号

罪犯钟达明，男，汉族，现年41岁，系广东省四会县人。因犯特务罪，于一九六五年八月廿日经广东省高级人民法院由死缓减为无期徒刑，剥夺政治权利终身。现押青海省监狱。

该犯自投入劳动改造后，经长期教育改造，在近几年来表现尚好，故根据《中华人民共和国劳动改造条例》第六十八条、第七十条之规定，裁定如下：

将罪犯钟达明减为有期徒刑十九年（刑期自一九七七年十月十日起至一九九六年十月九日止）。剥夺政治权利九年。

一九七七年十月十日

青海省高級人民法院刑事裁定書

（77）青法刑減字第 109 號

罪犯鍾耀南，男，漢族，現年 41 歲，系廣東省四會縣人。因犯特務罪，於一九六五年八月廿日經廣東省高級人民法院由死緩減為無期徒刑，剝奪政治權利終身。現押青海省監獄。

該犯自投入勞動改造後，經長期教育改造，在近幾年來表現尚好，故根據《中華人民共和國勞動改造條例》第六八條，第七十條之規定，裁定如下：

給罪犯鍾耀南減為有期徒刑十九年（刑期自一九七七年十月十日起至一九九六年十月九日止）。剝奪政治權利九年。

一九七七年十月十白

關押了十九年，改判後還要再關十九年，完了再剝奪政治權利九年，共產黨對待所謂階級敵人，那怕不殺死你，也要關死你。總共四十七年， 如果毛澤東不死，能活著回家的能有幾個？

兒時

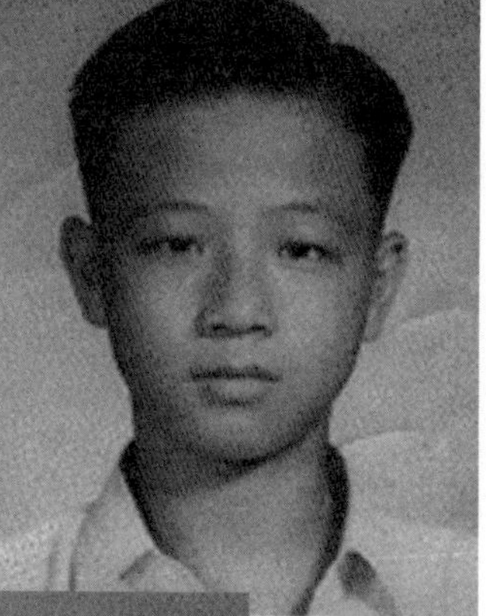

小學

初中

一個幸福的家，不過，自從來了共產黨……

入獄前

出獄後

剛出獄在青海西寧塔爾寺，全寺只有我們兩個遊人。

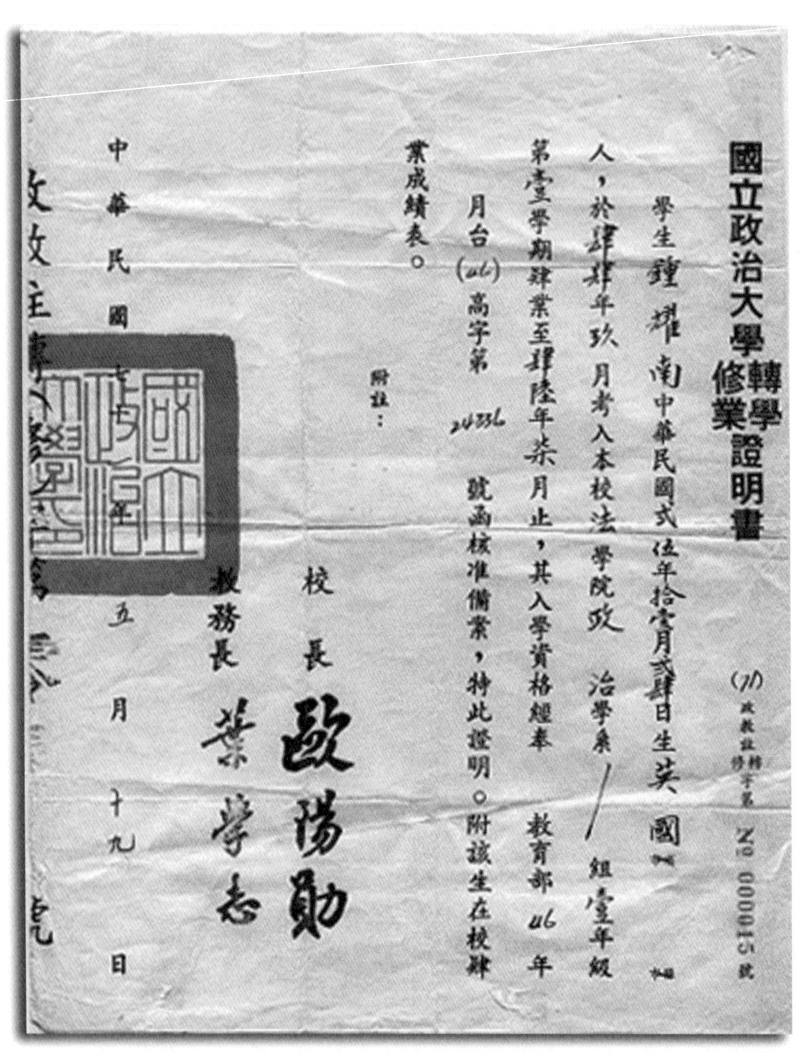

國立政治大學轉學修業證明書

(71)政教註轉字第 No 000015 號

學生鍾維南　中華民國貳伍年拾壹月貳肆日生　英國
人，於肆肆年玖月考入本校法學院政治學系／組壹年級
第壹學期肄業至肆陸年柒月止，其入學資格經奉教育部46年
月台(46)高字第24336號函核准備案，特此證明。附該生在校肄
業成績表。

附註：

校長　歐陽勛

教務長　葉學志

中華民國七[illegible]年五月十九日

這是離校入陸前辦的休學證明，以為很快可以反攻大陸再回校修業（成績表不好意思貼出來）。

作者站在後排中間位置。

在台北師大對面單訓室與輔導員。

1956 年在日月潭，左三為作者本人。

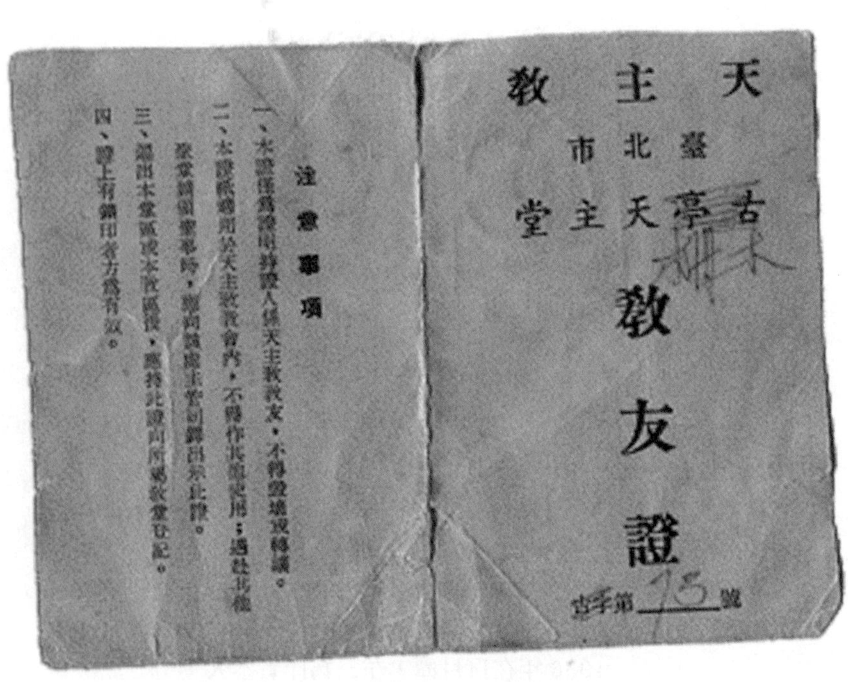

天主教
臺北市
古亭天主堂
教友證
字第 15 號

注意事項
一、本證係為證明持證人係天主教教友，不得毀壞或轉讓。
二、本證祇適用於天主教教會內，不得作其他使用；遇赴其他聖堂領聖事時，應向該堂主堂司鐸出示此證。
三、遷出本堂區或本教區時，應持此證向所屬教堂登記。
四、證上有鈐印者方為有效。

入陸前，蔡任漁神父為我洗禮

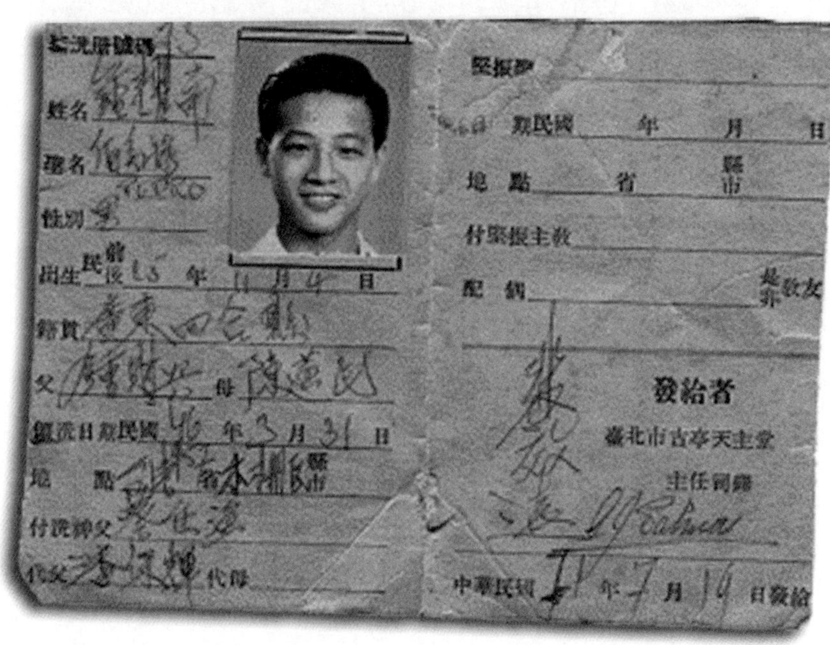

領洗冊號碼

姓名

聖名

性別

出生民前/後 年 月 日

籍貫

父 母

領洗日期民國 年 月 日

地點 省 縣/市

付洗神父

代父 代母

堅振聖名

日期民國 年 月 日

地點 省 縣/市

付堅振主教

配偶 是/非教友

發給者

臺北市古亭天主堂

主任司鐸

中華民國 年 月 日發給

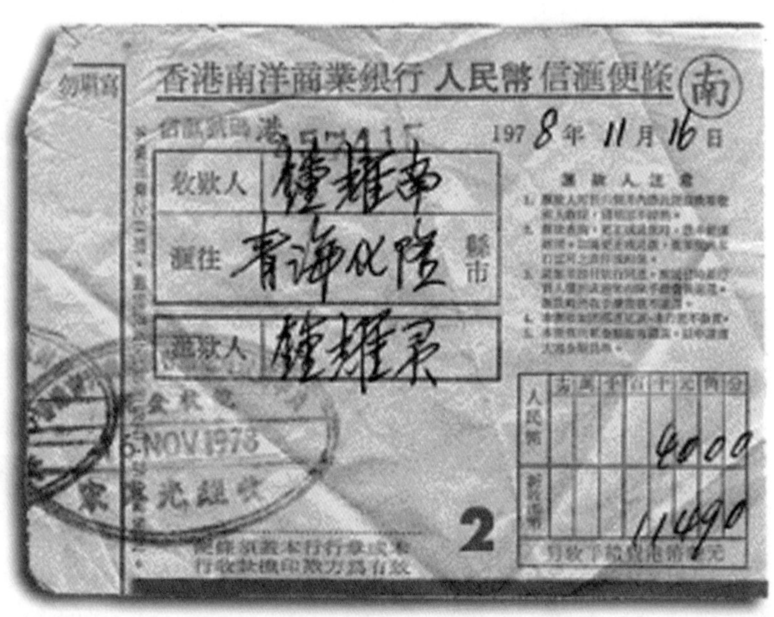

香港南洋商業銀行人民幣信滙便條 (南)

信匯號碼港……415　197 8 年 11 月 16 日

收款人	鍾耀南	
匯往	青海化隆	縣市
匯款人		

匯款人注意

人民幣 4000

港幣 11490

16 NOV 1978

2

毛澤東死了，才第一次收到海外接濟。

大陸文革剛結束，妹妹秀瓊冒險由加國遠赴北京公安部為我申訴，
促使優先處理我輕罪重判問題。

這位就是曾到江門收容站為我贖身，並對我說：「我吃粥你吃粥，我吃飯你也吃飯」的七哥和七嫂。穿黑衣的是我哥的日裔丈母娘，是東北鐵路局總工程師遺孀，曾以日諜罪坐牢，今已被日本政府接回，安享晚年。

當人人視我這個「反革命勞改釋放犯」如痲瘋病患者時，只有這家人敢冒大不韙把我留下。

今天，她已經投向曾被她「打倒」過千萬遍的美帝國主義懷抱，
找到了她的天堂。

曾經千方百計把我推落深淵的親姐姐，也被她死心塌地效忠過的共產黨弄得家破人亡，她出賣過我也沒說聲對不起，我還是原諒了她，因為她的內心世界肯定比我還要痛苦。她畢竟曾經是個共產黨。

前言

一九三六年在香港出生的我，今年算是七十七歲了。我這一生，走過了別人只在電影或者小說裡才見過的人生路。而我，也快走到人生的盡頭了。曾經很想把我一生的故事同人分享，但往往只開了個頭，就被人岔開。

有類似經驗的過來人說：

「有啥稀奇？在大陸，那個年頭，誰沒吃過苦頭？」沒嚐過人生苦難的孩子更會說：

「太老土了吧！過去的事還搬出來。」能耐心聽下去的也只會：

「說了我也不懂，別說了。」

不錯，坊間也有不少記述一些人在大陸所經歷的故事，但都離不開主觀上對共產黨的痛恨。而在回顧和記錄我這一生的過程中，這種感覺反而不太強烈。我承認我反共，也不滿共黨的專制，所以自從一九八一年回到出生地香港這三十多年以來，我一天也沒回過大陸去，我不願意再見到共產黨的嘴臉，對過去，我沒有仇恨。如果有，也不知道該恨誰，因為這齣悲劇，是時代的悲劇。這齣悲劇仍在上演，只是換了導演和粉飾了一些情節而已。

今天，想用輕鬆一點的筆調，寫下我所能記得起的事實。希望能給別人不太沉重的感覺，這本不算是政治書籍，你可以在這裡面讀到一些其他同類書籍裡所沒有記錄下來的小故事，可以當作閒談的資料，也可作為消閒讀物。

我寫下這十幾萬字是寫給看得懂的人看的，不懂的請就此打住，

去幹你懂的事情。

目錄

第一章 童年

我的家

一九三六年，我出生在香港上環、蘇杭街一個小手工業的家庭，一幢只有四層高的舊唐樓的三樓。所謂居所，實際上同時是個小工廠，十幾臺腳踏縫紉機，十來個女工，做的是成人吊襪帶和兒童的吊褲帶。產品經當時的「南洋庄」輸往比香港更落後的東南亞市場。

我爸是個既勤勞又節儉的老實人，我所受到的家訓是「勤」、「儉」兩個字。我爸鄉下有個老婆爲他生下四個子女，我是香港阿媽生的，我媽生我們八兄弟姊妹，總共八男四女十二個中我排行第十。小時候我從沒有過什麼玩具，玩的都是自己用火柴盒、橡皮圈之類自已造的。衣服永遠是老七、老八傳下來稍改一下便是我的了。

抗戰中期，香港淪陷。除了我同爸媽和一個四姐之外，其餘兄姊全部回到鄉下去避難，因爲老家有些田地。回去總會有飯吃的。香港重光後，他們才陸續回到香港。

工廠又重開了，我和兄姐們邊上學邊在工廠裏幫忙，我每天只能扒在門外的樓梯做功課，我們兄弟間從來沒有一起玩的機會，因爲每天放學回來放下書籃便在樓梯做功課，完了就要到工廠幫忙，直到工廠收工。誰也沒時間去關心過誰，甚至我們在那裡上學，讀幾年級父母都不知道，也不過問，只是每個月我們要交學費他就給。

我們家沒有零用錢和午飯錢的規定，當需要購置文具書籍時才可以多要幾個錢，留下作零用，所以明明學校說要買三本書，我總會分開三次要錢。一家人每天能在一起見到面的時間很少。讀書的在不同學校上學，只有吃飯時間彼此才能面對面，放下飯碗便各自去找自己的空間了。我沒有一般人所享有的家庭生活，兄弟間除了血緣關係之外，彼此都相當陌生，幾乎談不上手足親情。尤其在香港淪陷那三四年和以後的許多年裏，大家分別成長在不同的世界。養成的思維方式都各有不同。

我的學校

大陸「解放」前後的幾年，香港來了許多從大陸逃出來的移民，共產黨的統戰工作也以香港爲重點，所以香港的工會有左派的，也有親台的，學校也不例外。我就讀的仿林中學肯定是親台的右派學校，因爲教師大多是從大陸逃亡到香港的知識份子，和國民黨的中下級官吏。作爲學生的，耳濡目染多了，對共產黨自然就不會有好感。

每逢某些特別日子，學校也會在天臺豎起青天白日滿地紅旗。我的九姐秀芳，剛從鄉下回香港不久，也同我一樣在仿林中學上學，我們受的教育一樣，但兩人走的卻是截然不同的路。我們家從來就沒有早餐這回事，早上總是各自到廚房找點剩飯吃了就走，沒剩飯空著肚子上學是常有的事。家裡上午十點鐘才開早飯，我們已經在學校了。中午再遠也要從學校跑回家，看看廚房裡如果有剩飯便來個「豉油撈飯」（豉油：醬油），這便是我們的早餐加午餐了，沒有的話喝碗茶就走。不過，我們自己包括父母都認爲這是很正常的事，所謂「有功者留飯不留餸；無功者飯餸不留。」沒有什麼可埋怨的。

不知打從什麼時候開始，九姐就沒有回蘇杭街吃午飯了，說是她參加的「讀書會」有午飯可吃，做功課也不用趴在樓梯了，「讀書會」有自修室，還有人「輔導」功課。

記得有一次，有人告訴我，那個比我高一年級的姊姊秀芳帶幾個同學跑到學校天臺上去，把上面豎著的青天白日滿地紅旗降下來，偷偷換上了五星紅旗，然後再也沒有回仿林中學了。父母以及全家人都不知道她到底上了什麼學校，直到她說要回大陸升大學。

赤禍臨頭

不知打從那年那月開始，共產黨在我家鄉下進行了「土地改革運動」。有一天我大哥同爸說，就因爲抗戰初期買下的幾塊地，現在鄉下家裡被評爲「地主成份」。作爲小商人的爸當然不知道被共產黨劃爲「地主成份」是意味著什麼。直至接連收到鄉下家人被鬥個死去活來的消息才驚恐不安。後來還知道三哥的一條腿在鬥爭會上給打壞了，大嫂的雙眼也幾乎瞎掉才開始知道共產黨的厲害。

鄉下又傳來消息說，原來可以透過「退租退息」來贖回部份「罪孽」。我爸於是毫不猶豫地傾盡畢生所有，除了變賣生財工具還到處舉債，作爲十倍歸還以往多年「壓搾」貧農佃農的血汗錢。正如中世紀時期的歐洲，「罪人」可以用財富向教廷購買「贖罪券」一樣。

終於，到了「土改運動」後期，共產黨才開始把我老家改劃爲「富農階級」。從此我家債臺高築，往後的若干年都是還債期，雖然盡力遵循家訓，生活仍大不如前。至於那些沒有海外幫忙贖罪的地主，恐怕只能以命抵罪了。這給我對共產黨的認識上了啓蒙但又紮實的一課。

投奔祖國的熱血青年

繼我九姐上了湖南湘雅醫學院之後，七哥耀良也從廣州嶺南工學院轉到唐山鐵道學院，那時期，中共為了統戰需要，盡量地吸納海外知識份子回去升學，他們讀書是不要錢的。

在那個火紅年代，共產黨的〈新民主主義綱領〉，和建國宏圖都是極具吸引力的，多少滿懷理想的博學之士，連國母宋慶齡都被謊言套進了共產黨統戰的圈套裏。對滿腔熱血的年輕人來說信奉共產黨那一套的才叫「進步」，才稱得上是「新青年」。時屆韓戰時期，我八哥耀明也被「抗美援朝、保家衛國」的愛國口號所感召，大義凜然地奔赴青島投身軍事學校。唯有我欠缺這份熱情，也沒有這般「覺悟」，仍在仿林中學接受頗不合時宜的傳統教育。

不過，到後來我的兄姐們經歷過文革的洗禮之後，都相繼移民美加，投奔萬惡的資本主義去了。尤其九姐秀芳，更是多年來都為美帝國主義的政府機構效勞。這是她的第二次「忠誠」。這都是我始料不及的事。

一九五五年，我高中畢業了，這在當時的教育水準來說，已是不低的學歷了。奈何戰後的創傷仍未癒合，加上大陸社會的動蕩，香港人口驟然膨脹，就業市場人浮於事。畢業後，正不知何去何從之際，臺灣的僑務委員會也努力在海外招攬華僑子弟赴台升學。當時，南京國立政治大學遷臺復校後的第一屆也在香港招生，還有臺灣大學、國防醫學院等都是免收學費的高等學府。臺灣師範大學更連食宿都全免，還發零用錢。學校向我們推薦這不錯的出路。吸引了我和不少同學報考。

根據成績和志願，由陳大齊當校長的國立政治大學政治系錄取了我。

第二章 到臺灣去

我同我爸講：「我去臺灣讀書。」

對於一個毫無政治概念的小商人來講，對我這句話幾乎毫無反應。我又同媽講了同一句話，媽媽好像沒聽到我說什麼，只顧忙她手頭上的活。只有對共產黨的厲害猶有餘悸的大哥，對我走向兄姊們的對立面有點顧慮。不過由於沒有父母的反對，又得到四姐的大力支持，我終於成爲一個大學生。

在臺灣，國立政治大學雖然是個響噹噹的名字。原來它只是座落於臺北木柵指南宮山腳下的一片荒地上，連圍牆和大門都沒有。剛一抵達你完全想像不到這就是專門培養國民黨黨政幹部的高等學府。竹籬笆糊上黃泥便是學生宿舍的四堵牆。僅有的政治、外交、新聞、教育四個學系就集中在一幢只有三層高的算是磚瓦結構的樓房裡。此外，便是一個極簡陋的食堂，至於其他設施一律欠奉，連圖書館都還沒有，包括軍訓用的操場加起來，全校佔地還不到一個足球場大。儘管如此，每當走到外面一提到「我是政大的」，知道的人都會有點敬意。這段日子不長，但已是我一生中最風光的日子了。

從政大到國防部情報局

一九五六年的暑假，我回到香港，此時正是香港左右兩派工會的衝突到了白熱化的時期，右派正醞釀著一場被稱爲「五六雙十暴動。」本來這些完全不關我的事，可我大陸那些兄姐們卻不是這樣想，他們聽說我偏在這個敏感時期由臺灣回來香港，絕不是回來渡假那麼簡單。

他們派九姐秀芳爲代表立即返回香港，主要爲了要瞭解我的活動。當時我還以爲她也是回來渡假的，後來才知道她回來是爲了要監控我的一言一行，並且記錄在案。

同年八月，所有在大陸的兄姐們，加上在鄉下的大媽、大嫂、三哥、三嫂，還有後來當上廣東省水利廳副廳長的六哥，全部由大江南北聚集到了廣州。而香港方面，則由已經成爲共青團（共產主義青年團）員的九姐督辦，帶領爸媽、四姐、弟妹，當然還有我，一同回到廣州，作一次史無前例的全家大團敘。他們實際上是想合眾人之力，向爸媽施壓，迫使香港方面不許我再回臺灣去。

他們的理由是相當充份的：鄉下是富農成份，兄姐們是受共產黨栽培的大學生、軍校學員和國家幹部。如果有個弟弟是蔣匪幫份子，他們還有什麼前途可言。再加上臺灣、香港都快要成爲共產黨的天下了，我鑽進這條死胡同，簡直是害人又害己。道理明顯不過，且有無比的說服力。爸媽也左右爲難。

回到香港，我說，那怕我不再回臺讀書，也必須親身回去一次，辦理退學和退擔保手續。結果，暑假過後我還是瞞著大陸所有人，再次回到臺灣政大，然後寫信同家裡講，我已經從政大轉校到臺大讀工科了，從此不問政治，希望能讓我留在臺灣讀下去。這對爸媽來說，我這一讓步無疑是個折衷辦法。不過，對在大陸的人來說，有個弟弟在臺灣始終是個定時炸彈。他們的答覆是「萬萬不可。」

他們一致認爲，耀南要讀書，只有回大陸同他們一起，讀共產黨的書，走社會主義道路。這樣一來，老婆孩子都在大陸的大哥，只好無奈向我發出停止經濟支援的「最後通牒」。全是爲了我的前途著想。云云。

所有這些壓力，最終迫使我把心一橫，那怕我走的這條是獨木橋，也只好一直走到底。我於是四處找人介紹認識在臺灣從事治保工作的朋友，再經輾轉介紹接觸到同情報機關有關的人仕，向他表明我的志願和處境，希望藉這次進入大陸讀書的機會，爲臺灣做點事情。

經過幾次談話，最終由國防部情報局接納我的申請，接受情報局的培訓，成爲國防部情報局的一員。這是一九五六年年底的事。

我在「單訓室」的日子

原來，臺灣的國防部情報局在臺北內湖區本來就有一個特工訓練學校。另外，在政治大學旁邊的政工幹部學校實際上也是在培訓前線特工。不過這都是集體培訓的機構，對於需要派遣入陸工作的特工，必須接受的是隔離群體的單獨訓練。所以，我就被編入情報局第三處，即「大陸工作處」的「單訓室」接受特工訓練。

所謂「單訓」，是租用一般的民居，每天由教官上門單對單授課。每天上午，我仍在政大上課，下午的軍訓課就不上了，直到晚上都在單訓室；單訓室每兩三個星期換個地方。

首先學的是以三民主義作爲理論基礎去批判馬、列、毛主義和共產黨的理論綱領；從國際形勢的分析去說明「反共必勝，抗俄必成」的大勢。從深入瞭解共產黨嚴密組織中，找出將來在嚴密監控下的生存之道，然後才是教授例如蒐集情報、策反吸收、滲透反滲透、跟蹤反跟蹤、訪問套取、武器識別、觀察描述、通訊密寫、審訊反審訊、野外生存、交通聯絡、行動制裁等基本的方法及手段。有時還到外面去實習考試。這一年的春節，我沒有回香港過年，而是到了陽明山永福站後面山溝裡的一個培訓基地，進行行動、射擊、爆破、縱火、自衛搏擊等訓練。此外還有毒藥和簡易炸彈的製造等等。

每天從政大出臺北，都必須經過一條鄉村小路才能走到公車站。就在小路的中段有一座很小的天主教堂叫木柵堂，這可能是專為政大而辦的新教堂，有位老神父每天都站在路旁同過路的人打招呼，由於我每天都經過，彼此呼應多了也就熟了，他每次都熱情地請我進他的小教堂參觀。我都婉拒了。

我尊重別人的信仰，也很尊重有信仰的人，但我自己從沒打算有個信仰，總覺得信仰是一種束縛，何況家裡從來就沒有誰信仰過什麼，家裡什麼神都不拜，就連「祖先」、「神牌」都是沒有的。家裏小弟妹每逢週日早上去聖公會參加主日學，也只為了那塊小蛋糕。

木柵堂一個老神父

終於有一次，深夜從單訓室回政大，一下公車便遇上大雨。路上沒燈也沒人，走到半路已經是渾身濕透，依然站在教堂門口的老神父，見我經過，馬上張開雨傘踏在泥濘路上走過來，硬是要我到他的小教堂裡避避雨。由於盛情難卻，只好隨他進去。

教堂很小，供信眾坐的座椅只有六七排，而且不很長。他讓我脫下濕衣服，換上兩件他自己的，還開了電爐給我暖暖身子。

我不知道神父住那裡，他也沒邀我進他的住處。我們談了起來，我們是坐在信眾席最前面一排長椅上談的。不知道是不是神父的刻意安排，我們面向祭壇（我用「祭壇」二字不知是否恰當，錯了請諒）的燭光談話，就好像前面有一位見證人，彼此都份外坦誠和信任。

神父身形健碩，腰有點微彎，我想這和他總是長期習慣雙手抱在胸前有關。他面圓而白裡透紅；眉毛白又長；他說話說得很慢。人是老了，不過牙齒好像沒掉過，我是從他說話時雖然聲音很小但很清晰判斷出來的。

喝了杯熱茶，神父先是簡單講了他自己。他祖藉福建，名叫蔡任漁，他是隨國民黨撤來臺灣的，雖然才六十多歲，擔任神職已經有三十多年了。接著他問我每天出臺北的緣故。我把我的信念難題和處境向這位老人相告，甚至連我為了兼顧家人要求和個人信念而加入了情報局，打算回大陸既讀書又為臺灣工作也說了。

在這裡我必須講清楚，我不是不知道我的身份必須保密，我後來的身份暴露與這位神父絕對無關，我向他坦白我的身份，原因只有一個：他是神父。任何一個有虔誠信仰的人都是值得信任的，何況他是個拯救世人靈魂的神父。我不是信徒，但我知道天主教有「告解」這一環，「告解」這一環之所以能夠做得到，就完全建基於彼此間的信任。

我們是坐在教堂裡，面向著祭壇的十字架談的話，我不相信他會背叛他的神。

打從這次談話以後，每晚回來無論多晚，他總站在路邊等我，我也會隨他走進小教堂喝杯茶。談話間他會向我介紹一些聖徒事蹟，並把我要做的事同聖徒彼得相比，說是同樣需要有很大的勇氣。

終於有一次，他給我幾本小冊子，名字我忘了，只記得最厚一本是《簡明新舊約》，另外一本是天主教的主要經文，還有什麼我記不起了。神父沒有要求我一定要讀它，只說有空看看也無妨。我是在公車上讀完它的。當我把書還給神父時，他說我的工作需要神的指引，希望我能領受聖洗。並說我如能背熟幾段禱告經文，將來一定有用。

第三章 從臺灣到大陸

效忠和求庇祐

一九五七年三月十四日，單訓室受訓完畢，便到局本部去宣誓就職。監誓的是國防部情報局的第三處處長。誓詞我還記得：

「余誓以至誠，參加國家安全工作，效忠領袖，絕對服從命令，嚴守紀律，不求名利，不惜犧牲，爲革命事業而努力，爲反共抗俄而奮鬥，永矢不渝，如有違背誓言，甘受最嚴厲處分。」

誓畢，由當時的情報局局長張炎元接見，授少尉組長銜。任務很簡單：「長期潛伏，伺機發展，待命行動，配合反攻。」十六個字。

晚上我去看神父，他說這是我應該領聖洗的時候了。我態度是無可無不可，但又實在很難拒絕他的誠意。雖說不一定有好處，但肯定不會是壞事，於是我就答應了。神父很高興，並叫我一定要背熟經文，心靈才能得到洗滌。並約好第二天晚上爲我進行聖洗儀式。

洗禮那天晚上，神父介紹幾位政大和臺大的同學給我，他們都是天主教徒，並請其中一位叫潘保輝的當我的代父，他是政大外交系的同學，這些人裡面我只認識他一個。

儀式在簡單而嚴肅的氣氛中完成，神父賜我一個名字叫 PETRO 說希望我有聖伯多祿般勇敢和忠誠。

現在回想我獄中經歷過四次死刑和無數危難而居然能化險爲夷，我不敢說那一定是神的庇護，但又不能否定有許多幸運成份，如果說每次幸運都屬於偶然性，那麼，綜合許多偶然性便可以視爲必然性了。爲什麼許多突然出現的轉機總發生在我身上，這就不能不承認冥冥中自有神的眷顧。

幾天之後，我領了情報局的幾百塊錢港幣作爲旅費和慰問金回到香港。臨行前，我們沒有安排入陸後的聯絡辦法和經費補給，因爲我入陸後的主要任務是潛伏。不需經費，也不用聯絡，只帶個身份就行。

陽關大道

回到香港的家，我那位既熱心又負責任的九姐秀芳，原來早兩天前已經在家裡等著，她一心想盡早把我引領到一條她正在走的「陽關大道」上。

那時候正藉大陸進行著轟轟烈烈的「資本主義工商業改造運動」，爲防奸商和反動資本家逃跑，出入境管制早已十分嚴格。而我這位姐姐居然能進出自如，這點我居然沒有考慮到。我被她「說服」了，爲人爲己，我甘願「棄暗投明」。同年八月，我憑在邊界申領的一紙〈回鄉介紹書〉，隨九姐順利回到廣州。

首先，九姐代我「保管」了我的〈回鄉介紹書〉，以防我擅自溜回香港。我同時被安排到華僑子弟學校的大學先修班當插班生。

華僑子弟學校是一所華南獨有的，十分特殊的學校，它位於廣州郊區石牌。

當年五六十年代，由於共產國際要向全世界輸出革命，中共首先策動東南亞各國共產黨造反，不料反遭各國政府鎮壓，各國同時掀起一股反華排華浪潮。中共又不承認雙重國籍，各地華僑被迫拋棄財產事業，返回「祖國懷抱」。誰想到他們甫一返抵祖國大門，他們用所有畢生積蓄換來的例如胡椒、翡翠、黃金等，全因超過自用規定而全數以官價被「收購」掉，錢也被代爲「保管」掉，同時人也被「安置」到海南島去開墾農場，種植橡膠，胡椒、香蕉和咖啡等熱帶作物。

孩子是要讀書的。不過，因爲他們自少在南洋接受過資本主義的反動教育，所以必須集中到像華僑子弟學校這樣的特殊學校去接受「社會主義再教育」，然後將來才有可能成爲新中國青年，才有光明前途。何況我，我來自反共基地的臺灣，更有必要接受這種「再教育」了。

祖國歡迎您

剛到學校報到的第一天，由於我是唯一一個從臺灣「棄暗投明」回歸祖國懷抱的學生，校長對我的「義舉」表示讚賞。第二天早上的升旗禮之後，校長還在全體師生面前致了歡迎詞，要求所有同學都有我這種摒棄萬惡的資本主義，熱愛社會主義祖國的胸懷。校長的講話在掌聲中以「祖國歡迎您」一句話結束，一時間把我感動得熱淚盈眶。

實際上，打從我到這所特殊學校一開始，就已經正如毛澤東所講的「陷入了人民群眾的汪洋大海之中」了，我的一舉一動都受到嚴密監視，在這裡的一言一行，幾乎都成爲我以後的「起訴書」的罪証。

在這裏除了南洋的歸國僑生，還有香港和歐美來的，我和香港來的在一起比較多，接近多了，關係密切了，也就肆無忌憚地把香港同大陸比，臺灣同這裡比，甚至在寫給香港朋友的書信中也充滿了牢騷不滿。殊不知這些「犯罪行爲」也都一一被記錄在案。

這裡每天都有政治課，教政治課的是一位約三十來歲姓陳的女老師。她經常會在課後單獨約同學到她的教研室去「談心」、「談思想」、「談感受」當然也談其他同學的情況。這是她收集學生的思想言行的公開的方法，當然還有她秘密收集情報的眼線。

秘密逮捕（一九五八年六月廿八日）

沒有人能知道自己死亡的日子，但一定不會忘記失去自由的日子。

這是一九五八年六月廿八日。

六月天，很熱，沒有冷氣。不知爲什麼上午沒課。吃過早餐，我在課室裡自修。有位同學進來走到我身邊說：

「喂，陳老師找你，在樓下。」這是很平常的事。我收拾好桌面上的東西走到樓下。陳老師就等在門口，她臉上堆滿笑容地說：

「不會很久的，想跟你談點事。」

我同陳老師兩人並肩邊走邊聊，我也記不起當時談了些什麼，但肯定不會是什麼大問題。兩人不經不覺經過學校的側門一直走到學校外面，那是我們平時飯後散步常走的一條小路。小路有火車站月臺那麼寬，天氣太熱了，周圍都沒人。我們談著談著，不知道什麼時候後面跟上來兩個中年男子，喊了聲：

「陳老師，學校有人找你。」陳老師轉過身來回了一聲：

「來了。」然後丟下我自個兒往回走，兩個中年男人正好走到我左右兩旁，用手搭在我兩邊肩頭上。手銬扣上，我知道我被捕了。

第四章 廣東省公安廳看守所

後面駛來一輛黑色的小汽車，在我身旁停下，門打開，兩人把我推上車，車門關上，掉頭駛上公路。我心不慌，不過兩眼一片模糊，汽車經過什麼地方也看不到。

也不知走了多久，車停下，我還沒來得及看看這是什麼地方，車就已經駛進了大門。兩個幹部模樣的男人把我帶到一個小房間，指著桌面上的一張紙說：

「這是逮捕証，你畫個指印。」我還沒看得清上面寫的什麼，手就被人抓住，指頭撳撳印泥，再往收據上一壓。接著由另外兩個穿著黑褂子的大個子領我到二樓大閘裡面的頭一個房間。在裡面解開手銬搜過身，錢沒有被搜去，但手錶、皮帶和鞋帶、鑰匙等全部留下。

大個子給了我一個洗臉盆一個破搪瓷漱口杯，一條洗臉毛巾和一支牙刷。然後帶我進監倉，臨關倉門前丟給我一個指頭大的小紙牌。上面有「9034」四個阿拉伯數字，說：

「以後就叫這個號碼，記好了。」

監倉不到五六十呎，是個長方型的房間，厚厚的木門上面有個小孔，方便外頭的人看到裡面的情況。門的下半截當中又有個十六開本大小的小木門，可能是用來往裡面送飯的，不過我來了之後就從來沒有打開過。貼著天花有個小燈泡。監倉另一面墻上有個拱型的大窗，沒有窗門，只有幾條鐵枝。整個監倉看得出很結實而且經過精心設計的。後來有人告訴我這是國民黨的陳濟堂時期，建築師用德國監獄的藍圖建成的，還聽說這位建築師最後死在這座監獄裡。恐怕這只是那些坐穿牢底的老監躉對監獄建造者的詛咒吧。

倉裡面空蕩蕩的，沒有床，也沒有凳。地面上有塊破草蓆，蓆上面半躺著個赤裸上身的男人，木門一邊有個小木桶，上面蓋上塊木板，但仍聞得出有股異味，這可能是個便桶。另一邊的牆角有一盆泡著毛巾的水，盆邊的漱口盅裡面插著支牙刷。整個監倉算是很明亮，但空氣沒有對流就顯得很悶熱了，尤其在這個六月天。

我剛踏進監倉，就聽到外面傳來幾聲關大鐵閘的「鏘鏘」聲，這乍一響，讓人心臟都猛跳幾下。我懷疑關閘的人是故意製造這種聲響，起到震懾的效果的。

當我正想找個地方放下手上的盆子時，倉門「咔嚓」一聲打開了。一個大個子探進頭來大聲喊：「幹什麼！還不看看倉規。」他的手指了指門後面。他這一呼喝，我還沒定過神來，大個子的頭已經縮回去，門又關上了。我這才發現門後貼有一張叫〈犯人守則〉的東西。

直到這時，破草蓆上的赤膊男子才懶洋洋地坐起身來，看我一眼。也許他關在這裡關得久了，新人進倉，新人被吆喝都司空見慣了。不過這時候他對我關心起來，用嘴撇了撇門口那邊說：

「他們是幹部指定的勞動犯，是專門管我們的，慢慢就習慣了。」這人三十來歲，臉色蒼白，也許很久沒見太陽了。他看我木然站著不動，指指門旁的便桶說：

「小便在這裡，大便早上到外面去，不過有必要時可以敲門。」他見我還是站著不動，便又指指那邊的牆角說：

「盆子放那邊，早上放大便可以打盆水回來。」我放好了手上的盆子、缸子。他又教我：

「等下向勞動犯要張蓆子。不過你記得先要找臭蟲，不要用鼻子聞，聞過你就不敢睡了。」

我當時的心情不算驚慌。基本上是既來之則安之的心態，我不打算隱瞞什麼，我雖有特務的身份，卻從來沒有過特務的活動。最好講完了三幾天就能回去，不讓學校裡的人知道，更不要讓家裡知道，這是最重要的，可能每個剛被抓進來的人都有這樣想過。

隨便找個地方坐下，倉裡倉外一點聲音都沒有，靜得有點恐怖。

我站起來走到門前，看看倉規上面寫了些什麼：大概有七八條，都記不清楚了，只記得有幾條是：不準交頭接耳；不準交談案情；不準稱兄道弟；不準攀爬窺探；不準大聲喧嘩……之類的。還沒看完，不過那怕看完了也未必知道是什麼意思。「咔嚓」一響，門又打開，一個勞動犯進來，揚了揚手上的小本子說：

「有買東西的沒有？登記。」我正奇怪原來這裡還可以買東西。勞動犯又說：

「買不買，餅乾、肥皂、牙膏都有。」我完全沒想過要買什麼東西，說不定我什麼時候就走呢。看看我的同倉，他坐在原地動也不動說：

「我沒錢。」我也對勞動犯搖搖頭，剛才說沒錢的插嘴說：

「你要買草紙，沒草紙怎麼大便。我都是用水洗的。」對，那怕明天就走也要買點草紙，總不能用水洗吧。我就說：

「好，買草紙。」

「肥皂，牙膏呢？」可能他認爲我在這裡日子還長著呢。我說：

「好，買。」

「餅乾不要？每人可以買一角錢，不是經常有的。」我搖搖頭，勞動犯登記完，走了。門關上，又到其他倉登記去了。

出路

悶坐了一會，我問我的同倉：「來了多久了？」

「一年都有了。」

「什麼事？」他搖搖頭。

我又問：「判了刑沒有？」他又搖頭，不知是沒判還是不想講。

一年了，人家還沒走。看來幾天完事出去是不大可能的了。

我又問他：「有沒有寫信回家？」

他給了我個令人失望的回答：「等你把問題交代清楚了，審訊員才批准你買一張叫「通知書」的東西，寫好了，他幫你寄出去。我上兩個月才寫過，沒貼郵票，不知道寄走了沒有。」

「家裡有來過信嗎？」

「有，剛進來有過，老婆寫的，只有一句話：叫我給她條出路。」

他看我還是不明白，補充說：

「就是要同我劃清界線，因爲我，她工作沒有了，連孩子都不能上學。」

我還是不大明白。他倒蠻有興趣地把他所知道的告訴我。原來，被逮進來的，不是反革命份子就是壞份子，總之是敵對階級份子。一人犯罪，就連累全家都背上個反動家庭的包袱，無論是找工作，上學都會被拒諸門外，還到處被人指住鼻子罵，只有同犯罪份子劃清了界線才有希望被社會接受。所以，脫離夫妻關係、脫離父子關係、甚至脫離兄弟關係、親戚關係的。幾乎都是所有被關進來的犯人首先要面對的現實問題。也有自知之明的，一進來看守所就主動提出要同家人脫離關係，那怕是至親至愛至捨不得。因爲社會是這樣一個社會，人與人的關係往往因政治而結合（在當時，大陸人要結婚甚至談戀愛都要經組織政治審查和批准。）也因政治而分離。我到現在還不明白，這種紙頭上所謂的脫離夫妻關係到底算不算離婚，具不具有法律效力。不管怎樣，當年這裡面人人都是這樣做的。

坐下不久，勞動犯開門派飯。每人半碗紅米飯，碗是小湯碗，面上還有一塊指頭大小的魚乾，幾片青菜。在當時，紅糙米是最賤價的大米。心事重重的我本來就沒有胃口，捧著這碗又乾又硬的紅米飯一口也沒吃下去。倒是同倉的他胃口好，吃完了自己的，還把我的吃個精光。

中午了，外面更靜。大概都午睡了吧，唯獨我，腦袋脹鼓鼓的。我總在想，他們知道我什麼？我可以講什麼？在這裡要呆多久？家裡知不知道？以後該怎樣同家人解釋……？夏天的太陽從牆上的大窗口射進來。倉裡熱得發燙，同倉的往地面灑了點水，蒸發了點熱氣。他躺下睡覺了，我靠墻坐在地下，也迷迷糊糊地半睡半醒。這樣過了半天，心裡開始焦急。

傍晚，又開飯了。是紅米熬的粥，也許是餓了，喝了多半碗。到收碗的時候，同倉的被調走了。大半天相處，我都還不知道他姓什名誰，犯的什麼罪，只聽他說過凡被共產黨抓進來的，都是有罪的，共產黨不會抓錯人，罪無分大小，到要殺人的時候，什麼罪都能殺，到不想殺人的時候，什麼罪都不殺，就看你是不是栽在運動的風頭上。

那時候他講的我不信，到後來他這話我真相信了，是他給我上了共產黨「法治」的第一課。在我往後的二十多年裡，我都習慣地不會太關心別人犯的什麼罪、判的什麼刑，反正結果都差不多。要關心的倒是社會上階級鬥爭這根弦是鬆了還是緊了，有沒有「嚴打」的訊號，因爲在獨裁統治下，一切都要服從政治需要，服從統治者的需要，法律爲政治服務，爲統治者服務。政治形勢才是共產黨要不要殺人，要殺多少人和要殺什麼人的重要依據。

只有共產黨才能搞政治

過了不多久，又調進來一個五十來歲自稱姓李的犯人。我沒問他，是他自我介紹說他是個生意佬，抓進來的罪名是「破壞運動」。我雖然不大明白「破壞運動」是什麼意思，但我沒問，又是他主動解釋：在這場對資本主義工商業進行社會主義改造運動中，共產黨以「公私合營」的名義沒收了他的全部資產，表面上給了他一個經理銜頭和按月發給過往資產的利息，但又以種種藉口扣回去。他不服氣提出反對，便被指是阻礙運動的開展，並以「破壞運動」的罪名抓了進來。

我明白了，我不但明白，在往後的勞改生涯中，我就有過無數次因爲「破壞運動」而被狠狠地懲罰。我對「破壞運動」的含意終於有了深刻的理解。

我嘗試問他名字。

他說：「這裡只叫號碼，真實姓名都不會講，講了就說你是稱兄道弟，犯倉規的。要問起來，人人都自認姓李的。不過，我這個姓李才是真的。」生意人果真是生意人。我說剛才有人調走了，他說：

「他同你大半天，對不?那是專門派他來瞭解你進來時的情緒的。如果你有太激動的表現，他就會馬上敲門通知外面，現在他可以去匯報了。」

我問：「他這樣做有什麼好處？」

姓李的大笑，笑完了才說：「剛才你的飯吃完了沒有？」

我說：「沒有。」

「那就對了嘛，剛進來的都吃不下，這就是他的好處。」

然後是他問我：「犯了什麼？」他好像什麼都不怕。

「我從臺灣回來，可能是政治問題吧。」

他打個哈哈，然後說：「傻瓜，政治這東西，只許共產黨自己搞；老百姓只能被政治搞。」他這句話在大陸直到今天，隨時都可以得到驗証。

白天，除了中午可以午睡之外，平時是不許躺下睡覺的。一是要你提起精神反省案情好作交代，二是你躺著不知你是死掉還是活著。

天黑了，緊貼天花板的一顆小燈泡半死不活地散發著淡淡的黃光。每十幾分鐘就有人撥開門上小洞的木板往裡面窺探。我身體一點不累，但腦子很累，迷迷糊糊地躺在地下，頭枕脫下來的皮鞋，好像是睡著了，卻不知道睡著了沒有，水泥地板又涼又硬。不過，說也奇怪，就連外面的蚊子也不肯飛進這監倉裡來。

夜審

夜深了，份外地靜。突然「咔嚓」一響，是拉門閂的聲音，我一下子被驚醒。倉門被打開。

「9034，穿好衣服，問話。」

我披上衣服跟他出去，經過兩邊七八個監倉，走到走廊的盡頭，這是一道小鐵閘。打開鐵閘，一條往上的樓梯直達二樓。走上樓梯，迎面是一道木門，勞動犯敲敲門，門打開，等我進了去，勞動犯帶上門便走了。

是一個四十來歲穿著藍色幹部服的男人開的門，他讓我坐在房間正當中孤零零的一個像啤酒桶似的木墩子上。木墩子很重，想挪一下都不可能，像釘死在地板上似的。房間有一百多英呎大，我前面幾步之遙是兩張木製的辦公桌，正中間一張有個三四十歲短頭髮的女人坐在桌子前面。放我進來的中年男子坐在她旁邊，桌面上是一些卷宗之類的公文夾。他們背後的墻頭上有「坦白從寬、抗拒從嚴」八個黑色老宋體大字。我面對的是兩張撲克臉。兩眼對四眼，靜默了至少兩分鐘，還是那個女的先開口：

「鍾、耀、南。」一個字一頓。我點點頭。她微側著臉，用凌厲的目光盯著我，又停了幾秒鐘：

「你知道爲什麼把你抓進來？」我搖頭，又是幾秒鐘：

「你想不想早點放出去？」我點頭。她提高聲調說：

「你聽清楚了，我們黨的政策是：坦、白、從寬；抗、拒、從嚴；立功贖罪、立大功受獎。」

我似懂非懂。交代完了政策，她又問：

「你幾歲了？」

「二十二。」

她放鬆了繃緊的臉：

「對了嘛，還年輕嘛，交代清楚了，出去了還有前途嘛。」我本來就不相信，既然她說了，我就問：

「那我什麼時候能出去？」

「那要看你交代得怎麼樣囉。」

這是我早作的打算。能進來這裡就不是一天兩天、一星期兩星期的事了。我怕的不是後果而是交代什麼？怎樣交代？要交代到什麼時候？這都是件既麻煩又費腦筋的事。你說交代完了就可以走？如果共產黨說話能算數，我幹這個特務就毫無意義了。我絲毫不存有僥倖心理。騎騾子看書—走著瞧吧。

接下來，她從年齡、學歷、家庭成份、家庭成員開始問起，不算緊張，倒像閒話家常，我答的也很輕鬆。一直問到在臺灣的一些情況，才有點認真起來，特別是問到在臺灣去過什麼地方，接觸過什麼人，這些都可能觸及到我的另一個身份的問題，她問得認真，我答話速度也慢了。

坦白從寬、抗拒從嚴

審訊在繼續，她看我答得含糊，便把話題一轉，問華僑子弟學校的事，還問我有一次回鄉下同大媽三哥他們談話的內容。她主動提醒我，我曾經想幫三哥尋找偷渡去香港的機會，又在同學間介紹臺灣的情況。我說這不過是閒談的話題，她說：

「是不是想煽動同學到臺灣去，或者在這裡替臺灣工作。」她順勢點出她最想挖出來的問題：「你在臺灣有沒有參加過什麼反動組織？例如……。」對於她們早已掌握到的問題我不奇怪也不害怕。我幹的又不是姦淫邪盜的事，既然你知道了，那我就抱著「自反而縮，雖千萬人，吾往矣」

的心態。

我坦然地問：「你想我講什麼？我不害人，我能承擔。」

我大義凜然的態度，反令她一時錯愕，頓了好幾秒鐘才說：

「你有什麼講什麼。」

「你開個頭。」

「我講了，就不是你主動交代了，就不算坦白了。」

「結果都是一樣的。」

她盯了我一眼，想一下，然後從檔案袋裡掏出一疊文件，翻出一張巴掌大的黑白照片，舉起來向我揚了一揚。因爲離得遠，她招手叫我靠前去，我走前兩步一看，照片上有一個男的在過馬路，背景是國立臺灣師範大學。過馬路的人正是我本人，正走向單訓室。她放下照片，我又坐回木墩子上。事情已經很清楚了。我在香港、臺灣、以及在大陸的一言一行恐怕都已裝在那牛皮紙袋裡。

就從這一刻開始，我像竹筒倒豆豆一樣，把我從少年時知道家鄉遭受共產黨迫害時就開始不喜歡共產黨，在學校又聽了不少共產黨在肅反、鎮反運動期間的許多血腥罪行，形成了我的反共意志，一個偶然的機會使我投向反共復國的臺灣。

她仔細地聽，沒打岔也沒問。我繼續講我後來怎樣不甘心離開政大，主動找路子加入臺灣國防部情報局，接受特務訓練後以學生身份，進入大陸等等講了個梗概。她只在聽，她旁邊的人只管記，一直到我講完。

我不是在交代我的「罪惡」，我是在理直氣壯地向他們宣示我投筆從戎的歷程。

沉寂了有十多二十分鐘等他寫完。那個女的審訊員才淡淡地說：

「講完了?很好，就到這裡吧，過來，把記錄看看，打個手印就回去休息。」

我走前拿了一疊十多張的紀錄紙，隨便掃了一眼，看最底下一行寫著預審員：朱瓊冰、記錄員XXX。右下角是我的名字。蓋了手印，她叫我在改錯的地方也按個指印。放下記錄紙，後面的門就打開，勞動犯帶我回監倉，抬頭看看大巷牆上的大鐘。已經是快四點鐘了。

進到倉裡，姓李的坐起來點點頭，叫我洗個臉，我坐下來回想剛才決定我下半生的幾個小時發生的事。門上小洞打開，外面有人喊：

「睡覺，別坐著。」我躺下瞪著眼望著天花板，一會兒，睡著了，直到外面喊起床。

外面開倉關倉的響聲此起彼落，這是逐一開倉放人去廁所的聲音。必須等前一個倉的犯人回來關好了門，才放下一個倉的人出去，避免不同倉的犯人能互相看見。聽說有幾個倉的犯人連上廁所洗臉也不讓出去，飯和水都是從倉門下面的洞洞遞進去的，而倒便桶便是勞動犯的事了。還聽說有一個就這樣被絕密封閉了許多年的。看守所是沒有放風這回事的，不管你被「看守」了多少年。

輪到我們了，姓李的端著便桶，我端洗臉盆，走到巷尾的廁所，涮過便桶洗洗臉，也沒蹲大便就回來了。沿途不准說話，免得別人憑話音認得出有同案的人在這裡。回到倉裡，我問姓李的，怎麼沒有大便，他冷笑一聲答：

「你吃多少了?」其實我也沒有。

「白色恐怖」是怎樣煉成的

無論是過去的「紅軍」、「八路軍」或者「新四軍」、「解放軍」，都有一句口號說：「共產黨不打人不罵人。」我在這裡說句公道話，自從我一九五八年被關進看守所，到後來的韶關監獄以及到青海省勞改農場，都沒有被幹部或者公安動手打過，連聽都沒有聽說過。這不是因為那個年代的共產黨特別仁慈，而是因為當時還沒有製訂《刑法》和《刑事訴訟法》，只有所謂的〈懲治反革命條例〉和〈勞動改造條例〉，監獄幹部可以用任何比打罵更為有效的辦法去逼使犯人屈服。

他們的手段不過是簡單的三個字：「關」、「餓」、「鬥」。

首先講「關」，共產黨可以把一個他認定是犯了罪的人單獨關起來，你不認罪不交代也不打緊，每天給你吃，給你喝，只是關。像我上面所提到過的連倉門都不讓你邁出半步，不同你講話，也不讓其他人同你講半句話，在一個小小的密閉空間裏單獨關你三年五年、十年八年，直到你精神崩潰成為癡呆了還關下去。我前面提到的一個，後來在青海化隆縣甘都監獄我同他同一個隊，他曾經在這裡被單獨禁閉了九年。到後來啓程押送往青海時，他已經是臉色蒼白，眼神呆滯，話都不會說，站都站不起來，連路都不會走了，就像條死魚一樣被抬上火車的。到了青海還休息了好幾個月才續漸回過氣來。

聽說這個人在國民黨遷台時，曾帶領一夥特務留下來潛伏在大陸各地，等待有朝一日配合臺灣反攻大陸。他被捕後，始終不肯交代同夥的下落。共產黨一時未能將他們一網打盡，就不能殺了他了事，只好隔絕他同外界的一切接觸，直到認為破了案為止。至於一般不肯認罪的犯人，單關你三五個月，一兩年也是等閒事。不怕你不就範。

至於「餓」，全國的糧食都牢牢掌握在共產黨手裡。犯人的囚糧乃至社會上的糧食供應都被分成三五七個等級，不勞動的叫你吃不飽也死不去。想活下去便要跟黨走，做黨的工具；無論你在監內監外，有問題的要坦白交代問題，甚至把不是你的問題也承擔來，還可以按照辦案人員的需要，供出一大堆同案的、協同的、知情的，不管真實性有多少，總之愈多愈好，幫助政府創造破案佳績。其效果是使得監內監外全社會都人人自危，災難隨時從天而降。迫使人人在共產黨的管治下都要擁護黨的領導，做黨的馴服工具，做黨的耳目和喉舌。在監外這叫靠攏政府跟黨走。犯了罪的叫「認罪服法，立功贖罪」，只有這樣，還沒犯罪的才有可能在社會上苟且生存；而犯了罪的則可以「爭取到早日結案判刑，外出勞動，吃到定量較高的囚糧。

此外，共產黨最慣常使用的莫如「鬥」，我們從中共歷次的政治運動，諸如「三反」、「五反」、「鎮反」、「肅反」，尤其是「反右」和「文革」中，都可以看到不少中共對付所謂階級敵人的批鬥場面，這種蘇聯用來整肅政敵的殘酷手段，往往能迫使幾許高風傲骨的知識份子也折腰，甚至寧願以死來逃避批鬥的。連共產黨自己在延安整風中整自己人也用到這種手段。對待犯人就更加不會手軟了。監獄裡訂下了許許多多的條條規規，讓犯人隨時隨地都有可能觸犯這些嚴苛的監規。不管有沒有政治運動的需要，每時每日都有批鬥會在犯人中進行。他們唆使犯人互揭隱私，檢舉誣告，人人鬥人，也人人挨鬥，你自然就會千方百計地向共產黨獻媚討好，出賣自己的同時也出賣別人，希望能站在鬥人的一方而不會被鬥，這美其名叫「認罪服法，靠攏政府，接受改造。」

上述一切，都不是中國共產黨自已發明的，而是從史達林那裡全盤搬過來的，這便是古今中外所有獨裁統治者都會刻意營造的白色恐怖的手段。只不過唯有中國共產黨才運用得出神入化，甚至青出於藍而勝於藍。史達林的白色恐怖早已在歷史舞臺上落幕，只有中國共產黨的白色恐怖仍在中國大陸上演，這全憑中華民族幾千年來養成的屈服權威的奴性，共產黨才會得逞。

共產黨在統戰中慣用的伎倆是「製造矛盾、利用矛盾、分化瓦解、各個擊破。」用在社會上和國際上這叫做「統戰」，用在犯人身上便叫做「教育」，有了它，共產黨在國際上可以大聲疾呼：「不打第一槍。」用到犯人身上可以宣稱：「不打人罵人。」不過，監獄裡打人罵人的都不是共產黨自己。在歷史上，便曾經有朝鮮的金日成，越南的胡志明，柬甫寨的波爾布特，還有在東南亞的十幾個尾巴黨去充當中共的打手。又不妨看看今天的香港，許多共產黨想做又不便做的事情，便自然有一幫又一幫媚共的黨派政客，因體察上意而搶先去做，又何需共產黨自己動手。

在今天，我們常在傳媒報導中看到大陸的派出所、公安局或者監獄裡常有對犯人施以酷刑，毆打逼供的，甚至有犯人被虐致殘致死的事，而施毒手的往往是公安幹警們親手所爲。這是壞事，但又不盡是壞事，這說明共產黨那套白色恐怖的統治手段開始失效，「共產黨不打人不罵人」的謊言也已失靈，才會赤裸裸地拿出這種反人道的粗暴手段來維持他的最後統治。今天，共產黨利用改革開放來苟延殘喘，但普世價值觀必將隨著改革開放而深入民心，啓發民智，中華民族在覺醒。希望在人間。

再審

昨晚一夜沒睡好，白天就不許睡了。等到外面放大便的開倉關倉聲停下來，該開飯了。早餐又是一碗紅米飯上面加兩片鹹菜頭。據說每星期有一次加菜，就是昨天那小塊魚乾。對問題交代得差不多的犯人，每天飯後有半個小時看《人民日報》的機會。今天外頭遞進來的不是《人民日報》，是預審員交帶拿來的一疊白紙和一支墨水筆（那時的圓珠筆還沒有普遍使用）交代我將昨晚所交代的寫成親筆供詞。特地給我搬來一張板凳作爲書桌，整個白天，我就坐在水泥地板，趴在板凳上寫。下午趁派紅米粥時，勞動犯取走了材料，連板凳也取走了。

又到了晚上十一點，同倉姓李的睡了，勞動犯又來把我叫出去。到了審訊室，姓朱的預審員吩咐勞動犯把我的木墩子往後挪到牆邊，讓我可以靠牆坐下，算是對我願意合作的一種獎勵。

依舊是昨天一女一男的預審員，一個問一個記。問的是根據我寫的材料，追問每個細節，一直審到半夜，回來時又是靠近三點鐘了。

連續幾天下來，白天吃過飯寫材料，晚上審訊。不過，隨著問題接近尾聲，審訊的時間也提前，有時七八點開始，十一二點就回來。那個做記錄的就不來了，朱瓊冰一個連問帶記錄，氣氛也漸趨輕鬆，有時甚至扯到一些題外話，生活上的瑣事、趣事。興許是因爲她覺得征服了我，從而得到一種勝利的滿足感。

不知道是不是審訊的策略，在輕鬆的氣氛中她要求交代的內容更加深入。比如單訓室、野外特訓場，都要求詳細描述裡面的細節：包括地點、環境、設施、人員、訓練內容，像考試一樣把所有自製器材的方法都一一問到。就差沒叫我造塊炸藥出來給她看。還有就是情報局內部，我所到過的地方的所有細節，都要寫成書面材料。

這樣連續差不多一星期之後，便開始問到在華僑子弟學校所接觸到的每一個同學的關係，談話內容等。還特別有興趣要知道我在一次回老家四會縣鄉下，到過那裡，見過誰，談了些什麼等等。事無鉅細，話無遺漏地問個清楚，記得仔細。

該交代的似乎都已交代了，連我原來忽略了的，不當一回事的也從記憶中給挖了出來。姓朱的預審員通知我，可以寫信回家要些棉被衣服和日用品了。她的恩准表示我的問題差不多談完了，漫長的牢獄生涯也就正式開始了。

所謂信，是看守所自己特製的叫「通知書」的郵簡，回郵地址是較場北路七號信箱，裡面可以寫的部份劃成一百個小格子。規定不可以寫多過一百個字。食物是不能向家裡去要的，這是規定。錢、衣服、被褥、日用品都可以，往海外寄當然不可以。廣州我沒有人，只可以寄回鄉下，所以我寫的每一個字，都必須經過看守所和鄉下幹部的雙重檢查。來信是不會給我的，怕字裡行間暗藏著什麼密碼，不過寄來的東西和錢，經過嚴密檢查之後還可以到我手上。

立功贖罪

我本身的問題算是「坦白」完了。「立功」的時候也該到了。

每天，我吃過上午的飯便動手寫「立功材料」，吃過下午的粥便繳出去。要我在港臺陸所認識的親友中找出有特務嫌疑的人，以單行材料寫下來。他們每一個人的姓名、年齡、相貌特徵、住址、職業、社交、出沒地點，乃至性格、嗜好和可疑之處等等，都要挖空心思地寫下來，他的要求是無論是誰，只要有丁點可疑的地方都算一個，而且愈多愈好。這完全符合共產黨既自大又虛弱的心態，總以為自己比誰都強大，但同時又以為全世界都在暗算著他。一句話，所有他身邊的人以及身邊以外的所有人都有可能是他的敵人。

共黨歷史上無數次的黨內鬥爭和清黨運動都是為了要清理「埋藏在身邊的定時炸彈」。今天在國際事務上，共產黨他總覺得世界各國都懷有亡我之心，甘願自我孤立於世界之林，這種冷戰思維也是源自這種心態。

我除了把情報局和單訓室所接觸過的人重寫一遍之外，就連在香港、臺灣所認識過的同學朋友，那怕只是泛泛之交，甚至只有一面之緣的，都列入「嫌疑特務」的名單之中，並以單行材料，一人一份地寫了下來。

他們的可疑之處在於：某某某此人無所事事卻都有錢可花；收入不多但花錢不少，十分可疑；某某某吹捧美蔣，思想反共，如非特務，所作爲何；某某某探人私隱，尋根究底，必是密謀發展特務組織；某某某多次赴台，必有任務；某某某投稿揭秘，消息來源可疑；某某某交遊廣衆，聯群結黨，所爲何事；某某某牢騷怪話，造謠惑眾，必想伺機煽動鬧事；某某某懷念過去，攻擊當前，居心叵測；總之，我認識的無論男女老少，仕農工商，無一不是「特務嫌疑人」，是共產黨的潛在敵人。

開頭交上去的十幾個「材料」都受到上頭的上頭的重視，把我叫上去逐一細問，又攤開一大堆他們手頭上調查對象的照片讓我去認人，一一落空以後，發覺沒有什麼立案的價值便不再追查下去了，但仍要我繼續寫，有多少寫多少，知多少寫多少。

我往後一個時期的任務就不是「寫材料」而是「編材料」了。就這樣編成單行材料的起碼有超過一百個，就連香港街頭我每天去買報紙的那位報販老頭，他每天指住報紙標題罵共產黨，他不是特務是什麼，我認爲他的報攤就是交收情報的「交通站」。

到寫無可寫以後，便開始接受思想改造了，每天指定我要讀《人民日報》之外，姓朱的還叫人送來馬克思、恩格斯的《共產黨宣言》、劉少奇的《論共產黨員的修養》、還有艾思奇的《大眾哲學》，連大部頭的《反杜林論》我都看了大半，後來還有大量宣傳「總路線」、「大躍進」、「人民公社」號稱「三面紅旗」的小冊子，讀完了還要寫出學習心得。

上午讀書寫心得，下午糊火柴盒。隨著「三面紅旗」迎風飄揚，託「人民公社」大鍋飯之福，犯人們確實歡天喜地的吃過幾天早晚兩餐乾飯。幾天之後接下來又恢復了一乾一稀，再後來卻變成了一天兩稀，再再後來便是稀的更稀，像喝粥水一樣了。這些不寫也罷。

第五章

（一九五八年九月卅日）奶媽陪審員和第一次死刑

一九五八年九月廿九日傍晚，剛喝過稀粥，還沒來得及小便，勞動犯打開倉門叫我出去。走進勞動犯的那個房間，兩個穿藍色幹部服的男子站在桌子旁。

「你是鍾耀南？」（他不叫我 9034）又指指桌面上兩張油印了密密麻麻小字的十六開紙說：「這是你的起訴書。」又指指旁邊一張較小的紙頭：「在這裡按個手印，証明你收到了。」

我還沒理解他講的什麼，便順從地撳了個手印。這裏撳手印是用食指的。

他們走了，我又回到我原來的地方，在黃黃的燈光下，吃力地把手上兩張紙從頭到尾粗略地看了一遍，然後再看看標題：〈廣東省人民檢察院 起訴書〉。我再也沒有興趣多看一眼或者仔細再讀它一讀。好像剛才看的是別人的東西一樣，反正就這麼回事，到了這一步，一點緊張都沒有，反而慶幸事情了結得這麼快。（請參閱第四頁〈廣東省高級人民檢察院刑事起訴書〉繁體字謄本）

同倉姓李的說：「恭喜你。我都快一年了，都還沒起訴呢！」他很羨慕。

的確，凡是在押犯人，不怕立即殺頭，只怕無休止的審訊。不怕流血流汗的勞改，就怕無年無月的關押。無論判決的結局如何，都想早點有個了斷。不過，在共產黨的看守所裡，關你三五年不結案，既不審理，也不判刑的大有人在。有的人就寧願按照公安機關所暗示的「罪行」來認罪和檢舉，務求早日結案，這便是眾多冤假錯案的最大成因。

我之所以不到百日就能結案，並不是因為我交代得好，又「檢舉」得多，全因為公檢法機關要用「嚴打速辦」的成績來向即將來臨的建國周年獻禮。法律要服從政治需要。

這一晚睡覺沒兩樣。第二天一早，還沒吃飯。勞動犯就打開倉門，喊：

「9034，穿好衣服，出來！」

我跟他出去，經過大閘到了樓下，大門外早有兩個佩槍的軍裝和兩個穿便衣的守在一輛吉普車旁。問過我姓名，帶上手銬，兩名便裝幹部便把我押上吉普車。兩名佩槍的坐上後隨的另一輛吉普車，直駛法院。

我早就知道，今天是來聽判決的。沒想到的是有這麼隆重，我有點飄飄然。

到了，是廣東省高級人民法院，法庭就在樓下，很小，最多五六百呎吧，空蕩蕩的大廳，幾排空椅子，沒有一個旁聽的。大門對面牆頭上：大大的「坦白從寬、抗拒從嚴」八個黑體大字，黑壓壓怪嚇人的。八個大黑字下面一張長桌子前面擺有三張椅子，都坐上了人。這同電影上看到的不同，這些人比犯人先到。中間一張椅背較高的椅子上坐著一個四十來歲的男人，他可能就是法官了，他旁邊還有一個，是助手？是秘書？還是書記？不知道，桌子上也沒有名牌。

最莫名其妙的是桌子右邊，面向我併排坐著兩個家庭主婦打扮，三十來歲的女人。一個的褙帶揹著個小孩，小孩睡著了，她自顧自地打毛線。另一個雙手抱著個娃，衣扣早解開了，在低頭餵奶。

這算什麼？她們是誰？是人民代表？是來旁聽？還是來當陪審員的？我就當她倆是「陪審二人團」吧。在我後來收到的判決書上，赫然看到列有這兩位奶媽的芳名，她們的名份居然是地位超然的「陪審員」。在整個審和判的過程中，法官沒問過她們，她倆也始終沒說過半句話，各自打她的毛線和餵她的奶，連抬頭望我一眼都沒有，同這嚴肅的環境很不協調，有點怪怪的。

「開始了！」貌似嚴肅的法官用只有廣東人才聽得懂的普通話喊了一句。

沒有人喊起立，因為下面只有我和我左右兩旁穿軍裝的，總共三個人一直都是站著的。「陪審二人團」連屁股都沒動一下。

「審訊開始了！」法官再喊。然後低著頭把我的起訴書從到頭到尾斷斷續續地唸了一遍。可能因為字太小，燈光不夠，他又沒背熟的緣故，唸起來有點結結巴巴的，還把鍾耀南三個字屢次都唸成了鍾「躍」南，沒人糾正他，不過他連檢察員、日期、「被告現押省看守所」等一個字都沒有漏掉，算是不錯。

法官讀畢我的罪狀，頓了幾秒鐘，確保兩頁紙唸完了再沒有第三頁之後，然後抬頭，問我：

「鍾『躍』南，聽清楚沒有？」又是鍾「躍」南。我點頭，表示聽清楚。

「大聲點，聽清楚沒有？」法官顯出威嚴來了。

「聽清楚了！」我不敢怠慢，大聲答。法官滿意了。

法官又低下頭翻開卷宗，大聲說：「現在宣判。」

他居然忘記問我認不認罪就宣判。也許他深信在共產黨的專政機器面前，不由你不認罪，問你認不認罪豈不是「脫褲子放屁」，簡直是多此一舉。

氣氛沒有變化，本來就很靜。打毛線的和餵奶的都在低頭繼續著。

「被告人鍾「躍」南因特務一案……經查証屬實，被告亦供認。本庭認爲，被告是現行特務，積極進行破壞活動，情節極爲嚴重。爲保衛社會主義建設，鎭壓一切反革命份子，本庭特根據中華人民共和國〈懲治反革命條例〉第六、第七條規定，裁定如下：判處被告鍾「躍」南死刑，剝奪政治權利終身。」（請參閱第十頁〈廣東省高級人民法院刑事判決書〉繁體字謄本）

法官停了一停，抬頭看看，他見我沒什麼反應，也沒昏倒，低下頭又繼續唸：

「如果不服本判決，可在接到本判決書後三天內向中華人民共和國最高人民法院提出上訴。」

法官沒有問我服不服判。我也沒有表示服不服。

法官邊收拾他桌面上的東西邊喊了一聲：

「宣判完畢。」

兩個軍裝手搭我肩膊帶我出去，兩位打毛線和餵奶的大娘才不約而同地抬起頭來望了我一眼。泥菩薩似的坐姿，依然沒有挪動過。

整個「審」加「判」算是完了。全過程不超過三十分鐘，就要了鍾「躍」南的命。簡單而決斷，效率之高，歷史上，世界上都無出其右。

也許有人以爲，當我聽到「死刑」二字時，一定會嚇倒。錯了，我聽判決就像聽電視廣告一樣，沒什麼感覺。在這種「兒戲」的場面上，無論如何都認真不起來，反而教我有點「捨身取義」的自豪感。

快到法院門口，我回頭看看，法官還沒走，一邊收拾東西一邊目送我離開法庭。

整個過程雖然有點馬虎。不過，這是我勞改二十三年以來，經過了五六次的法律判決，這是唯一的一次正式站在法庭上接受的宣判。雖說兒戲，也實在難能可貴。

回到倉裡，姓李的只是淡淡一句：「完了？」

我也淡淡地回答：「完了。」

在這裡，像這樣的事情實在太平常了，連判幾年都不必去問，反正都一樣吧。

「完了就好，很快調去勞動的。」在囚的人關心的居然僅是如此簡單。他像在恭喜我。

早飯還給我留著，還有一碗菜湯。我坐下來吃了個精光，真餓。

剛吃完，兩個勞動犯拖著一副腳鐐「叮叮噹噹」地走進來，讓我靠牆坐在地上，伸出雙腳。兩位執行者用鐵鎯頭把套在我腳踝上的鐵箍砸到合攏。完了，順便把我一直戴著上法庭的手銬解開，拿走了。

到此時，姓李的才知道，我判的是死刑。

這是個規矩，凡是死刑犯在死刑執行前都得釘腳鐐。姓李的還說以他所看到過的腳鐐之中，我腳上這副算是最輕的，最多三四十斤而已。他想讓我高興。

共產黨最大的罪惡是一個「騙」字

在這裡，戴腳鐐的不止我一個，都不讓上廁所去。連倒便桶都由同倉的犯人代勞，以免其他犯人憑腳鐐聲知道有幾個死囚。打從這時候起，從門上頭的小洞看進來的次數也頻密了。晚上，我也只准坐在地面靠牆睡，不許躺下，就怕你死了人家都不知道，這也是規定。

下午剛吃過飯，勞動犯進來放下幾張白紙和水筆，說：

「你不是要寫東西嗎？」

我說：「我什麼時候說過要寫東西？」他說：

「誰知道，審訊員說的。」他不管，他放下紙筆。

我沒什麼好寫的，只覺得累，居然靠著牆睡著了。

一雙腳掛著副腳鐐，要移動雙腳都十分沉重，還「叮噹」響。睡著了還覺得雙腳是麻木的。要起身也只能是身動腳不動，要動腳就必須彎下身去，用手搬動腳上那幾十斤東西。

第二天又坐了一整天，好在幾天不大便是平常不過的事，這天也沒大便。

無聊間，拿起起訴書再看看，到底根據什麼原因是「不殺不足以平民憤的」。我雖然說不上有立功表現，但起訴書末尾明明有一句：「被告能坦白認罪，可酌情從寬。」我並非稀罕它是從寬還是從緊，只奇怪原來判你死刑也算從寬。那麼不從寬又能怎樣，想到這裡，心裡一陣好笑。姓朱的從一開始就一再講什麼「坦白從寬」。怪不得單訓室教官講過：「共產黨最大的罪惡在於一個『騙』字。」這個「騙」字，從此以後就便成爲我判斷共產黨一言一行的預設立場。

何況，我鍾耀南始終認爲我「出師未捷身先折」只屬不幸，在萬惡的共產黨面前我沒有罪。今天我身陷囹圄極其量只是個失敗者，「成王敗寇」自古而然，我失敗，我甘願受罰死而無憾。但我不承認以成敗論英雄，我失敗了，誰能說我是個壞蛋。拿破崙滑鐵盧一役失敗被囚，歷史上也沒有說拿破崙是個懦夫；共產黨今天贏了我，歷史仍將記載中國曾出現過一個暴君和萬惡的共產黨。

第二天便是十月一號「國慶節」。該天改善生活，早晚都是乾飯，雖然只有半碗，到底還是乾的，而且早上有一小塊鹹魚，晚上更豐富，是一塊麻將牌大的紅燒肉，還帶點醬油味。

睡著就不餓了

第二天早上，姓李的調走了，又來了一個四十歲左右的矮個子。這個人小禿頂的周圍有短頭髮，臉上雖然沒多少肉，但還是圓圓的有點紅潤。不管什麼時候，總掛著可親的笑容，讓人覺得平易近人。他告訴我他叫林獻羔。

他是我勞改幾十年期間，接觸過無數犯人之中印象至深，至今仍能叫得出名字的其中一個。我同林獻羔同倉不過四五天的時間，他對我的影響卻極其深遠。

他來到的第一件事是因爲看到我足踝被腳鐐磨得肉綻皮開，便蹲下把自己單衣的兩條袖子扯下一截來，纏繞到我腳下兩個鐵環上。說：

「這樣會好一點。」

他整天靠牆坐在我對面，十指緊扣閉目養神。你不問他，他不說話，要說也只限一句半句。知我判了死刑，他拍拍我說：

「放寬心點，有安排的。」他沒說由誰來安排，但我明白他指的是「上帝」。

每頓飯無論吃的是粥是飯還是菜，他總是說：

「噢！太多了，吃不完。」隨手就給我撥一點。

晚上，看我睡不著，他挨過來低聲說：

「睡吧，睡著了就不餓了。」

有一次，我拖住腳鐐在倉裡走了個來回。腳鐐的「叮噹」響驚動了外面的勞動犯，打開門進來訓了我幾句，我心想我是死囚我怕誰，正想狠狠的回敬他幾句，林獻羔趕緊拉著我的手，讓我坐下，等勞動犯走了，他說：

「一切都會過去的。寬恕了他，你的心就得到平靜，就能接受一切，而且沒有怨恨。」句子很長，不過直到現在我還能記得淸楚，而且往往成爲我今後待人處事的態度。

自他來了以後，整天對著他，我格外覺得舒暢。直到有一天勞動犯叫他收拾東西準備調走。

臨走前他走近湊到我耳邊說：

「今後有痛苦，有恐懼，你要深呼吸，靜靜地閉上眼睛，你會看到前面有個十字架……。」他話沒說完，勞動犯把他帶走了。

我目送他出倉，以後再也沒見到過他。直到後來一九八一年我回到香港以後，從報紙登的大陸新聞裡知道，原來正是這位林獻羔，以前是因爲反對共產黨的宗教政策而被關押過，釋放了以後，又因爲領導大陸的地下教會，又再被捕。原來他是中國華南地區宗教界裡頗負盛名的人物。我有幸認識過他，也受過他的祝福。（林獻羔於一九五四年因拒絕加入共黨的「三自愛國教會」被關押至一九五七年，一九五八年我在看守所遇到他時，已是他因傳道問題的第二次坐牢。這次他被判刑二十年，於一九七八年刑滿出獄後，仍致力於「地下教會」傳道。於二〇一三年八月三日辭世，終年八十九歲。）

矇朧中的十字架

死刑宣判已經過了五六天了，每當我想起那兩個「奶媽陪審團」我就好笑。

勞動犯又來問我材料寫好了沒有？我說：

「什麼材料？」他說：

「不知道，是幹部問的。」我把紙和筆都原封不動交還了給他。

又過了一天，姓朱的預審員把我叫到審訊室。

審訊室裡只有她一個人，側身坐在桌子前，蹺著二郎腿，問我寫了上訴材料沒有，我說什麼材料。原來我早就把上訴這回事全忘了。接著，她講了一大堆什麼通過改造重新做人的美好前景。我說，那是太遙遠的事了。也許她也明白我的心情，也許她還是不明白。她說：

「如果你不會寫，我可以叫人幫你寫，這是最後機會了。」

我搖頭：「不必了。」

她用不解的眼光目送我走出審訊室。

從此，我的心更加坦然，很平靜地等待這一天到來。手銬早就沒有了，沈重的腳鐐還是拖著，討厭極了，一步都不好走。整天靠牆坐在地下。心如止水，閉目養神。

很奇怪，到這個階段不知道是不是特別容易產生幻覺，還是林獻羔那番十字架的話產生的效應，只要我閉上眼睛處在迷糊狀態時，總有個像十字架似的東西不請自來。黑暗中，它由遠而近，又由近而遠，有時還停留在眼前久久不去。

第二次死刑（一九五九年五月廿日）

第二年，一九五九年的五月二十號，距離我上年九月二十九日獲判死刑已經七個月了。與我同倉的人來了又走，走了又來新的。時間久了，腳下那副幾十斤重的東西似乎越來越輕似的。我開始在倉裡來回走動走動，往往也引起外面勞動犯的干涉：「坐下，別響！」我從衣服撕下布條結在兩個鐵環中間的鏈條上，雙手提起鐵鏈來走動。聲音沒有了，外頭的獄卒也不叫了。

這一天，勞動犯打開倉門把我叫到他的房間去，一個穿便衣的幹部在裡面。我都還沒站好，他就問：

「鍾耀南嗎？」我點點頭，勞動犯督促我：

「你答是啊！」

我說：「是。」

穿便衣的說：「現在向你宣判……」我想問：「宣判？就在這裡？」

他唸：「中華人民共和國最高人民法院刑事裁定書……被告人……反革命一案……判處死刑。……被告人不上訴。由該院報送本院覆核，認為原判決被告人鍾耀南死刑稍重，改處死刑，緩期二年，強迫勞動，以觀後效。」（請參閱第十三頁〈中華人民共和國最高人民法院刑事裁定書〉）

就在這裡，就這麼簡單就決定了我的生與死。與其說這是宣判，不如說只是個通知，通知我暫時不殺你頭了。

這次不死，我絲毫不覺得興奮。不死便需要過一個艱難而漫長的日子。

到這時我才想明白了，如果共產黨不打算殺你，你要死也死不了。共產黨要殺你的話，什麼上訴都不過是多此一舉。

只有視法律如同兒戲的，才算得上是中國共產黨。對一個人的殺與不殺這樣人命關天的大事，對共產黨來說也不過是一張通知書般的手續而已。

免死判決書讓我真正高興的，莫如隨即拿走了我腳下那幾十斤東西。感謝上帝。這晚，終於可以伸伸腿，舒舒服服地睡一覺了。

大陸自從五十年代末搞了個「反右運動」，消滅了所有敢於向共產黨說「不」的因素之後。便開始高舉「大躍進」、「超英趕美」的旗幟，以爲可以藉此跑步進入共產主義。

爲了響應全國性的大生產運動，看守所犯人也承擔了糊火柴盒的任務，隨著外面農村畝產量由三四百斤可以躍進到畝產幾千斤，甚至幾萬斤。每個犯人糊火柴盒的任務也由開始的每天三百個加到五百個，再躍進到每天一千個，兩千個。說這樣才可以跟得上大好形勢。

爲了避免獄卒說你躲進廁所逃避勞動，倉裡犯人連大便，倒便桶的事也可免則免了。完成得少的，要戴手銬，到半夜也不讓你停下來，非得完成不可。每天中午本來就有的休息時間，現在沒有了，改爲學習「三面紅旗」和大好形勢的文件，完了還要寫學習心得，說是只有思想好了火柴盒才能糊得多。

這時候自稱是唯物主義者的共產黨，再不講經濟基礎決定上層建築了，卻一味強調單憑人的主觀能動性就可以促進經濟基礎這套唯心主義了。

隨著外面畝產萬斤的謊言泡沫爆破，看守所裡日產兩千火柴盒的泡沫也穿幫了。糊出來的火柴盒最後也發現有過半因爲沒乾透而爛掉；其餘的也只得個外殼，裡面是空的。所謂大生產最後只是個大浪費。

歷史已經記載，「大躍進」不是個笑話，它是個餓死了三千多萬人的大災難。

你要笑的話，「二十年超英趕美」才是個大笑話。

真的假不了　假的真不了

「真的假不了，假的真不了。」靠謊言吹起來的「大躍進」浮誇風一旦落到現實就是一場災難。中央就憑各地報上來的層層加碼的生產成績，按比例向地方徵收公糧，地方幹部也就層層加碼地往下攤派更高的份額。結果，連公社留下的種籽，農民嘴裡的口糧，通通都被掘地三尺，搜刮殆盡。結果，公社無種可播，農民無飯可吃。觀音土（即燒製瓷器的白堊土，饑民用來充饑）挖空了，樹皮剝光了，草根也拔淨了，全國幾千萬人就是這樣死去的。

有一次，看守所的天井裡擺了一個小展覽，叫作「代食品展覽」。逐個倉每倉兩人輪流被帶到天井去參觀。這是我進看守所以來第一次有幸站在露天之下。

而所謂「代食品」，顧名思義它本來就不是人吃的東西，現在拿來吃了。它是用穀殼、花生殼、稻草、番薯根、水浮蓮、甘蔗渣等以前連餵豬都不會用到的東西拿來磨成粉末，並壓製成餅乾模樣，還有些像今天的狗糧似的，立刻就變成人吃的東西了。展出的還有用頭髮造的醬油，破皮鞋提煉出來的營養素叫「水解蛋白質」。說這都是在共產黨領導下，廣大人民群眾解放思想、化腐朽為神奇創造出來的奇蹟。藉此讓我們知道共產黨的偉大、光榮的愛民措施。在形勢大好的感召下，犯人應該認罪服法，丟掉對美蔣的幻想，安心服刑，接受改造。

自從參觀過代食品展覽以後的日子裡，我們的紅米稀飯裡面也就體現了黨的關懷，滲雜了鋸末一樣的什麼東西。三天五天沒大便也就不再是病了。

每次想到這些，我不知道是不是也應該感謝共產黨，我們在看守所雖然每天一粥加一粥，一粥還比一粥稀，總還是粥而不是觀音土。

第六章

第二監獄在韶關

忽然有一天，勞動犯叫我收拾好自己東西，把公家發的留下，穿好自己的衣服跟他去勞動犯的房間。地下擺著一張棉被，幾件衣服，拖鞋等。勞動犯指指說：

「這是你家裡送來的，你蓋指印收了。還有一百塊錢，給你轉過去。」

怪不得每次寫信，總是有去無回的，原來寄來的所有東西都被扣下，目的不外乎逼使你陷入絕望，想有任何出路只有依靠共產黨。

接著，讓我帶著僅有的行李到天井裡集合，陸續出來的總共四五十個人。要告別廣州市較場北路七號的看守所了。這是一九六〇年一月廿日。

兩輛軍用吉普車，幾個端著衝鋒槍的軍裝，早已在大門外等著。看守所的幹部點過名後，犯人分別上了三輛解放牌卡車，有幾個也許關得太久了，連站都站不穩。他們是被抬上車的，在車上半靠半躺，臉色呈死人般蒼白，目光呆滯，陽光下睜不開眼。其中一個是我前面提到過的，已經單關了八九年的也來了，這人姓余，後來我在青海同他在一個勞改隊。

都上車了以後，再點人數，然後放下車後面的帆布簾，扣上鐵柵，開車了。前有武裝開路，後有武裝押後，浩浩蕩蕩往公路開去。沿路有人被顛簸得洩尿，也有暈車的。

車上沒幹部，犯人都放肆起來互相打聽犯了什麼，判幾年，關了多久之類的。講開了才知道，原來這次調走的全部都是在看守所判了刑的，其中反革命最多，包括現行反革命和歷史反革命的。現行的例如我就是，而所謂歷史反革命，指的是以前曾在國民黨時期做過官，當過兵，抗過日的，連在鄉下的保長甲長都歸這一類。同車還有幾個也算是反革命的，他們有不滿反右運動的頑固份子，也有對皇帝的新衣說了實話的，這些人的刑期至少也得十五二十年，這已經是夠便宜的了。按照共產黨的邏輯，對敵人要狠，不殺就是寬大。

除了反革命罪犯，還有兩個殺人犯。他們在土改時死不認罪，還敢在批鬥會上動手反抗，便被指犯了殺人不遂。還有兩個犯了「流氓罪」的。你別以爲流氓就是黑社會小流氓，或者阿飛之類的罪犯。原來不是，當年的所謂流氓是包括了非禮、通姦、淫褻、賣淫、嫖娼、連婚前性行爲等都統叫流氓犯罪。

共產黨常自豪地說，只有在共產黨領導下，才可以「把鬼變成人」，中國只有政治犯罪，沒有道德犯罪。周恩來也說過：「中國也有娼妓，不過只是在臺灣。」從此之後，大陸就把娼妓叫作流氓，於是，中國就沒有娼妓了。犯了流氓罪的歸類爲人民內部矛盾，判個三年五年的短刑期作爲小懲大戒。至於犯了搶劫盜竊罪的，全車十幾人裏面一個都沒有，大概在那時期，大家都沒什麼可偷吧！

又見圍牆，一堵大大的監獄圍牆，很舊了。大門上頭原來有一塊國民黨時期留下的監獄名字給剷掉了，痕跡還在。大門旁的兩條長木板寫著：「廣東省第二監獄」和「廣東省韶關勞改局。」這是專門收押省內判了刑的犯人的監獄。犯人不在乎監獄不監獄，只對勞改兩字充滿期待。滿以爲你既然要我勞動，總該給我飽飯食吧。至少也不用再關在狹小的監房了。

進了大門，原來監獄結構同省公安廳看守所完全一模一樣，分兩層，每層呈十字型四個倉，不知道蓋這座監獄的工程師是不是也死在這裡，但可以肯定這也是國民黨時期陳濟棠的政績。

聽說，上層是專門關押女犯的。樓下四個倉只標示三四而沒有一二。監獄幹部押著我們新來的犯人穿過一道小鐵門到監獄後面，這是一個很大的院子，有兩個籃球場大。院子過去原來又是另一座十字型監獄。

我們全部蹲在院子中央等點名。這次點名不再是叫號碼了。因爲從今以後，我們都被看成爲「勞力」，正式名字叫「勞改犯」。

「反改造份子」就是我

被叫到名字的都拎起行李跟幹部往對面監獄走。四五十人分成五六批被帶走，安排到各個中隊去。我和另外幾個有幸被分配到「機械廠」，你可知道我一聽到「機械廠」三個字該有多興奮。一來機械廠肯定不用挑挑抬抬，雨淋日曬；二來機械廠不是可以學點技術嗎。將來出去以後，當個技術工人。一個技術工人在當時社會上有多麼崇高的社會地位。想著想著已經到了對面叫「二座」的監獄的上層，這裡的一條巷便是「機械廠」的監倉了。

我被編到二組，他們都出工去了。大組長把我們幾個人叫去，先簡單交代了監規紀律，然後讓我們整理個人東西。

傍晚，機械廠一組二組收工回來了。他們洗過臉就在倉房中間的巷道開飯。加上我全組十二個人圍成一圈，由組長從大閘外捧回來一木盆的白菜，伙房犯人又捧進來十二個用瓦缽蒸好的白米飯。

組長把菜分到瓦缽上，各人挨次序拿自己面前的缽頭。十八個月以來我是頭一回端起白花花的大米飯，那股香味從來沒有那麼濃烈過。不知道有沒有經過咀嚼，反正很快就全吞下肚子裡去了。

飯吃完了，組長把空缽頭送出外面，各人回組休息。我的鋪位被安排在組長馬國明旁邊。我問組長，剛才的缽頭飯有幾兩，組長沒答話，只瞪了我一眼。

飯後我們幾個新來的坐在大巷裡談了幾句，組長看見了，他馬上過來叫我們各自回小組去，不許我們敘在一起。到了晚上學習，是生活檢討會。組長首先發言，指出有新來的同犯食飯非常緊張，還打聽吃多吃少，這是對糧食政策不滿的表現，今後必須注意。完了就宣讀監規紀律，說監獄的要求同看守所大有不同。在這裡，有機會接觸到其他犯人，有交談機會，但不許談外面的事情，不許交談案情，不許講資產階級的腐朽生活方式，不許談吃談喝，不許拉拉扯扯 。我問什麼是拉拉扯扯，他說就是不能拉幫結派，不容許有私人關係。講話很有針對性，針對的當然是我們剛從看守所調來的。

他正想要每個人作自我檢查，外面的大組長喊：「集合點名！」

全大巷十個組一百多犯人各自拿起小板凳，按小組集合到大巷面向大閘坐下。我也被分給了一張人家留下的小板凳。

今晚是指導員點的名，他打開大閘進來，拿起名冊用客家口音的普通話，逐一喊犯人名字。被叫到的站起來應「有！」或者「到！」，這對我是新鮮事。不過，我一學就會，當我站起來應「有！」時，指導員盯我幾秒鐘才點下一個。

等到點完了名之後，指導員開始訓話。一開始是講當天的生產，原來全隊十個組除了一組二組是機械廠的之外，其餘有四個組是牙膏廠的，生產的是頗出名的「廣東牙膏」，牙膏的主要原料是白堊土，這是很賺錢的生意。還有四個組是膠鞋廠的，是什麼膠鞋不知道。講生產不外乎講最近完成任務的情況，還有就是質量要抓緊數量要跟上之類的套話。

生產講完了就講犯人的思想改造。劈頭的一句是：

「有些新來的犯人，到這裡來不是考慮怎樣改造好自己，不是關心生產，他們首先關心的是吃什麼，吃多少。」

「你們是來改造的，還是來養膘的？你們都犯了什麼罪了，共產黨不殺你，給你重新做人機會，你還計較人民政府給你吃多少，這完全是資產階級，剝削階級的享樂思想還沒得到改造。」

「我可以告訴你，你們定量是三十二斤，還少了？嫌少可以表現得好一點，爭取調到磚瓦廠去。那是重勞動標準，四十二斤……。」

「那些一到來就攻擊人民政府糧食政策的反改造分子，太不像話了，各個小組回去給我找出來，好好整頓一下。從今天開始，一個星期整頓監規紀律，各個小組給我抓緊，做好記錄，向我匯報……散會。」

人家真不愧為指導員，不用稿子，想也不用想就說出了這麼一大堆很有推理邏輯的話。不用問，他講的「反改造份子」就是我，就因為問了組長一句話嗎？問句話的功效比喝下碗砒霜還要快。幸好，下學習時間到了，今晚總算暫時逃過一劫。

我就是想不明白，我明明問的是缽頭裡有幾兩米，到了指導員那裡居然成了對糧食政策的攻擊。這算是那一門派的邏輯。我還以為到了勞改隊會有個較寬鬆的環境，誰想到居然第一天就撈了一頂「反改造份子」的帽子。

沒有機械的「機械廠」

第二天早上，洗過臉，就像昨晚一樣，在大巷圍著圈子開飯。吃的是有幾片番薯乾的稀飯。完了就由組長帶著，報告隊長人數之後便一直朝工作地點「機械廠」走。

顧名思義，「機械廠」便是「製造機械的工廠」或者是「使用機械的地方」，而「廠」當然就是廠房了，在任何人的理解中，應該是在一個建築物裡面，佈滿了機械的車間。

到了，不過在我眼前的這間「廠房」，最恰當的叫法應該是叫作「工棚」。

在一塊籃球場大的空地上，有十幾根磚頭砌成的柱子，頂住上面一大塊鐵皮頂蓬，四面是空的，風或者雨可以自由地從任何一個方向進來。那麼機械呢。有一台鏽跡斑斑的 C360 老式車床，他們叫它做四呎車床，別小看它，它是這裡的標誌性設備，是鎮廠之寶，不過因爲缺零件，很久沒開動過了。另外還有三部叫「鐵木車床」的，這三部除了夾具，刀架和絲桿路軌是金屬部件之外，整部車床都是木頭結構，靠幾條「螞蝗釘」固定在黃土地上。尤其最妙的它不是由電馬達帶動，而是靠人力搖動它旁邊一個大木輪來使機床上的夾具轉動，讓車刀進行切削工作。

我們三個新來的，也就是這三部「鐵木車床」的人肉馬達。我們每天的任務就是站在車床旁邊搖大輪子。掌控車床的車工叫開我就搖，車工叫停我就停，車工叫快我就快。不過，車工從來沒有叫過慢。

整個工棚最多金屬的地方應該是在工棚一個角落的鍛造車間。他們吃的是加重勞動飯，每月四十五斤。他們用手拉風箱把鐵燒紅，再掄起十二磅大鎯頭錘打出農用的鋤頭、鐵耙，還有礦工用的小洋鎬。這每天一斤半的口糧，恐怕不足以補償他們付出的體力。但不要忘記，那怕給你三頓稀飯叫你幹同樣的活，你也沒有討價還價的餘地，你還得感謝人民政府的「革命人道主義」關懷。

我寧願槍斃

原來機械廠的中午是沒有休息的。早上八點鐘出去，如果車床不壞的話，中午只有半小時的食飯和大小便的時間。我必須從早上搖大輪子一直搖到晚上六點。我在看守所不見天日已經一年多了，筋骨沒有活動過，驟然來搖車床，搖不到半小時就幾乎胳膊脫臼。幸好這部土車床用的也是土車刀，它是用載重汽車避震用的那一疊彈簧片鍛打出來的。把刀口加工成弧型，在一大一小的鐵圓圈上車出一條半圓坑道，再配上用人工錘打出來的小鋼珠，便成爲一個專門給人力膠輪車車軸上用的滾珠軸承了。

這種用彈簧片打造出來的土車刀，硬度有限，最多車兩個軸承圈就得換刀，我就可以歇個一兩分鐘。又由於車床的木結構經不起搖晃，修理需時，我就不用搖了。請千萬別以爲不搖便是休息時間，新的任務是把一粒粒花生米大小的鐵粒放在鋼模中間的小洞裡，用手錘敲打另一個有洞的鋼模，一直把小鐵粒錘打成圓珠型。每完成一粒都必須要掄起三磅鐵錘錘它個十來下，任務是每個鐘頭一百粒。圓珠經過硬化處理後便成爲軸承裡面的滾珠了。

如果你要問我寧要搖車床還是打鋼珠，我會答兩樣都不要，我要的是槍斃。白天累得骨架子都快要散開，己經很想死掉算了。可晚上回到小組還要挨整，先是討論生產，談個人產量。今天打鋼珠打了多少顆，質量圓不圓，大小合格的多少，要翻工的有多少。完成得少的要檢查資產階級好逸惡勞的剝削思想，深挖思想根源，什麼階級性，社會性，反動性的，然後是接受幫助和批判。有時也得口是心非的去幫助他人，這叫「抓改造、促生產」。每周總有一兩個晚上是生活檢討會。

記得有一次我同鄰倉一個在牙膏廠勞動的，也是香港來的同犯在巷裡聊了幾句家常，結果是大會批，小組鬥，幾次書面檢查都通不過。原來有規定不准同別組的犯人私下交談。我勾搭的對象竟同是香港來的，而且更糟的他又是個反革命罪犯。我的罪名除了「反革命串聯」，「交流犯罪經驗」之外，還可能是「企圖合謀逃跑」。

那時期外面社會上正掀起一場批判「彭德懷反黨集團」運動，掀起捍衛「三面紅旗」高潮。監獄裡也要配合形勢，打擊反改造分子，嚴懲監內一切破壞行爲。我正好就躓在這個風頭上。除了坦白交代之外，還必須檢舉揭發。

正當批鬥反改造份子鍾耀南、XXX的大會進行得如火如荼之際，出現了兩件更爲反改造的案子。一件是磚瓦廠一個犯人在堆放紅磚時，不小心一塊磚頭竟掉落到在下面經過的幹部的腳上。雖然幹部只是破了皮鞋傷了趾頭，但該犯的行爲已構成了意圖謀害革命幹部的現行反革命罪行。另一件是某隊種菜組犯人在工地真的逃跑了。「走犯」是監獄大忌，全監立即進行反逃跑教育運動。甚至停工半天，全面搜查犯人暗藏的逃跑工具，諸如刀具、利器、繩索、現金、貴重物品、文字記錄、地圖、証件之類的。這些大案子相對於我這些不過是捕風捉影的小案子來說，可謂小巫見大巫。我的問題高高舉起之後，便輕輕放下了。

在機械廠差不多有六個月了。三十二斤定量的勞動飯也吃了半年。勞動雖重，畢竟也慢慢適應過來了。無窮無盡的檢查批鬥也疲了，俗話說：「債多不躲，虱多不癢。」不當怎麼一回事了。誰想到，這種日子也結束了。

第七章 我在集訓隊的日子

還是一九六〇年，在這一年夏季的某一天。全隊十個組一百多個犯人在早上出工前報過數之後，有十多個人被留了下來。其中包括有我。

等大隊走了之後，隊長吩咐我們往行李房領回寄存的東西，打好被舖，跟著幹部走到監獄第一座的下層，就是打對面兩條沒有編號的巷，原來一條巷是禁閉倉，另一條便是「集訓隊」。

我們在十字巷的中間蹲下來等著。一個老犯人從集訓隊走出來，領我們進去集訓隊大巷。編了組之後老犯人告訴所有新來的：這裡是集訓隊，也就是學習隊，爲什麼要調你們來集訓呢？希望你們心中有數。來了就要嚴守集訓隊的監規，好好學習。學習好了，可以爭取早日調回勞動隊去。表現不好的，對面就是禁閉倉，都是我們指導員管的。

這位老先生的改造確有成效，完完全全是用幹部的口吻對我們說話。完了，由各組的小組長學習員帶領，分別回到小組去。這裡有幾個組是勞動組，其餘幾個是學習組，我很不幸被編到學習組去。

我們每人獲發一份集訓隊監規，抄下來之後交還。然後每個人書面寫下遵守監規的決心和今後的改造態度。原來，集訓隊監規同勞動隊監規最大的不同在於學習時間不許離開小組往厠所跑，要去也必須兩人同去同回。再就是不許談論案情，交頭接耳，不許稱兄道弟，拉攏借送等等，這些都同看守所的大同小異。

開飯奇觀

集訓隊的學習組因爲不勞動，一天只吃兩頓，我們新來的只在早上吃過一碗番薯粥，就算一頓了，要等到下午大概五六點鐘，勞動組收工回來，我們兩個學習組也下學習了。過一會，大組長喊開飯，整條大巷坐滿了人。每個小組圍成一個圓圈，組長到閘口外把菜盆端進來，放在圓圈當中。接著學習員又捧來十二缽蒸飯。這裡每人都有個小搪瓷缸或者小碗什麼的就自動擺在菜盆旁邊。

先由組長來分菜，他仔細得幾乎看不出每份菜有什麼差別，就連菜盆底剩下的菜湯也分得均勻。組長讓各人把自己的菜拿回去之後宣佈：

「今天就由學習員第一個先拿飯，然後由他左邊這樣輪下去拿，不許挑，最後剩下的是我的。下一頓就由學習員下一個開始，學習員拿最後一個，明白了，明白就開始……啊，對了。誰有興趣洗菜盆的也是由第一個拿飯的開始。他不要的話，就輪給下一個。好，開始。」

我以爲組長作這個規定，是怕在混亂中會打破瓦缽，有秩序去拿是有道理的。不過，當我端起自己的飯缽，再看看別人的，便馬上明白了。原來有的缽頭裡面的飯比較乾，薄薄的一層米飯幾乎可以透視出缽底下的黑碣色來。有的就由於米水多了，像稀飯似的，厚厚的有半砵頭，看起來就多很多。原來講究在這裡。那麼洗菜盆又有什玄機呢？洗菜盆難道不是伙房的事嗎？我轉過頭去看看人家幾個小組，有的人正在認真地用開水淌洗菜盆，有的正在喝洗過菜盆的開水。我再看看我們兩個組的菜盆，發現盆底下除了有少許淡綠色的菜湯之外，盆裡周邊還沾著幾片菜葉子。原來奧妙就在這裡。

飯是吃過了，不過卻是少得可憐，就像沒吃一樣。不過，我告訴自己。忍著吧，習慣了就不餓了。後來聽人家說，集訓隊吃的是學習飯的標準，二十一斤，每天兩頓，每頓三兩多一點，等於我們現在的一碗飯。還聽說不久前的飯缽是半滿的，因爲是「雙蒸飯」。所謂「雙蒸飯」就是頭一次把飯蒸熟了，再往飯缽裡加水再蒸一次，務求把飯粒炊大再炊大，每粒米都像爆米花一樣，但又不算是粥。這樣吃下去的確很能撐肚子，不過小便就多了。後來爲了省柴火，雙蒸飯就不再雙蒸了，現在爲了不讓肚子裡的水份排走得太快。每兩個月一次登記買東西的時候都會讓犯人買些鹹鹽，每天往飯菜裡加點鹽，水份留在肚皮裡時間就長，學習時間跑小便的就少了。

這種「飲鴆止渴」的辦法無疑是長期饑餓逼出來的。我眼看整個集訓隊百多個犯人，除了皮黃骨瘦便是胖呼呼的，雙眼眯縫，像老睡不醒似的，很明顯是患了水腫病。不過這些人看來並不因爲自己患了水腫病而沮喪，反而每星期兩次看罷了犯醫之後，都喜形於色。因爲水腫，醫生會開給三小包治水腫的「特效藥」，這些看來像阿華田似的米糠，含有豐富的維他命B，能治水腫。爲了得到這三包額外的小食，有人故意多吃鹽多喝水來自我製造水腫。如果水腫從小腿開始漫延到小肚以上的話，就有搬進犯人病房的機會。在那裡不用學習，米糠也大包得多。以上都是我親眼看到的。

形勢大好，就是吃不飽

吃過了集訓隊的頭一頓飯之後，便回去整理自己帶來的東西。除了身上穿的，全寄存在行李倉裡。沒有衣服的，獲發給一兩件死亡犯人遺下的衣服。不過都是破破爛爛的、沒鞋子的，隨便給兩隻不一樣的木屐或者拖鞋。詔關比廣州還要冷，沒有棉被的也給一張，不過也是破舊的。

每天晚上七點鐘都要到大巷外集合，等指導員來點名。

所謂指導員絕不是技術指導或是什麼指導。它本來是共產黨在軍隊裡的組織編制。根據「黨指揮槍」的原則，每個連隊除了連長之外，由共產黨直接派來個指導員，負責掌控整個連隊的政治思想。雖然級別同連長平等，但對連長有「指導」作用。他是連隊裡的太上皇。在監獄或者勞改隊中，每個中隊都有一個專門負責犯人思想改造的指導員，他下面才是隊長、管教員。

每次指導員的訓話內容，無非是形勢大大的好。什麼「三面紅旗」偉大勝利啦，社會主義的優越性啦，農村社員們有多麼幸福，戰天鬥地的意志多麼高昂啦等等，這些幾乎聽得耳朵都起繭的老生常談。再有就是某鄉某地的社員，他們用「毛澤東思想武裝了頭腦」（請別以為我用詞不當，這確是當年的常用語），憑著「愚公移山」精神，不花國家一分錢，用雙手挖平了半座大山，用雙肩填平了半個湖，造出了多少畝良田。他們以破壞生態環境為榮，還把這種做法冠以豪言壯語，叫作「要高山低頭，要湖泊獻地。」

講到國際形勢，任何一個幹部的講話總離不開「東風繼續壓倒西風」，「敵人一天天爛下去，我們一天天好起來。」亞非拉某國和某國人民，用毛澤東思想指導，高舉革命紅旗，起來向反動政權作鬥爭，並且取得節節勝利。聽了他們講話，似乎要實現一個紅彤彤的新世界指日可待，而這個新世界註定是要由中國共產黨和毛澤東領導的。所以犯人必須要認清形勢，丟掉幻想，從此認罪服法，接受改造。

共產黨很相信當年納粹德國宣傳部長戈培爾的一句格言：「謊言重複一百遍就會變成事實。」所謂認清形勢就是要你相信：共產主義必勝，帝國主義必敗，中共必勝，美蔣必敗，社會主義欣欣向榮，資本主義日薄西山。所以，犯人必須丟掉美蔣捲土重來的幻想，一心一意跟共產黨走社會主義光明大道。

而所謂「認罪服法」，更是降服所有犯人以致監外階級敵人的前提。這裡首先要求你「認罪」，共產黨是永遠不會錯的，說你有罪你便是有罪，說你錯你就是有錯，給你判了有罪就不容你不認罪。上訴、申訴都是典型的不認罪表現，其結果只有一個：加刑或者殺頭。因爲你不認罪就不會甘心俯首爲奴。

而所謂「服法」就是要你無條件服從判決。無論判你什麼刑期都是你罪有應得的，只要沒有殺你的頭，都算是寬大處理。因爲你是階級敵人，根據「對敵人的仁慈就是對人民的殘忍」的信念，那怕殺了你，也是給你向人民「以死謝罪」的機會，沒有什麼可埋怨的。

所以，只有經過無數次重複「形勢一片大好」的謊言，讓你知道除了死了心服刑之外，別無其他出路。這樣才會成爲一個馴服的「勞動力」。

點名完了回到倉裡學習，以指導員的訓話爲中心，各抒己見。其實人人談的都同一腔調：「……我今後一定要認清形勢，丟掉復辟幻想，認罪服法，接受改造……。」

由於這是個學習隊，是頑固不化犯人的集中營。那怕是勞動組，對學習和監規的要求都特別嚴苛。除了監規嚴批鬥多之外，早上起來對整理內務的要求也很高，每天各組都要互相檢查，要求同組的每個內務包都疊得大小一致的像豆腐塊一般。地面窗臺是否一塵不染，掛的毛巾長短是否一致。經過檢查評比，找出優劣報告隊長作處理。

學習組每天一學習就是一整天，再加晚上兩小時。有什麼好學習呢？有的，白天上午是讀報，談「三面紅旗」萬萬歲；談「總路線」大放光芒；談「多、快、好、省」地建設社會主義的成就；談「大躍進」；談「超英趕美」；談畝產萬斤，談只有共產黨領導才有的奇蹟，還談亞非拉的第三世界的革命形勢；紅旗插遍五大洲，徹底消滅帝修反，迎來一個紅彤彤的新世界。

當然，說是這樣說。形勢無論有多好，不如犯人心中一句話：「形勢大好，就是吃不飽。」、「形勢再好，什麼都買不到。」犯人始終懷念過去吃得飽的日子。犯人間談食談喝的悄悄話就多了，犯人把這個叫作「精神會餐」。不過，會餐雖然過癮，一旦被指導員知道，就會被定性爲「復辟思想」的表現。在共產黨的國度裡，懷舊是有罪的，因爲他們自己知道，他們自己的所謂「新」，實際上是不如「舊」的。

上午讀報學文件，下午便要把學習內容結合到思想改造上來，有的主動把自己的錯誤思想言行拿出來批判，有的被揭發出來受人家批判。也有以檢查爲名乘機「放毒」，發洩不滿情緒的。還試過有人說他自己過去是個要飯的，有個好成份不要，竟然跑去犯罪，然後狠批自己「身在福中不知福」，對不起共產黨，願意接受大家幫助，這一來弄得大家啼笑皆非。不知道該說他什麼好。總之，所謂學習只是人人騙我，我騙人人；批鬥會也是：人人鬥我，我鬥人人。在這個瘋狂的國度，在瘋狂的年代，有一個瘋狂的領袖叫毛主席，他說：

「共產黨的哲學就是鬥爭哲學。」

「與天鬥，其樂無窮；與地鬥，其樂無窮；與人鬥，其樂無窮。」這也是毛主席說的。

集訓就是以「整」服人

晚上，除非指導員有另外安排，幾乎都是生活檢討會。小的如被褥疊得沒有菱角，窗臺不夠乾淨，拿飯缽不按次序，學習打瞌睡之類的可以在小組解決，批判批判了事；如果發現有誰埋怨吃不飽，埋怨買不到東西，留戀過去的日子，對勞改政策不滿，甚至有罪不認，埋怨輕罪重判或者無罪判有罪等等，就不是一紙檢查便可以了事。必須擺在中隊大會上批鬥一番了。

除了每天的檢討會之外，每兩三個月都有一輪聲勢浩大的整頓運動。有的是配合外面社會的政治運動而搞的，有的純是爲了整頓監規，整頓思想。

每次運動來了，首先是學習幾天文件，讓你認清大好形勢，明確改造方向，然後是個人檢查自己，小組揭發，然後逐一通過。通過期間，免不了要挨批判，再然後是對他人檢舉揭發。每個人檢舉了多少條都有個記錄，檢舉得多，揭發得深的才叫做靠攏政府，即是能站到政府一邊同壞人壞事作鬥爭。愈是事無大小都打小報告，愈是大會小會都惡形惡相批鬥別人，愈是表明他能站穩改造立場，這種人有機會受表揚、記功，甚至減刑。至於檢舉得少的，就說你是包庇壞人壞事，同反改造份子「同穿一條褲子」，搞「攻守同盟」來對抗政府。

從共產黨的角度看，不管你揭發的是真是假。總之，能從犯人中製造敵我，有矛盾，有分化，有鬥爭，才有可能瓦解一切反對力量，才有利於管治。這才有利於「穩定」。社會「穩定」是共產黨生死存亡的問題，現在每年用於對內「維穩」的經費還多於對付外敵的軍費。

共產黨這種「製造矛盾，利用矛盾，分化瓦解，各個擊破」的手段，無論在其黨內或者黨外都施展得暢快淋漓，兼且歷史悠久了。同今天運用在香港的統戰手段都是一脈相承的。

指導員或者隊長，經常會在大會小會上指出某某人有什麼問題，應該如何處理，但有時候只是指出問題存在於「某些人」身上，要求各小組回去把人找出來，或者其本人書面向政府交代，這就造成人人自危的白色恐怖，這才是共產黨最厲害的手段。

這是因爲，如果把問題指出在某人身上，被點名的人當然會作檢查交代，其餘的所有人都可以置身事外。但如果只講問題而不點名就會造成人人自危，有人爲求爭取坦白從寬，便紛紛自我對號入座，或者爲了自己脫身而去揭發他人。如此一來變成人人都有問題，人人都要靠攏政府。結果是全人類都是罪人，只有共產黨才是「偉大、光榮、正確。」共產黨對待國內人民是如此，在國際事務上何嘗不是如此。只要聽聽中共的外交部發言人的講話就知道。

幾乎是每月一次的批鬥大會總是在大巷進行。首先是由指導員或者管教員疾言厲色地指出問題，突然話鋒一轉點出今晚的批鬥對象。下面馬上響起一片「站起來」、「低頭」、「坦白從寬、抗拒從嚴」的口號聲。同時就有人把壞份子擁到前面，有人向後拗他雙手，有人按他的頭。「彎腰」、「低頭」、「老實點」的喊聲此起彼落。等到指導員一揮手，就有人帶頭喊：「把反改造分子XX X批倒批臭！」、「反改造份子XXX必須低頭認罪！」、「坦白從寬……！」、「抗拒改造、死路一條！」、「靠攏政府、前途光明！」一陣殺氣騰騰的口號聲中，早就安排好的所謂積極份子，就一個接一個地以殺父奪妻之仇的口吻讀出精心撰寫好的批判稿。甚至邊讀邊用手按當晚主角的頭，以示憤慨。

大會有時只有一個主角，有時兩三個，往往歷時兩三個鐘，直至喊口號的嗓子沙啞了才告散會。完了，被鬥者還要在小組檢查，書面反省，以示認罪。只要你一提到問題有出入，或者提出客觀理由，都可以成爲第二次批鬥大會的內容，更有被認爲是頑固不化或者情節嚴重的，批鬥完畢，便立即被關進對面的禁閉倉。

禁閉是沒有期限的，可怕之處就在這裡。有一次，一個四川老兵在學習會上發言，不認爲自己追隨過蔣介石抗日也算有罪。結果小組批、大會鬥，說要抗日爲什麼不到延安去追隨毛主席，當蔣介石的兵便是「假抗日，真反共」。這樣連續鬥了一個禮拜，直至他老人家在口號聲中倒在批鬥會上才算完事。還幸虧他真的是死了，如果他還剩半口氣，就會說他裝死逃避鬥爭，罪加一等。

以上這種生活內容，每天在重複，每月在重複，每年在重複。有人裝病逃避學習的，還有的乾脆製造疾病，躲進病房的，也是爲了逃避學習。

犯醫三件「寶」，啥病都治好

在集訓隊，每週有兩次的看病機會，要看病的需要預先登記。因爲看病可以有暫停學習出去排隊候診的好處，所以每次登記看病的人數約佔全隊人數的一半。這是組長都無法阻止的，因爲誰也無法証明他沒有病。連幹部也不會干預的，因爲給犯人看病是「革命人道主義」的最省錢的體現。

首先，醫生本身也是犯人，本來就不花錢；其次，他帶來的除了聽診器使他像個醫生之外，他能開的處方只有三種藥。一是最常用的APC（即阿司匹靈，菲拿西酊和咖啡因）藥片，它能治感冒發燒和各種痛症；二是甘草片，是肺病和所有呼吸道疾病的唯一藥物；三是一小包一小包的米糠或者麥麩，這是常被病人要求開的藥，是專治水腫和營養不良的特效藥。

本來，醫生還有一件特種武器，叫「鹽酸普魯卡因」。是專給嚴重受傷的勞動犯注射作封閉治療的，讓你暫時止痛可以繼續投入勞動改造。不過後來再沒有了，一切都以針灸技術取代。那怕要動手術切除什麼的話，麻醉藥從來都不需要，還是針灸止痛最有效。

如果四肢五臟六腑那裡壞了，壞在那裡便切除那裡，好比治牙痛最好是拔牙，拔了就不痛了；要拔牙的話，連針灸都是不必要的，含一口鹽水就可以了，尤其在冬天，含涼水更見效。本人二十多年來總共給拔去大小牙齒十幾顆，成績只算一般。那怕全拔光了，也絕對不會妨礙你嘴嚼，因爲你永不會碰到啃排骨、嚼筋肉的麻煩。

你可知道一口痰值多少錢

在長長的候診隊伍中，向醫生訴說患水腫的最少有一半。如果臉上看不出有浮腫，便伸出小腿，讓醫生撳撳脛骨，十有九個都可以撳出個小窩窩來。無需其他檢查，犯醫按窩窩大小，每人發給六包到九包的米糠，患者無不歡天喜地地離去。

還有的說是胃痛得很厲害，告訴醫生這是消化不良引起的。醫生雖然絕不相信每頓無油無肉，單吃三兩大米居然能吃出個消化不良的怪病來。但醫生也是犯人，當然瞭解犯人的需要，便問也不問地開出三天病號飯，其他什麼藥都是不必要的。而所謂病號飯只不過是交代伙房往飯缽裡頭多加點水，把乾飯燉成粥。讓「患者」覺得自己比旁人多吃，心理滿足之餘，肚皮也撐得鼓鼓的。

第三種病人更誇張，總說自己咳嗽咳出血來。爲了証明自己有肺癆病，還向醫生展示自己衣袖上的血斑。醫生的處理方法是：一、報告隊長，這個犯人要隔離到大巷末尾，厠所對面的病房去，在那裡接受觀察。二、是交代病人明天留下一口痰作化驗。三、作爲臨床急救，給予甘草片九枚。每日三次，每次一枚，溫開水送服。

我親眼見過這樣的怪現象：有人用兩張八分錢郵票去換別人一口真正帶有血絲的濃痰，作爲自己的痰交上去，希望能化驗出結核菌來，好搬到病號倉去，從此不用學習，不用勞動，每頓還能多吃一兩。

誰都知道，所有這些病都是餓出來的。有些犯人會在小組會上坦白交代自己的思想說：「營養不良才患了水腫病。」這叫污衊社會主義制度，惡毒攻擊勞改政策，借糧食政策向共產黨猖狂進攻，並以檢查爲名，煽動其他犯人對政府的「革命人道主義」不滿……，其後果不言而喻。

「老運動員」也是我

每次運動，如果認爲你檢查得不夠徹底，沒有從你祖宗十八代的遺傳基因去找出犯罪根源，你就註定要被評爲「反改造份子」了。每逢「生活檢討會」，「年終評審」，「監規整頓」運動，「社會主義教育」運動，「愛國反蔣」運動，「認罪服法」運動，擁護「三面紅旗」運動……，你都會成爲運動中的重點打擊對象，都會把你「揪」出來「運動」、「運動」。人家就會給你個封號：「老運動員」。

對於在大會上交代得不夠好的「老運動員」，還有個教育你的方法是戴手銬或者關禁閉。我指的手銬是共產黨發明的「土銬」，而不是在電影上常見帶鏈的「洋銬」。這是兩個馬蹄鐵型的鐵箍，左右合攏把犯人的兩邊手腕夾在中間，成爲一個圓圈，再用鐵條由上而下穿過四個小孔然後加把鎖。被扣的人的左右手腕就被緊緊箍在這個圓圈裡。戴著手銬的犯人就被標織爲「反改造分子」，像痲瘋病似的誰也不敢理你，在隊裡會被孤立，誰同「反改造分子」說句話，借支筆，或者幫他擠擠牙膏，誰就倒楣。罪名是同「反改造份子同穿一條褲子」。

實際上在叫你站出來交代之前，幹部心中早已經有了處理方案，無論你在現場表現如何，其結果都只會按既定方案辦理。正如共產黨舉辦的任何活動，包括香港選特首，都是預知會有他想要的結果才進行的。

而我，我本人，自以爲兩岸三地都到過，再加口直心快，見啥就評啥，對什麼都抱懷疑態度，什麼都拿來同臺灣比，同香港比，又同解放前比，早就是集訓隊裡面無人不知的「反改造份子」。直到有一次，中隊大會開足火力把我批鬥了兩三個鐘頭之後叫我表個態，叫我檢查檢查認認錯，我居然在大會上衝著指導員說：

「我連死都不怕，我還會怕你們喊口號。」我話音一落，手銬腳鐐一起上。

打從這次起，往後每次大小運動都少不了我，我已經由「反改造份子」升級到「老運動員」。每次戴手銬總不會少過一個月。開頭不過三天，兩個手腕被箍的位置，無論你怎樣減少活動，都會肉綻皮開，血是不會淌的，只是痛入心脾。再過幾天，結了痂。又再過幾天，痂脫了，又再結痂，就這樣來回兩三次之後，居然長出老繭來了。有了老繭這本錢，下次再戴銬就不那麼痛了，不過兩次戴銬時間不能相隔太久，太久了老繭脫掉長成肉芽，再戴時還會痛，這是我的寶貴經驗。此外，我還曾被押到禁閉倉蹲過兩星期的禁閉。原因是我說了一句：「社會主義好，很多人都往國外跑。」

在禁閉倉，像在看守所的重刑犯一樣，一人一個倉，每天兩頓禁閉飯。比學習飯還要少，不過多了三兩片薯乾。最要命是你不知道禁閉期限。每天孤獨地等，叫你絕望無援。

禁閉過幾次之後，我才開始明白，原來有些東西比死更難熬，曾經想過從此下決心接受教育做個乖的勞改犯。可惜，江山易改，本性難易，往後的我依然固我。

最後一面

我之所以這次只關了兩個星期的禁閉，是因爲我爸媽和九姐到肇關一監看我來了。

這天上午，管教員把我叫出去。把手銬解開，說：

「有人要見你。」他沒說誰要見我，只交帶管行李房的犯人讓我拿行李換衣服。換好了，管教員覺得還是不夠好，便叫勞動犯到犯人病房幫我挑兩件沒補丁的。最後我穿上了藍色的中山裝。

這時我還不知道要見我的是什麼人，因爲在那年代，監獄是沒有接見家屬的制度的。怕你說漏了嘴，透露了彼此的真實情況。家裡寫來的信中，只許你淨說好聽的，稍有提到家裡真實情況的都一律被撕掉；犯人寫回家的信，只能表表改造決心，讓家裡知道你還活著就行了。旁的一律別提，除非你不想這封信能寄出去。家裡寄東西來固然不可以，你問家裡要東西也不行。因爲家裡根本自顧不暇，無東西可寄。那怕寄來了，你有而別人沒有，會引起不安。不過寄錢是可以的，因爲要把錢退回去是件極麻煩的事。有次有個犯人收到媽寄來五元錢，還有封信寫道：「寄去五元問仔好。」孩子回信說：「仔好錢收到。」這兩封信曾經拿到大會上作犯人通信示範。我的唯一一次接見過程也就大致按此示範進行。

正因爲還沒有接見家屬的制度，也就沒有接見的場地，管教員直接把我帶到幹部用的一個小小的會議室。

我進門第一眼就看到我年邁的爸媽坐在會議桌後面，還有把我從臺灣送來大陸的九姐鍾秀芳。在他們背後靠牆的椅子上，有兩個不認識的幹部。管教員讓我隔著會議桌坐在爸媽對面，他自己也坐我後面的椅子上。

我們見了面，沒有擁抱，沒有痛哭，沒有喧寒問暖。這種環境氣氛同溫情似乎格格不入。我同爸媽互相對望著。好一會兒，一句話都說不出來，彼此只是默默凝視。

還是我媽先開口：

「瘦了。」媽的眼睛含著淚水。幾秒鐘過去，我爸說：

「點解會咁架？」（粵語：爲何會這樣子啊？）媽拍拍爸的大腿，說：

「而家無謂問佢啲咁嘢咯。」（如今都無需追究他這些了）各人回歸沉默。又是我媽開的口：

「不准帶食物，我就帶了幾件你以前穿過的衣服給你。還有你要的一支鐵匙羹。」

我爸對媽說：

「把我們吃剩的那罐餅乾給他。」

媽的餅乾還沒拿出來，坐在我後面的管教員馬上站起來說：

「在這裡吃吧！不要帶回去，影響不好。」

我媽從隨身挎包裏拿出一罐曲奇餅放桌上。蓋子一打開，一股濃鬱的氣味立刻佈滿整個空間，爸媽後面兩個幹部都站起來朝桌面上看。

我從餅罐裡拿了兩塊，隨手把蓋子蓋回去說：

「媽，我不餓。」我不是不餓，在這種環境下我吃不下去。

「你們留到車上吃吧。」我把罐子推到媽面前。

管教員又站起來，說：「好了好了，見過了，回去吧。」

九姐始終沒說半句話。這次恐怕也是她的安排才有這次接見。我是她的戰利品，是她入黨以及平步青雲的踏腳石。此情此景，她內心是得意還是後悔？我不知道。

這次難得的接見，全過程不到十分鐘和不過幾句話，這便是我二十多年牢獄生涯中唯一的一次，也是最後一次見到生我養我的父母。他倆是我在青海勞改期間去世的，釋放後我才知道。

爸媽呆滯的眼光目送我步出會議室，我不忍回過頭多看他們一眼。因爲我在哽咽，手上還緊捏著兩塊曲奇餅。

走沒幾步，管教員說：

「你手上拿的東西現在就吃了吧，別帶回去。還有，送來的衣服先放行李房，新生以後再穿。」

我當上了「所長」

記不得是那年那月，毛主席號召全國大搞農田基本建設。「農業學大寨」、「工業學大慶」運動就是從這時候開始的。

自從學習了毛主席「調動一切積極因素，大搞農田基本建設」的最高指示之後，我的命運有了些微改變。

在大會上，隊長說：「你們坐著改造思想是不夠的。思想改造也必須結合到實踐中去。思想改造得好不好，就要體現在勞動生產上。」這是生產動員大會常用的推理。動員過之後，全隊八個組有六個組被編作勞動組，任務是到磚瓦廠去搬磚頭，或者到農業隊去幫忙平整土地。這都是很重的活，不過隊長說，越是重的勞動越能改造好逸惡勞的剝削思想。

就這樣，隊裡就只留下兩個學習組，我被編到老弱組。組裡十個人算我最年輕又最反動，反動得不宜外出勞動。爲了人盡其才，物盡其用，指導員指定我專責在隊裡洗厠所搞衛生。

監倉的厠所有兩個倉房大。空蕩蕩的沒間隔，便於互相監視。茅坑是一道呎把寬一呎深的長溝渠。上面鋪上一條條的木板。犯人就蹲在兩條木板中間解決。我的任務是每天把十幾條木板逐一洗刷乾淨，還要到對面水房提水過來沖走溝裡的髒物。如果溝底下有黃黃的沉積，那就必須趴在溝底下用磚頭把它磨掉。隊長說這是給我改造反動思想的好機會。

我衷心感謝共產黨人民政府，我終於享受到勞動飯的待遇了。雖然只是輕勞動飯，但到底比學習飯強一些。因爲在勞動飯上面，額外多了十幾二十片番薯乾，連飯都帶點甜香味。到了國慶、五一或者春節，勞動飯加的豬肉有兩個指頭大，比學習飯一個指頭大的豬肉，無論份量和體積都幾乎多一倍。

如果我知道在那幾年間，全國餓死了幾千萬人的真相，作爲共產黨敵人的我，還能有這樣的享受，可能會感動得眼淚都要流下來。

一個神秘小組

除了學習組老弱組，還有一個神秘得很又常被忽略的小組。他們的監倉緊挨著厠所。他們不會出來走動，連幹部點名也不會出來。因爲監規不准串倉串組，所以誰也不覺得有他們的存在。直到我當上了「所長」，自由行動多了，才有機會一窺它的神秘面紗。

白天，勞動犯都出去了，他們會把倉門打開透透氣，有時候也有人出來走走，活動活動筋骨。人家學習，我去洗厠所，偶然同他們打個照面，彼此都會點頭打個招呼。碰面多了，也會扯上一句半句。這八九個老人家最年輕一個也過六十了，有的氣宇軒昂，有的風度不凡。至少都有點書卷氣。

看得出是個人物。

一次我在洗廁所板，一位七十多歲的長者步入厠所。他打量我一下，問：

「妨礙你嗎？」

我說：「那裡，請隨便。」

他方便完，我看外面沒人，大膽問他：「請問你們……。」

他微笑，低聲答我：

「告訴你，我們是被省政協文史局擺在這裡寫材料的。」（省政協 注：全稱廣東省政治協商會議，是個議政機構，也是共產黨最重要的統戰工具）

聽他的口音不像廣東人，但如果是外省人，廣東話講成這樣已經很不錯了。我想再問，他指一下嘴邊：

「噓。」然後湊到我耳邊低聲說：

「我們在文史局因爲不聽話才擺在這裡的」他說罷便轉過身去，在步出厠所前回過頭來向我作會心微笑。

他兩次都只說「擺」而不說「關」，很明顯只因爲當時「牛棚」這個新生事物還沒出現，把他們「擺」在這裡只算作是警告性拘留，就等於同他們說：「再不老實就來真的了。」

提到文史局就很清楚。這些人都是內戰時期被俘的國民黨中上級軍官或者地方官員。其中中共認爲有利用價值的都被納入統戰對象，會被安置在省政協屬下的文史局，讓他們撰寫回憶錄和國民黨的檔案資料。有不馴服或者在反右時期有過錯誤言論的，又或者對「三面紅旗」、「大躍進」有過質疑的，都被放到監獄裡讓他們作反省。他們沒有罪名，也沒有刑期。幹部從不找他們，他們也不找幹部。大會小會什麼運動也運動不到他們頭上來。給他們大量的馬列毛書籍和中共理論書藉，再加每天一份《人民日報》讓他們去洗洗腦，吃飽睡足之後各自去寫材料。如果認爲你寫的材料有存檔價值或具參考價值的，隨時可以調回政協去繼續接受統戰，貢獻你的剩餘價值。這叫廢物利用。如果你辜負了共產黨的一番好意，那對不起，就這樣下去吧，我沒有把你當成罪犯，只是把你永久棄置在這裡。共產黨不虐待俘虜，不過共產黨辦法多。

第八章 這才叫鬼門關

我每天掃地洗厠所搞衛生，雖然享受的是輕勞動的待遇，不過體力消耗絕不是那幾片薯乾所能彌補的。水腫從腳眼附近開始，漫延到小腿，再往上到大腿、小肚，連陰囊都漲得像個網球，肚臍眼凹進去只剩條縫，很明顯到了危險的程度了。雖然吃了一個多星期的麥糠和無鹽菜，收效甚微。加上咳嗽漸頻，每次咳嗽完了都感到胸痛。痰是拿去化驗了，但結果沒有告訴我。

一天，大隊剛出工走了，大組長吩咐我收拾好私人物品，等醫務室犯人帶我去病房留醫。聽來這像是個「喜訊」，但實際上也可能是「死訊」。說是喜訊，是不用勞動了，也不用參加學習了。不過，進去病房以後，還能活脫脫回來的實在不多。因爲監獄對犯人的要求是「大病當小病、小病當無病、無病加油幹。」在這裡，傷風感冒，卅八度低燒從來都不算是有病。往往是小病變大病，大病進病房。

由於缺醫少藥，加上營養不良。你怎能想像這種「革命人道主義」能把你的病治好。我也曾遵照犯醫建議，寫過幾次信向家裡要些維他命B，水解蛋白等的藥物。不知怎的，都沒下文，寫的信有去無回。

所謂「病房」，比隊裡小組的倉房大半倍，也是木板床、草蓆底下舖了些禾桿草，一張床四個病號，比在小組裡睡五六個稍寬敞一些。這裡恐怕有三四個這樣的病房。由於病號的「流動性」很大，成千人的監獄，有十幾二十張「病床」的「醫院」算是很具規模的了。

這裡伙食不錯，每天兩頓糙米乾飯。飯缽裡看來不止三兩，還有小塊豆腐乳。豆製品的營養價值當然不容低估。躺在這裡的，最多是肺病和水腫病，其餘是外傷，缺腿少胳膊什麼的。患肺病的每天都給打鈣針一支，雖然鈣針沒有治療作用，但肺部病灶能不能因這支鈣針而鈣化，就要看你的造化了。打針的針頭是煮過的，可以循環再用。而且用前都用酒精抹過，算是很講究了。當時還沒有愛滋病這玩意，問題也不太大。患水腫的每天三包麩皮，份量比監倉發的要多得多。這從紙包的大小就可以看得出這種優待。如果一口氣把三包都吃下去，說不定可以有半飽。

當然，躺在這裡的不止上述幾種病。所以無論白天黑夜都會聽到呻吟聲。尤其半夜裡，撕心裂肺的慘叫聲都來自「手術間」。那些被磚頭砸傷手腳的，要截肢的，要剖開肚皮割盲腸大小腸的，全身或局部麻醉都全憑神針一枚。每次聽到的呻吟聲都不會太久便換成另一種陌生的聲音了。

如果說這裡是醫務室，倒不如說這是「鬼門關」。

我也估量我的服刑也快到頭了。

對不起，你死了我才有飽飯吃

我的病床連我只有四個人，爸媽送來的衣服一次都沒穿過，因為估計我再也回不去了，所以全都帶來作枕頭用。必要時還可以穿上，去也去得體面些，才不辜負爸媽一點心意。

一位姓鍾的年輕犯醫每天來兩次，派藥派飯都由他負責，他還能決定誰「行」誰「不行」。

在所有病號之中，算我最年輕，才不到三十歲，同他相若。當他知道我來自香港以後，每次幫我檢查都格外仔細，順便也聊上幾句。原來他家人都在香港，他是以僑生身份回來在華南醫學院唸的醫科。這些都同我有些相似，所不同的是我犯了反革命罪，他是跟女朋友「亂搞男女關係」，還一再向組織要求回香港，辜負了黨和國家的培養，最後以「流氓」罪判他五年，讓他在病房裡「立功贖罪」。他笑謔自己只是個「醫死」而不是個「醫生」，我們相視苦笑。

躺在我左邊的是個六十多歲的老頭，聽說他已經躺在這裡好一些日子了，沒起來過，大小便都在原地完成。便盆由旁邊的病號幫忙處理，現在這個義務便由我來負責，而權利是同時負責處理他的剩飯。有時候他完全不吃，我也完全負起全責，這都是鍾醫生交代的。有這樣的好鄰居算我走運，不過我還不算吃得很飽。

直到有一天早上，鍾醫生來派藥，叫他幾聲他都不醒，醫生把藥交待給我說：

「等下他醒來給他吃。」

藥派完了，伙房送來早飯，鍾醫生來派飯，拍了老頭幾下：

「喂，起來吃飯了。」沒反應。動手推他幾下，還是沒反應。伸手進被窩摸了一下，「唔」，醫生心中有數了。

醫生若無其事地把他床頭一大把藥拿走。原來他幾天沒吃藥了。

醫生如常把飯缽放他身旁，也就是我的枕頭邊，故意提高嗓門說：

「你的飯擺在這裡，再不吃就給人家了。」說時望了我一眼，轉身走了。

中午和晚上都重複上午的情節和台詞。

打從失去自由以來，我除了曾經在看守所沾過人民公社吃飯不要錢的光，放開肚皮吃過幾天飽飯以來，再也沒有享受過這種飽肚子的滋味了。無論白天晚上，身邊都躺著一具已經僵硬的屍體，我不但沒有半點恐怖或者不安，反而因爲肚皮撐得滿滿的，整天都有一種奇妙的充實感。

三天之後，這位老鄰居才被抬走，再沒留下什麼。我目送他出去，心裡有點捨不得，居然連一句祝福的話都沒有給他。

人死了還可以貢獻社會

病房是沒有門的，門口還特別大，方便擔架抬進抬出，我隨時可以清楚看見對面兩個病房的情況。我剛把人家的剩飯吃過，對面病房一個剛來沒兩天的病號也提前「出監」了。

今天鍾醫生要進監倉看病，這裡由幹部醫生値班，他帶來兩個勞動犯，把對面病房的一位死者的被子掀起擱一邊，兩個勞動犯連帶薕子把屍體捲起來，抬到地下一個用兩條木棍造成的土擔架上。幹部醫生說：

「不行，這張薕子還很新，換一張。」說罷他又翻開死者留下的枕頭、行李包，說：「這些都拿走，放到衣物倉等家人來收。」

就在昨天，鍾醫生才告訴過我，除非家屬來問，這裡從來不會把犯人的死訊通知家屬的，也從來沒有犯人家屬來領遺體遺物。遺體掩埋之後，比較好的遺物都集中起來，搞搞乾淨之後就拿去賣，實在不行的便留下來日後發給犯人穿用。再不行的撕開來給犯人作補丁用。人死了，還讓他對社會作最後一點貢獻。

聽到這裡，我猛然想起我爸媽帶來的幾件衣服，便一手拿過來塞到醫生懷裡說：

「鍾醫生，我這裡有幾件舊衣服，是我在香港穿過的，你比我先出去，也許能用得著。」

第二天早上，鍾醫生來派飯。我另一邊的鄰居又沒起來。醫生大聲叫他沒反應，我把手伸進他蓋著臉的被頭，觸摸一下他的前額，冰冷的，手也是冰冷的，原來他早已經完成他的改造任務了。我望望醫生，醫生點點頭，表示他其實早已知道。鍾醫生走了，也沒交代什麼，我的心正琢磨著他這缽飯是不是該退回去，不過我的手已經伸過去把缽頭拿了過來。

饑餓戰勝一切。我心安理得地把這缽頭飯吃個精光。

鍾醫生帶人來把我身旁的鄰居搬走，我無言目送這位鄰居，感謝他，也祝福他。他的罪總算受完了。從他前臂上的青天白日紋身，我看得出他是國民黨時期的抗日老兵。在今天，在共產黨無法無天的統治下，那怕在監外，就憑他那臂上的紋身，已經註定他不會有好日子過，說不定早就死在革命群眾的手上，而且死得很慘。今天他能安詳地死在病床上，也算是種「福氣。」

我默默地目送他，鍾醫生以爲我捨不得，他說：

「這幾天，天氣回暖，他肚子脹了。你想不想睡他那邊，那邊的蓆子新一點。」

鍾醫生走了，兩邊的床位還是空著。

「報告隊長，我還沒死啊……！」

在靠牆邊那位頭朝外睡的一個五十來歲，瘦得只剩個骨架的病號，從來沒同我說過半句話，他半夜裡突然吐了一大灘血在被子上。我看到了，但我不知道該怎麼辦，病房裡沒有醫生也沒有護士。

這晚上本來是幹部醫生值班，不過等到早上才見他帶了兩個勞動犯進來。一看見被子全是血，頓時氣得瘋了，大喊：

「捲起來！抬走。」

兩個勞動犯正準備動手，突然，吐血的掙扎著側起身來，一把抓住幹部醫生的袖子，哭著說：

「報告隊長，我還沒……我能勞動……隊長……我……」

幹部醫生使勁把手一甩，大喊：「快，快，快捲起來抬走。」

臨走還不忘交代一句：

「看看清楚了，看有金牙沒有。」

兩個勞動犯已不是頭一次執行這種把活人當死人搬走的任務了，熟練地用沾了血的破被子把毫無反抗能力的人裹得嚴嚴地。裡面無力的喊聲完全透不出來。人被抬到擔架上，用繩子把人連擔架綑好，抬走了。

我目送，無言，無奈。耳邊仍響著一把聲音：

「報告隊長，我還沒……」，重複又重複，像幽谷迴響一樣，久久不散。

第二天早上，先後又來了兩個，填補了我左右兩個床位。他們兩個都是外傷的。吃了幾天病號飯之後就熬不住了，嚷著要回隊裡去開工。

白天沒幹部進來，他們便朝著門口那邊大聲喊：

「報告隊長，我要回去，我要回去……」

晚上，他們中隊的幹部進來了，他們同幹部說：

「報告隊長，我要回去改造，重的幹不了，可以幹點輕的。」

「隊長，讓我回去吧！隊長，請你同指導員說說，讓我回去。」

隊長說：「你們不是說腳痛要求留家的嗎，怎麼現在又不痛了？」

隊長「哼」一聲又說：

「你們以爲把腳砸個窟窿就可以不勞動了？沒門。快寫檢查，隊裡明天開你們的大會。不老實，想逃避改造，想得美。」

我不知道他們的傷勢如何，反正他們腳上包紮傷口的破布條還在滲血，看來手下得很重。超體力勞動確實叫人受不了。來到這裡他們才發現饑餓比什麼都難受。所以共產黨始終把糧食牢牢掌握在手裡，道理就在這裡，那怕你不聽話。

過幾天，他們倆一跛一跛地被帶走了，再也沒回來，聽說是蹲禁閉去了。

沒有死人在身邊，鍾醫生還是把人家的剩飯拿過來。我在病房差不多一個多月裡，總算能享足一個多月的「福」。咳嗽少了，浮腫也退了。與其說這是麥麩和甘草片的功勞，不如說是剩飯的療效。

終於，最不想發生的事情發生了，集訓隊的大組長出現在我面前，說是要帶我回隊。原來，要我回隊不是鍾醫生的主意，也不是病房幹部的決定，這是集訓隊指導員的命令。

第九章 我又禁閉了

回到隊裡，我的「所長」的職務早就被別人當了，還捧走了我的輕勞動飯缽。我還是回到學習組吃我的學習飯。（我多希望這個現任「所長」也犯錯誤關閉禁，奪回我的輕勞動飯）

回來了幾天，氣氛平靜得出奇，每天不是讀報就是學文件，吹捧一下大好形勢，重複一下文件的內容就過一天。晚上連集合點名都很簡短，這樣大概有一個禮拜了。

一天早上，大隊出了工，正要開始學習。指導員吩咐守在閘口的大組長叫鍾耀南出去。禁閉倉的兩個大個子早就在閘口等著。見我出來，二話不說，一左一右把我推進禁閉倉裡面一個雜物房。裡頭堆放著破棉襖、棉被，還有一堆生鏽的鐵鍊、腳鐐。牆上掛了兩三副洋手銬，一堆土銬擺在地下。這無疑是間刑具室，教人不寒而慄。

大個子叫我坐在地下，雙腳伸直，然後把一條兩頭帶環的大鐵鏈拖過來，很熟練地將兩個鐵環套進我腳踝裡，一個按住我的腳，另一個掄起鎯頭就對準鐵環打。直到鐵環口子合攏了再砸另一個。大個子說：

「這才五十斤，不老實還有更重的，聽到沒有？」兩個人揪著我站起來，叫我挽起粗粗的鐵鏈，跟他出去。

我半彎腰，吃力地挽起這幾十斤的鐵鏈，雙腳還被兩個大鐵環墜著。很慢地，一小步一小步地拖著往前走。一直走進中間的一個倉，這是個空倉，裡面除了空氣什麼都沒有。

直到這時候我還不知道是怎麼回事，反改造嗎？一般都是在批鬥大會後才關禁閉的，我沒有逃跑也沒自殺，爲什麼關我。沒人告訴我也無人可問。

看守的每天兩次把禁閉飯從小門遞進來。除了喊「倒馬桶」之外，什麼都沒同我說過。除非看見我躺下來才喊：「起來！別躺！」

我已經記不起這是第幾次關禁閉了。在這絕望無援的黑暗中，我忽然想起了上帝。如果真有上帝的話，那爲什麼上帝總是離我這麼遠，而禁閉室又離我這麼近。

曾經聽誰講過，上帝把門關上也會打開一扇窗。而我這裡僅有的一扇窗都被木板封住。如果真有上帝，我真想問問：上帝，你講過的話到底算不算數。不過，也許上帝很忙，有時候也會忘記開窗。我原諒了上帝。

沒有自然光，天花頂上一個黃燈泡就老亮著。拖著沉重的鐵鐐又不好走動，而且必須坐在大窗下面的牆跟，讓看守的容易看到我。

監獄犯人出工了，周圍很靜。我只要閉上眼睛，平時不會想到的事情也會從老遠的過去出現在眼前：兒時的玩伴；在馬路上和街童玩「水鬼捉銅人」；玩跳飛機；還有媽抱我去九如坊政府診所看病，媽教我數藥房裡一個個大大的藍色玻璃瓶。所有這些童年往事都彷彿是昨天的事。相反，在臺灣、在廣州、在監獄裡近年發生的事情反而比較模糊。記憶猶新的只有林獻羔說的：「睡著了就不餓了。」還有「閉上眼睛你會看到個十字架。」這句臨別贈言。

不知道這是不是心理學家說的「提示效應」，在黑暗中我試過閉上眼睛什麼都不去想的時候，朦朧中真好像看到個十字型的東西出現在眼前，它由遠而近，又慢慢遠去。我不會祈禱，不過我有默念：希望家人個個平安，爸媽身體健康，不要爲我難過。我也許過願：能有機會回家，一定會克盡孝道侍奉父母。有時也會想起在看守所，在監獄裡對我好過的同犯，當然也會想到鍾醫生、林獻羔，在艱難中讓我吃過飽飯。鬥過我的人太多了，那裡能記得起來。在當時的確有恨過他們，奇怪的是現在想起來，反而覺得沒什麼，在這人吃人的環境裡，這不過是求生存的自衛行爲，也許不是他的原意，沒有什麼可恨的。想到這裡，心裡反而平靜得多。

在這裡，沒有日期，沒有鐘點，也沒有白天黑夜。聽到外面喊：「睡覺囉！」，那是黑夜降臨了。聽到吆喝：「起床！起床！」，這便是白天開始。我的唯一活動便是當倉門打開喊一聲：「倒馬桶」，我便一手挽起鐵鏈，一手提著馬桶「叮噹、叮噹」的拖著腳鐐一小步一小步地向巷尾的厠所走去。提著淌洗過的馬桶又「叮噹、叮噹」地回到禁閉倉。你不知道我多麼期待每天這一次倒馬桶的機會。雖然我進來的頭一天就已經撕下褲腳的布條纏住腳環，無奈腳鐐很重，那怕每天只出倉一次，也足以令我兩邊腳眼磨破了皮。暗紅的血跡沾在布條。

這樣過了二十天左右。早上吃過飯，門打開，兩個勞動犯走進來，他們手裡拿著一副土銬一個鎖頭蹲在我跟前，一個人捉我雙手，另一個在我手腕套上兩個半圓鐵箍，中間插上鐵栓再加把鎖，完了站起來，啥也沒說，走了。

在集訓隊也聽人家講過，凡是被起訴加刑的，都要戴手銬。這我更糊塗了，我犯了什麼了，加什麼刑。隊裡夠得上「反改造份子」的何止我一個，爲什麼光加我的刑。說來可笑，我幾乎完全忘掉我的刑期是死緩兩年，已經加無可加了。我從來都不知道緩刑到期了沒有，也沒想過緩期到了會怎樣。今天這情況，莫非緩刑到期要殺我的頭。

戴了這手銬的確帶來許多不便。戴鐐睡覺要翻身固然很累贅，但還可以用雙手去搬動腳鐐，可現在雙手合攏著，要翻身就更難；食飯不能端起飯鉢，必須趴在地面上雙手一起動作。還有，倒馬桶就更麻煩，每走一步都要雙手放下腳鐐，再用雙手把馬桶往前挪一步，馬桶放下再搬腳鐐。每天倒一次馬桶就得重覆這些動作幾十次。現在，我又討厭倒馬桶了。用不了幾天，兩邊手腕就破皮冒血，再幾天，傷口結痂，痂脫掉再結痂，經過幾次結痂，便成了老繭，老繭脫了，留下肉芽。直到今天，幾十年過去了，兩邊手腕，還能找到肉芽的痕跡，這是當年留下的印記。

在這裡，每天的節奏就是：「起床」、「開飯」再「開飯」然後是等外頭喊「睡覺。」睡醒了，便是下一天，過了下一天，又是另個下一天。不過，十天，一個月，兩個月以後，你就習慣了，就好像過得很快，這是因爲天天一個樣，絲毫沒有任何不同的記憶。那怕過了一百天就好像只過了一兩天一樣，生命就這樣毫無痕跡地消磨掉。

在禁閉室是沒有病號的，因爲從來沒有犯醫進過來看病。曾經隱約聽到外面的勞動犯說：「不行了，叫人來抬走吧。」是我隔壁的一個禁閉犯。我沒見過他，只聽過他的腳鐐聲。

你聽過「再緩一年」嗎？（第三次死刑一九六二年七月十八日）

也不知道這次禁閉蹲了多長時間了，只記得進來時是被著件破棉襖的，現在棉衣早被收走了，光著膀子還冒汗。

好日子終於來了。倉門打開，有人喊：「出來」，我雙手提起沉重的鐵鏈，半小步半小步地跟他走進大閘旁的一個房間。眼前站著的，是集訓隊的指導員。每次動員搞運動，大型小型批鬥會，或者處分某些犯人的場合都有他。每個被他叫去的，都不會是好事情，不過這次例外。

這次他站在桌子旁邊，照規矩是我先說：「報告指導員。」他指指桌面上一張紙，淡淡地說：

「現在再給你個機會。來，打個手印。」

管他什麼機會不機會，叫打手印就打，最要緊的是能解下腳鐐離開這裡，那怕是去刑場都可以。手印是打在一張只有兩行字的白紙上，那是簽收的回條，我連簽收什麼都不知道。直到指導員拿起兩張印上密密麻麻油印字的白紙遞給我說：

「回隊去。老實點。啊。」我不知道我手上接過來的是什麼東西，不過肯定是它讓我離開這裡。

指導員走了，勞動犯進來，帶我到隔壁的刑具室，叫我坐在地下，一人按住我的腳，喊：「不要動。」另一人拿撬杠撬開腳踝上鐵環的口子，再用鐵鎚砸了幾下。完了又撬另一邊。拖了這麼些日子的這幾十斤東西終於同我完全脫離了關係。到我站起來時，雙腳輕飄飄彷彿騰雲駕霧似的。輪到手銬，解起來就簡單得多，只消打開鎖頭，把中間鐵條抽出來，兩個半圓鐵箍就拿走了。待他們搬走地下的鐵東西時，我才看看手上拿的是什麼東西。

這是一張抬頭寫著曲江縣人民法院的〈刑事判決書〉，還有一張是這張判決書的第二頁，只有兩三行。我都還沒看清楚這次到底又判了我什麼，忽然一聲大喊：「是不是不想走了？」我給嚇了一跳。又一聲大喊：

「我看哪，你還是要回來。」有人說不怕判官怕小鬼。誰說不是。

我光著身子回到我原來的集訓隊，我原來的學習組，見到我原來的老組長，倉裡的幾個人在隔壁倉學習，組長讓我先收拾一下，他到行李倉拿了兩件破單衣給我，說：

「等星期天我給你點破布補補。」

我連澡都沒洗，坐下來先看看判決書。前面一大截都是些堆砌的套話，說什麼該犯改造上一塌糊塗等等。這都不用看了。只看最後一行：

「判處被告鍾耀南死刑，再緩一年。」

啊哈哈！這是什麼意思？我雖然還沒死，不過連這一次已經是我第三次的死刑了。是我鍾某命硬還是法律兒戲，前面一大堆不是說我「死罪有餘，活命不足嗎？」那爲什麼還要再等一年才殺呢？我不知道刑法裡面有沒有「再緩一年」這條規定。反正共產黨可以隨時把有變成沒有，也可以把沒有變成有，這個倒不必去考究。而最無稽的是末尾還有一句：

「如不服本判決，可在接到判決書後第二天起五天內向本院提出上訴狀，上訴於韶關地區中級人民法院。」（請參閱第十四、十六頁〈曲江縣人民法院 刑事判決書〉及繁體字謄本）

我至今沒弄明白，「再緩一年」是什麼意思，算是加了刑還是減了刑。把死刑緩期延長仍然是死刑；緩刑到期而不殺，應該算是寬大。我還可以上訴什麼。難道我活得不耐煩了，向法院上訴要求立即槍斃？共產黨真會玩玄疑。

共產黨一貫自我肯定爲「偉大」和「正確」。錯誤永遠是人家的，不管共產黨幹了些什麼，那怕後果是災難性的，例如五九至六一那三年人爲災難，餓死了幾千萬人，它終究都能自圓其說「反敗爲勝」，說是那幾年死得人多都怪老天爺，是「自然災害」造成的，要是沒有共產黨的話，這場特大自然災害，死人何止三千萬。對區區一名毫無議價能力的罪犯的判決又怎能有錯呢。能把你抓起來你就一定有錯，你這次沒錯，以前都有錯，以前沒錯，那你祖宗十八代肯定有錯。他的邏輯是：「老子英雄兒好漢，老子反動兒混蛋。」人的好壞都可以從遺傳得來的。

所以，犯人上訴就等同於「造反」、等同於「變天」。至少也是「無理取鬧」、「無悔意」。那便是罪加一等。我勞改廿多年，從來沒見過也沒聽說過有誰因爲上訴而得到減刑，或者釋放的，反而因爲上訴而被加刑槍斃者屢見不爽。

在這裡順便再講講我的判決書的兒戲之處，帶頭一句是：「被告不認罪服法，在改造中……惡毒攻擊人民公社、大躍進……」這些套話寫多少都沒問題。問題在「……並『汙罵』我……。」請查查辭典有沒有「汙罵」一條，其實（汙罵）是「汙衊」之誤。連法律文件都可以有錯字！共產黨視法律如兒戲可見一斑。

更不可思議的是，我的罪名還有「逃跑」一條。天哪！我連監獄大門都沒出去過，我能往那裡逃？判決書還說：「……其本人供認不諱」，我連起訴書都沒有，問都沒問過我，我什麼時候供認過什麼，我明明白白是一九五八年六月廿八被捕的，卻原來被捕前半個月已經判了我死刑。（請參閱第十六頁本判決書第四行）後來改我無期的判決書連我籍貫都改了（十九頁）。唉！共產黨呀共產黨！共產黨的所謂「法律」不但兒戲，簡直荒唐透頂。

緩足三年改無期

往後的日子沒有什麼好回憶的，只是不斷重複以前的日子，許多起初看來很怪異的事情現在也見怪不怪了。早上起來，照樣是整理內務，然後是學習，開飯，再學習，再開飯，再學習。一天兩頓飯四五段學習，從唱好「總路線」到歌頌「大躍進」、「人民公社」。不管外頭餓死多少人，我們學到的永遠是形勢大好，而且越來越好；社會主義欣欣向榮，資本主義日薄西山；美帝蘇修和一切反動派命不久矣，臺灣人民仍然生活於水深火熱之中自然不在話下。

儘管學習學習再學習，改造改造再改造，共產黨不殺我對我恩重如山我天天都說了，但思想始終沒有改造過來，「斯德歌爾摩症候群」的效應也沒出現在我身上。反改造份子的本質一點沒變，小組裡有了我這個典型。組長再不用操心每次運動都要去找批鬥對象了。對其他犯人來說是「年年難過年年過」，對我來說便是「年年挨鬥年年過」、「緩刑殺頭」這四個字對我來說不但不是壓力，甚至從來想都沒想過。

打從一九六二年七月判的「再緩一年」算起，卻原來，又緩了整整三年了。難道共產黨把我殺頭的事也忘了。還是法院判的不算數，真是「難得糊塗」。

直到一九六五年八月一個星期天，本來是休息天的大禮拜。包括集訓隊在內的整個監獄犯人，集合到大院子開宣判大會。監獄長、教導員全來了，輪流講了個多小時的大好形勢之後，又批評了監獄中存在的歪風邪氣，說犯人總是從飯缽裡頭看形勢，這是反動思想作怪……。說句良心話，如果當時共產黨能向犯人公開說明這幾年全國餓死了幾千萬人，而我們集訓隊不勞動也能吃上二十一斤口糧，雖然吃不飽也不至於餓死，說不定所有勞改犯都會跪下來衷心感謝共產黨。問題是愈是餓死人，他們愈是要用大好形勢來麻醉自已和欺騙別人。他們自已都吃不飽，還要昧著良心天天說些連自已都不相信的違心話，當個共產黨幹部實在不容易。

這次大會和以前一樣，用打擊國內外反動派的偉大勝利來迎接國慶，在一片「打倒XXX」的口號聲之後，監獄長宣佈了一批加刑名單，還有即時拉去關禁閉的。

最後，爲了鼓勵能「認罪服法，接受改造」的犯人，同時又宣佈了一批減刑和記功犯人名單。

你別不相信，被認爲能做到「認罪服法，接受改造」而榮獲減刑的名單中，居然還有昨晚被小組鬥個不亦樂乎的鍾耀南。

監獄長宣佈：「該犯（即：鍾耀南），緩刑期間，認識罪惡，沒有亂說亂動，對工作認真負責，表現尚好……」「據此，裁定如下：給予該犯減爲無期徒刑，剝奪政治權利終身。」

「終身」二字不用解釋，而所謂「剝奪政治權利」即是說，那怕有朝一日你刑滿釋放了，也不能算是個公民。所有選舉、言論、出版、遷徙，出國甚至結婚等權利—如果別人有的話—，你都沒有，除非經過特別恩准。所以所謂刑滿釋放「新生」的犯人，往往都不能回家，必須留在指定地方去「重新做人」。出了這個圍墻又隨即進入另一個圍墻。

不管怎樣，早就該死的我這次又不死了。不過，不死又能怎樣。

為自己作嫁衣裳

宣判大會過後不久，有一天，幾個勞動組都沒有出工。外面送來了十幾綑，每件都有百多斤的什麽東西。每個小組分一件，連我們學習組，老弱組都有，幹部親自把綑紮的鐵皮剪開。裡面原來是灰白色，還摻雜有各色碎布的棉花。有人說這是從棉紗廠和製衣廠地面收集得來的垃圾棉。

隊長宣佈，今天不出工也不學習了，在家裡撕棉花。

悶了幾年，終於有了新玩意了，一片歡騰。沒想到，要把壓得像石頭般結實的棉花撕開來原來有這麼難。用飯匙撬，再用板凳拍，然後才用手撕。搞了幾天，手都破皮了，隊長還嫌慢。晚上的思想改造暫停，從早上一直勞動改造到晚上十點多。可堪告慰的是飯缽裡的份量好像多了些。

幾天之後，棉花是撕開了，還要用竹片去拍打。由於棉花纖維極短，拍起來，棉絮滿天飛，塞滿了鼻孔，氣也沒法喘。咳嗽聲此起彼落，還有因呼吸不暢暈倒的。爲了體現共產黨的「革命人道主義」精神，每兩小時放我們到大院子外去喘口氣，掏掏鼻孔洗洗臉。

這樣大概幹了五六天，石頭般硬的棉花，憑犯人雙手最後成了一大袋一大袋帶碎布的棉絮，送走了。

打掃過衛生之後，又重回到思想改造的日子。奇怪的是吃了十多天的勞動飯，依然繼續吃下去。「肚皮指揮腦袋」，每談起大好形勢，也談得像真的一樣，形勢確是大大的好了。

幾年來，過的是二十一斤一個月的素食生涯，身體各項機能也都逐漸自動調整到適應這種生活條件。有部份機能處於冬眠狀態，例如性慾。我這二十多歲，正是性慾旺盛的年紀，這些年來完全沒有過一次性衝動。人家說：「勞改三年，豬乸（音那：母豬）都當貂蟬。」我就不信，犯人見到豬乸想到的一定是國慶節飯缽上的那小片豬肉。不過，無論如何，吃了這段時間的勞動飯，每個人的精神狀態好像都好過以前，連上床都好像不大費勁似的。

後來才知道，這是要讓我們養好身子等上路。而這些垃圾棉正是犯人發配邊疆，應付零下三十幾度嚴寒的裝備。

第十章 青海是個好地方

一九六五年九月的一個星期天。中午，各人正忙著往破衣服的補丁上面加補丁，突然，組長宣佈要收回借出去的縫衣針和剪刀，又交待凡有行李寄存的都要全部領回去。同時要各人收拾好倉裡的私人物品，公家發給的棉衣棉被全部繳回。其實個人物品都十分簡單，不外乎是身上穿的破衣裳，家裡送來的幾件衣服，還有就是牙膏牙刷，一條或者半條的洗臉毛巾之類。之所以有半條毛巾，那是因爲買不到縫衣線，只好從毛巾抽出紗線，搓成縫衣線用來補破爛。

收拾得差不多了，指導員喊集合點名。大家心中都明白這不是批鬥會，是一次大調動。誰要調走，調那裡去，一概都不知道。

喊到名字的拿起包袱跟隊長走出大院子，院子裡原來早已經站滿了從各個中隊抽調出來的好幾百個犯人。還有幾部解放牌卡車。先到的犯人點過名之後魚貫上車。卡車開了出去，又進來幾部空車，集訓隊幾十個人分乘兩部車。每部車十多個分兩排面對面坐好，還有坐地板的。放下帆布簾，扣好欄桿，開車了。我們在車隊的末尾，後面跟著三輛載著武裝的吉普車。

一路「平安」

車隊一直開到郊區鐵道旁，已經是中午過後了。那裏早已停靠了一列老舊的蒸汽火車。長長一列載貨的車皮，如今是準備用來載人的。周圍佈滿了哨兵，犯人按原來在監獄所屬的中隊分批上了車皮。這是密封的車廂，只靠上面幾個小窗口透透氣。車廂不大，一個車廂擠了七八十個人。開始是蹲著，慢慢都坐了下來。肩碰肩，背靠背，像罐頭沙丁魚似的。天氣雖然有點秋意，還是感到悶熱。從早晨離開監獄，沒吃沒喝的一直待到傍晚，有憋不住的早就尿褲子了。汗味尿味再加二氧化碳，呼吸開始有些困難了。

列車終於開動了。「蓬嗤」、「蓬嗤」地響。老舊的蒸汽車頭吃力地拉動十幾二十個車皮的犯人往前走。車頂上的幾個小窗，開始有些風吹進來，帶來點涼氣。車皮裡一片黑暗，奇怪，此時此地誰也不說一句話，也沒有一點聲音，各人都在盤算著火車把自己的命運帶往何方。

火車走走停停，一直到頭頂上的小窗透進來一點晨光，原來已經過了一宿，天亮了。火車停了下來，很久再沒開動。突然「轟隆」一響，車廂鐵門給推開了，隨著一股清新空氣衝進來，一聲吆喝：「下來。」

因爲憋太久了，有的人腿酸得幾乎站不起來。七八十個人下車之後，就站在車廂旁排好隊。報過數再蹲下。幹部帶兩個犯人到不遠處抬來一桶涼水。接著每人發給三片又乾又黃的麵包。水不定量可以自己舀，但誰也不敢多喝。不大一會兒，幹部看差不多吃完了，喊：

「要大小便的站起來。」

幾乎沒有不站的，不管有沒有需要，反正活動一下筋骨也好。每十個人一批，分批走到附近的農地「撒肥」去。稻子才剛割完，廿多公分高的稻茬子還豎著，沒有可蹲的地方。不過，要解大便的也沒幾個。大小事都辦完了，回來報數上車，鐵門又重新關上。過了不知多久，又開車了。

一路走走停停，傍晚在一處什麼地方停了下來派麵包，放大小便，完了上車又走。白天停的多，晚上停的少，如是者走了幾天。到了第四天，依然不知道到了什麼地方，因爲火車總是停在鄉郊。這次下車領的是麩皮餅乾，不鹹也不甜。在今天，這是時尚的健康食品，是貴價貨，可在那個年代，這是欺騙肚皮的玩意。

勞改犯蹲在車旁啃餅乾，四周是架起機槍的哨兵。有的人幾口就把餅乾啃光，還有的在小口小口地在品味。久違了的稀罕東西，越看越想吃，又怕吃掉了再沒得看。只好盡量把享受時間延長，等到別人都吃完了自己手上還有，那種滿足感再無法形容。

差不多吃完了又是放大小便的程序，逐一站起來報告隊長之後，便分批往地裡走。離開車廂走沒幾步，可以清楚看到車頭那邊有人從不同的車廂裡被拖出來，不知道是病了還是死了，平放在地下一動不動，恐怕還不止三個五個。幾個幹部聚在一起嘀咕著什麼。

一聲「集合了」，大小便的趕快揪起褲頭回去歸隊。報過數，上了車，車門關上又開車了。躺在地下的人命運將如何，誰都在想，但誰都不知道，好像都有點兔死狐悲，餘下的只有沉默。除了車輪聲和蒸氣車頭的喘氣聲，車廂裏一片沉寂。不過，這只是個開始，第五天、第六天，每天兩次吃飯放大小便時，只要走開幾步往車頭方向望去，總會看到有人被拽住雙腿拖出車廂的。看得多了，就不大在乎，也不去想他了。

到了第七天中午，列車少有的停了一兩個鐘頭不動。等到鐵門推開，吹進來的是一股寒氣。列車停在一片平灘上，外面一片荒蕪。人沒有，樹沒有，房子也沒有。大家正納悶這是什麼地方。幹部叫下車了。

軌道以外全是卵石灘，沒有路。十幾輛卡車早就等在那裡，十幾二十個車皮的犯人分別按指定上了卡車。這回的路程不太長，只走了二三十分鐘。下了車便被趕進了一個室內球場似的地方，裡面早已聚了一大片早前到來的犯人，有躺的也有坐的。我們被安置在一塊預留的角落，又是報數，然後坐下。

一個操廣東口音的幹部講話，說在這裡暫時休息，等分配到勞改隊去。可以躺下休息一下，但不許走動，要大小便的等一下報告隊長帶領才去。

吹進來的風冷颼颼的。這裡比廣東冷多了。更奇怪的是，那怕坐著都臉紅喘大氣，怪不得沒人願意站起來。這是什麼鬼地方。

你吃過「炒麵稀飯」沒有？

眼看太陽快下山了，幾個穿舊軍衣的男子簇擁著一個看來像大幹部似的來到前面的小講臺上。大幹部要講話了，小幹部們都退到他背後去。共產黨幹部講話照例離不開大好形勢，形勢越是壞得不堪，形勢就講得越好，也講得越多。等到大好形勢講深講透了，才講到：

「爲了，爲了加速，你們改造，給你們，立功、贖罪，的機會，才把你們，從內地，調到祖國，祖國的大，大西北——青—海—來的。」青海二字特別加重語氣，還做了手勢，表明他對青海有多自豪。站在他後面幾個人使勁地拍巴掌。而下面的人一聽到青海二字，都一片錯愕，互相交換不安的眼色。任誰都知道，青海是個十分貧瘠的省份，犯人到了這片不毛之地，除了開荒開礦就想不到有什麼是可以幹的了。大幹部又講了：

「青海，是個……是個好地方，資源十……十分豐富，這是一塊，尚待開發……的，寶地。這裡，海拔高……高的有，四千多米。低的，像你們，現在，這裏的，只有兩千……兩千多。你們都很，很舒服，對，不對？」

他不知是犯了高山症缺氧，還是生來就有口吃毛病，又還是故意想加重語氣。繼續結結巴巴地說：

「青海，呢，有終年，積雪的，祈……祈連山，溶……溶下來的，雪水，可以灌溉，萬頃良……良田，萬頃良田；礦藏更是……更是採……採之不盡。光是鹽……鹽啊，鹽，就夠全……人類……全人類吃上，幾萬年。我可以，可以自豪的，告訴你們，日本鬼子，哈，日本鬼子，想出高價……高價，買我們，青海的鹽，我們，周總理，周總理硬是……硬是不賣，寧可用，用它來修飛、飛機場，修公路。氣死……氣死鬼子。哈哈哈……。」

他得意地哈了幾個哈，站在他背後的幾個也附和地哈了幾個哈。他們陶醉在精神勝利中。他也以爲經他這麼一講就可以在犯人腦海中留下一個仙境般的景象。不過犯人們現在想到的是：「到底還有個完沒有，啥時候才有吃的。」

天都齊黑了，西北地區天黑得特別早。

大幹部還講個沒完沒了：「這裡天氣，同內地的，有些許……不同，上下都是……三十五。不過……不要……不要緊。我們共……共共共產黨本著革命……人道主義……精神，棉衣，你們會有的，棉鞋，棉被……也都，都會有的，我們人……人人民政府，都給，你們準備好了，到時候……就給……你們發給。」他本來打算轉身下臺的，突然又想起了什麼：

「噢，還有……有件……有件重……重要的事，今晚本來……給你們嚐……嚐嚐青海湖……的鰉魚的，不過因……因爲打魚……打魚……的沒趕回來。

「不過不……不要緊。我現在……我現在……我現在……鄭重……宣佈：今晚照樣……照樣……給你們……改善，改善生活，吃炒、麵、稀，飯，還外加……外加青海……特產，你們沒……沒吃過的——青、稞、饅、頭。」他期待應該有的一片掌聲，不過沒有。

好傢伙，「稀飯」不就是粥嗎，這我懂。至於「炒麵」，那怕不是「肉絲炒麵」，銀芽豉油皇炒麵也不錯，何況還有頂新鮮的「青稞饅頭」，真是「革命人道主義」大放光彩。青海果真是個好地方。

醒醒吧！你想的不過是餓昏了的腦袋幻想出來的盛宴，實際上共產黨幹部講得越是比唱的好聽就越不能相信。

不過，大幹部說到做到，轉過身往後面招招手：「給，給，給他們開，開飯吧。」大幹部臉上的表情就好比一位大善人正往捐款箱裏塞一張巨額支票時般神氣。

大幹部走了，大桶的稀飯抬進來了，還有一籮筐一籮筐的青稞饅頭散發出一股草青味，比現在日本食肆的蕎麥麵的草青味濃烈好多倍。幹部們忙著指揮犯人排隊打飯，等到稀飯和饅頭都派完了，「炒麵」還是沒來。有期待的，也有鼓噪的。

直到這時，有「二進宮」的西北犯人才告訴我們這些「老廣」，說因爲青稞是高寒地區的作物，生長期短，九十多天就可以收割，含的澱粉就少，性帶寒涼，還有股草青味，當地人才把它炒過，目的是想減少寒涼性和去掉草青味，用炒過的青稞麵煮成的麵糊就叫作「炒麵稀飯」。別想得美。

共產黨總是把健康食品給犯人吃，用心良苦，不過犯人要的是飽肚子。

晚上就躺在原地，由於舊被子在監獄被收去，大幹部說的新被子又沒發下來，天氣比廣東最冷的時候還要冷，全部人都把自已所有的衣服全穿上，蜷縮著，互相依偎著。幸虧這晚上沒風，一千多人擠在一起，倒不覺得十分冷，由於在路上幾天沒好睡，有的還呼呼地睡著了。只怨勞改犯命苦。就這樣待了六七天。

在這裡每天是被廣播聲鬧醒的。中央台的新聞，《人民日報》、《紅旗雜誌》的社論，翻來覆去都是形勢一派大好。洗臉是沒有的事，小便可以去，反而要去拉大便的不多。一來是每頓食的炒麵稀飯，腸胃都有點「上火」！二來是吃的又不多，那怕吃下去的是石頭，都能給你消化得一乾二淨，又那來的大便。

不管怎樣，吃了睡，睡夠了吃，總算過了幾天「豬」的日子。世上哪有這麼多的好事。有聰明人說，這是因爲西寧的地勢不算太高，才讓我們在這裡待幾天，適應一下高原氣候，如果一下子就把我們送到高海拔的地方去，得了「高山症」是會死人的，人都死了叫誰去開發這塊寶地。

果然，是第六天還是第七天的一個早上，大喇叭沒響。飯吃得早，吃過便點名。喊到名字的都到外面集合，再沒回來。

輪到我了，出去再點名一次，然後上車。等了很久車還不開，原來有三個病號正由其他犯人攙扶著出來。其中一個我知道，就是前面講過，在看守所被單關了九年，姓佘的福建人。他臉色倉白，雙眼無神，混身無力，幾乎是被抬上車的。我好奇怪他怎麼沒在火車上死掉。

一長串解放牌汽車開動了。路不是柏油路，車顛簸得很厲害。開始的時候，車上的人都相對無言，各有各的想法。在勞改隊服過刑的在想：前面將是一個什麼樣的環境。像我一直蹲監獄的就想得比較豁達：不管怎樣，希望勞改隊可以比監獄吃得多，空間也大得多。

逐漸地，每個人的思想好像也得到解放似的。平時不敢講的話都講了，有談案情的，有問人家刑期的，就是沒有談將來的，勞改犯是沒有將來的。

不談不知道，一談嚇一跳。原來全車十六個全是重刑犯，無期的連我在內就有十二個，都是最近由死緩改判的。其餘幾個，不是十九就是二十年。很明顯，是因爲按規定死刑犯不可以調離監獄，只爲了這次調動才一律把死緩改爲無期，包括我這個死緩一年的。如果說是因爲我已經「悔改」了才改了判，連我自己都不相信。不過改判了又如何，在這樣惡劣的氣候幹非人的活，能熬過十九年二十年的刑期嗎？何況像我這個無期的，過一天是無期，過兩天還是無期，連倒數刑期的資格都沒有。

汽車離開西寧走了多半天，晚上在一個什麼地方停了一夜，這一夜是在車上過的。第二天又走到傍晚才到了青海省東部一個大站——格爾木。這裡的部份公路和小機場白花花的，相信的確是用岩鹽舖成的，離公路不遠處有一排排的房子，聽說這是解放軍屯兵的駐地，後來文革時期才變成爲幾萬個知識青年來建設邊疆的地方，他們的名字叫「建設兵團」。

格爾木這個轉運站有幾個很大的倉庫，犯人兩天來都在車上坐著睡覺。這晚總算可以躺得直直的了。

第十一章 德令哈（唸卡）農場

休息了一晚，再上路走了幾天我都忘了。可能是兩三天。終於到了。幾天前從西寧出發時是一長串的車子，到這裡來只剩下五輛了，其餘的不知開到那裡去了。

車後的布蓬掀開，眼前是一幅三人高「乾打壘」的土圍牆，這麼高的圍牆除了用來防止犯人逃跑之外，聽說更大的作用是用來擋住每年春秋兩季的特大風塵暴的。大圍牆下寬上窄，上頭可以走人，四個角都有個崗亭，背著槍的哨兵在上頭懶洋洋地叼著香煙靠牆站著看我們下車。

犯人列隊點名，等幹部在那邊辦好了交接手續，向崗亭上的哨兵打過招呼之後，圍牆裡面收發室的人出來推開大扇的木門，繞過一塊大照壁才進到圍牆裡面。久久不能忘記那塊大照壁上畫著滿面笑容伸手指向前方的毛主席，而林副主席高舉小紅書站在主席身後的大幅畫像，就好像告訴犯人，誰到了這裡誰就有光明前途。後來也就是這幅畫像，幾乎把我埋葬在這片荒野裡。

圍牆範圍裡就像個大集中營似的，中間通道的兩邊，分別有十幾排土房子，前排房子和圍墻之間，是片大空地，想必是開大會用的，我們就蹲在這片空地上等候分配。

很快，來了五六個當地的幹部，帶頭一個先說話：

「這裡，是青海省勞改局的德令哈農場一大隊，這是個農業隊，你們會分到四個中隊去，你們只要好好改造……。」老一套的說教，這裏不提也罷。

農場第一課：逃跑的下場

早就聽「二進宮」的犯人說過，德令哈農場是全國幾個最大而且是最早的勞改農場之一，多年來總共開墾了幾十萬畝的農地。此外，農場裡還有鐵礦、煤礦、石墨礦、巖鹽礦、磚瓦廠、機械廠、糧油加工廠等等。是個規模龐大，佔地廣袤的綜合性企業，有幾萬名勞改犯和刑滿釋放人員在那裡改造和繼續改造。農場位於柴達木盆地，抬頭所見的就是終年積雪的祈連山，一望無際的盡是砂礫荒土，不長一棵樹，不見一隻鳥。間中有一小撮一小撮的芨芨草和駱駝草。

這時候，幾個犯人用膠輪木頭車拉了滿滿三大車的棉衣棉被進來。有用白色平布縫的單衣，發給每人一套。另外還有黑色的棉衣棉褲和棉被。衣服都沒口袋就像鄉下農民穿的一樣。衣服發完，幹部又講話了：

「你們的衣服是三年一套，注意到沒有，上面沒有勞改隊的記號，你就別以爲可以穿著它往外跑。你們每天都在外面勞動，是有機會跑的。不過，我可以告訴你們，這麼多年來，能跑出去的一個都沒有。」

他故意放慢速度讓我們聽明白他的青海口音：「我可以讓你先跑一個星期，最多是跑個百十公里吧，沒吃沒喝的，在海拔三千多公尺的高寒地帶，周圍幾百公里沒一戶人家，晚上零下幾十度，你不餓死凍死也會給「哈熊」（黑熊）給吃了。要嘛就給老鄉給嘣了。

「也有剛跑出去就被騎兵碰上的，不是翹辮子（死掉）的，就是凍壞了的，死不了的。我們都會把你帶回來。放心，我們不會殺你的頭，凍壞的還會給你治，革命人道主義嘛。」

說到這裡，他往遠處指指。我們朝他手指的方向望過去，百十米外有一個人，看不清楚有多大年紀，也看不見他下半身，他兩瓣屁股就貼在一塊裝有小軲轆的木板上。只見他雙手在地面往後划，小木板就載住這半個人向前滑行。

幹部繼續說：「看到了吧，這就是逃跑的下場。」

雖然我不知道這人是怎麼回事，也沒有過逃跑的打算，不過上了德令哈這堂第一課，有點心寒。

我們跟著一中隊的隊長到隊裡去。這個中隊有十個組，住在兩排用土坯壘成的土房子。每個小組佔兩間，一間不到四米寬，只有一個炕，睡六個人，每個人最多只佔呎把寬。在這裡，我算是最年輕的，被分到二組。他們出工還沒回來，我就坐在小組門口等著，院子裏擺著一個個用塑膠紙蒙住的洗臉盆。

剛才看到的那個屁股貼著滑板的犯人在院子外經過。這回看清楚了，是個三十來歲的壯年人，腹股溝以下全沒了，半截身子貼在滑板上。他朝我這邊望過來，帶點秀氣的臉，抿嘴微微一笑。人一閃就隨滑板滑到屋後去了。後來聽老犯人說，他是逃跑出去沒幾天，就被騎兵發現給拖了回來。醫生把他腹股溝以下截了肢。其實他只不過是凍壞了幾個腳趾頭，從此他就坐在滑板上，白天給伙房爐頭添煤，冬天負責給犯人煨炕。一大隊原來有兩個這樣的人，去年一個自殺死掉，現在就剩他一個了。這就是幹部所說的逃跑下場吧。

普世價值中的人道主義一旦被共產黨「革」了「命」，便會變成現在這樣，它是共產黨所獨有的，共產黨給了它一個新名字叫做：「革命人道主義。」

擦屁股千萬要小心

傍晚，中隊收工回來，全都「土頭灰臉」的。原來外頭風沙刮得頂大，他們的鼻孔幾乎都給土堵滿了。他們回來第一件事是脫下棉衣打土，又從屋裏拿出熱水瓶來，揭開曬在院子裡洗臉盆上面的塑膠紙，往裡面加點熱水之後便開始洗面、抹澡、洗腳。抹澡不同於洗澡，抹澡是不脫衣服的，解開衣扣，把毛巾伸進去到處抹一下這叫抹澡。你說脫光衣服往身上潑水的洗法，別說我在勞改隊沒見過，青海當地的老百姓恐怕連聽都沒聽說過。原來，除了因爲這裡缺水之外，十月天的早晚，已經是只有三五度、零度的寒天了。犯人們早上預備一盆涼水，蒙上透明塑膠紙曬在外頭，讓它吸收白天灼熱的陽光。收工回來便可以享用一盆頗溫暖的洗臉水了。「犯人多創造」這句話一點不假。也有些人是一、三、五「乾洗」；二、四、六「免洗」；禮拜休息不洗的。老藏民還說洗掉身上的油垢會生病，真是信不信由你。

看看收工回來忙著清理的犯人，發現他們年齡都不少了。一般總在五十上下，也有六十出頭的，四十左右也算是年輕的。反而我們新來的這幾十個人都是在四十上下。我想，總有一天，我將會同他們一樣，在這裡一直幹到中年，老年。如果不死的話。

我的組長叫李生福，他是青海海東的土族人，還不到四十歲。他原來是個盲字不識的農民，小個子瘦瘦，手腳頂靈活的，幹農活一流，就是沒文化。

有一次，他從地裡收工回來，半路便急，便隨便在路旁溝底蹲下解決，解完了才發現沒東西擦屁股，周圍連塊土「卡拉」（小土塊）都沒有，便隨手撿起身邊一塊紙頭往屁股擦，完了隨手扔到糞堆上，結果被人發現那張紙頭上面印有《毛主席語錄》。就這樣，被定性爲反毛澤東思想，犯了現行反革命的罪行。要不是他祖輩三代都是農奴，早就把他給斃掉了。現在才不過判了他個八年，都已經過了一半了，去年又減了一年，只剩幾年了，在這裡算是個輕刑犯。幹部對他也挺信任，常派他帶小組出去幹點零活。他告訴我：好好幹，別犯錯誤，可以有機會跟他出去幹零活。幹零活是很多人夢寐以求的優差。單獨幹活不但自由，還有機會偷吃偷喝。甚至同外面的職工「倒鼓」，「倒鼓」，這是指暗中交易的意思。

開飯了，伙房把飯抬到院子裡，各人到院子外自己找個地方蹲下，組長把飯打回來，先分的是青稞麵饅頭，由於青稞麵含的麵筋很少，發不起來，但拿到手上還是有點分量。據說糧食標準是三十六斤，平均下來每天應該有十二兩。這比社會上的老百姓平均二十八斤不知好了多少，不過別忘了，這不是大米，也不是小麥，青稞麵只能算是雜糧。按照隊裡的要求，每天還要省下一兩，留待農忙時多吃。結果就是早上三兩。中午和晚上各四兩（大陸至今都是十兩作一斤，一公斤二十兩）。

今天晚上，勞改犯們特別高興，因爲菜桶裡面不是鹹白菜而是紅通通的蔓菁。蔓菁又叫蕪菁，生的時候像大頭菜，煮熟了像熟木瓜。甚至連顏色和味道都相似，也很甜，一人攤一大缸。不知道是爲了改善生活，還是爲了迎新而特備的菜單。組長告訴我，這是在鹽鹼地裡種的鹼性很重的東西，吃不慣容易跑肚子，叫我少吃一點。只因爲太好吃了，又餓，我怎會聽他的。到後來拉了兩泡軟大便，不知道算不算跑肚子。我是用帶來寫過的廢紙擦屁股的。

晚上的學習是讀「破四舊、立四新」的文章，這是後來文化大革命的前奏，我們當然看不透偉大領袖毛主席的戰略部署。讀過文件之後，誰都能誇誇其談。四舊是「舊思想、舊文化、舊風俗、舊習慣」這些封建社會遺留下來的糟粕，當然是要丟進歷史的垃圾堆的。在新社會裡建立起新的思想，新的文化，新的風俗和新的習慣誰都認爲是理所當然的事。誰知道就因爲這兩句口號最後成爲紅衛兵肆意「打、砸、搶」，到處破壞古藉文物，毀我中華文化的理據。

負責做記錄的學習員被指導員叫去開會去了。組長叫我暫代記錄。自從有了這次「暫代」之後，組裡的明白人都能看得出來，往後想要針對我的話，那就該考慮考慮了。

請你穿好褲子才睡覺

在這裡不但吃的比監獄多，睡的也比監獄好，睡的是火炕，炕上鋪了羊毛毯，毯子底下還有一層厚厚的麥稈子。睡下去比在家裡睡帆布床還要舒服。到了冬天還有專人煨炕。

聽說這裡每三年都會發給一套單衣，縫縫補補湊合著也應該夠穿。不過奇怪的是，到了晚上睡覺，人人都脫光了上身，但卻又都一律穿上條長褲。問他們，他們說，脫光衣服睡覺是人家西北老鄉的習慣，冬天這樣子會更暖和，而犯人卻是爲了省衣服。那麼褲子呢，連褲子都脫了不是更省？答案是：勞改隊是絕對不容許犯人光著屁股睡覺的。因爲一鋪炕擠六個人，一旦光屁股貼著光屁股，怕你們在被窩裡面「搞鬼」。

「搞鬼？」未免太過慮了。這樣的伙食，這樣大的勞動量，誰還有剩餘精力去「搞鬼」？

雖然很累，就是睡不著。這裡沒有電，一盞小油燈早就吹了。不過這裡月光特別亮，透過塑膠紙射進來的月光，使得倉裡面一切都能看得清楚，還勉強可以讀報。

除了房頂上用來撐起麥稈和泥巴的幾條枯死的柏樹枝之外，整個倉裡找不到一小塊木頭，也沒有丁點的水泥。除了炕，還有小桌子和火爐都是用土坯砌成的，門是沒有的，門頭上掛了塊夾棉的破簾子。所謂窗戶只不過是牆上的一個大窟窿，終年都被一張塑膠紙蒙住。冬天還沒到來，晚上已經是零下的溫度了，又不到煨炕的時候，我下面雖然墊了鬆軟的麥桿，身上蓋上六斤重的棉被，還必須加一件三斤的棉衣。對睡慣了水泥地和硬板床的我，舒服得很不適應。

我推開被子，起來想往院子外走走。誰知一撥開門口的破簾子，就好像打開冰箱門一樣，一陣涼風撲過來，混身起了雞皮疙瘩。趕快放下破簾子，縮回去拿起棉衣披上。剛出到院子外就碰上提著油燈巡院子的老頭。他打量我一下，認得出我是新來的，以爲我要上厠所，說：

「快去快回，別製造感冒。」「製造感冒」？多新鮮的一個新名詞。

清早，天還沒亮，已經是七點鐘了。昨晚巡院子的老頭在外頭喊：「起床了。」

犯人全部起來，組長點亮小油燈，全部摸黑動手整理內務。這裡對內務的要求同監獄一樣，要把被子疊成豆腐塊一般，不過大小高低卻沒有要求一律。

在院子裡，很多人都只是把毛巾塞到缸子裡沾沾水，拿出來抹抹雙眼便算是洗過臉了。有的連這個步驟都省掉。院子裡本來有自來水管的，如果水管沒凍住的話，放出來的地下水還有點暖和，不過今天水龍頭擰也擰不動，他們今早洗臉漱口用的是昨晚喝剩的半瓶開水。

這裡的人不用牙膏，也不是人人都用牙刷的，組長李生福就不用牙膏也不用牙刷，他還是按照他在家的習慣，拿一根鋼筆粗的棍子往嘴裡擦。由於棍子一端已經被砸開了花，可以作牙刷用。組長說，這是青海特產什麼樹的樹枝，可以刷出泡沫來，能清潔牙齒，還可以治牙痛。沒有它的話，用遍地野生的甘草枝也可以。他給過我一枝，我沒用過，只按以往一樣，用水漱漱口就算。

這裡水帶鹹，還有點苦味，昨晚有新來的拿肥皂洗毛巾，不知道是水的問題還是肥皂的問題，搓了半天就是不見肥皂泡。伙房說，從這裡地下抽上來的水是硬水，硬水做不成飯，做飯的水，從來都是用馬車打老遠拉回來的冰水。

伙房抬來了大桶的麵糊，組長用盆子打回來分到各人缸子裡。又每人派一個小小的青稞饅頭。德令哈位於柴達木盆地，氣候算是比較好。犯人種的是春小麥，但吃的是高寒地區種的青稞。這三兩麵的早餐，除了一碗糊糊之外，餘下丁點麵粉做出來的饅頭有多大，可以想像得到。不過，還有人捨不得把這小饅頭放嘴裡。有的留下來給自己晚上加飯；也有的把小饅頭儲起來，等到什麼時候需要人家幫忙了，手上有幾個小饅頭就好說話了。比如被子洗過以後，要把一大堆碎棉花拍拍鬆和在被單上鋪開，直到縫成一張棉被，就不是一個人在半天裡能夠完成的；又比如衣服破了，棉鞋棉帽也都壞了，手頭上又連塊破布都沒有，沒人幫忙的話，你明天就別想出得工了。到這時候，小饅頭就派得上用場了，反正在這又乾又冷的地方，你把它擺個三兩個月也絕對不會有問題。還有人把春節加菜那塊姆指大的肥肉留下來，每晚都拿出來揩揩饅頭都可以揩他幾個月都不壞。直到五一勞動節才被下一塊肥肉接上。除非五一節不幸攤給他的那塊是瘦肉，他才沒辦法再繼續揩下去。不過這塊瘦肉也起碼停留在嘴裡幾個鐘頭直到溶化才會吞下去。

假如不知那一天碰到大搜查的話，這些藏在衣包裡的乾饃就有可能成爲意圖逃跑的罪証。

這裡沒有病人

八點鐘出工了，先到院子裡集合，點人數。有沒到的，組長回倉裡去找。有人稱病不出來便要報告隊長，除非你有「有效」的假條。什麼叫「有效」？由於醫生也是犯人，醫生開的假條，也要經隊長批准才算「有效」。百多人的一個中隊，不管醫生開了多少張假條，每天能批准留家的不會超過三個，沒得隊長批准的那怕你拿著假條都不過是張廢紙，都有人去把你抬出來。這裡的口號是「大病當小病，小病當無病，無病就出工。」所以，犯人帶病出工是常有的事。有時，帶隊幹部會給出工的病號安排些輕活，比如扛扛警戒旗，推推車子之類的，反正「不勞而食」是不可能的事。

在院子裡報過數到大門口，還要再報數給哨兵看。值班的大組長抬頭向上面崗亭的哨兵報告：「報告班長，一隊XX個犯人開工。」

在勞改隊，管他是排長、師長、總司令、還是個小卒，一律統稱「班長」。班長收到幹部的犯人出工紙之後，手一揮，門就打開，犯人出工去了。門外早有五六名背著AK47，外加一挺機槍的解放軍在等著。

兩個犯人拉著工具車走在前頭。工具車前面是班長。帶隊幹部在隊伍後面同班長邊走邊聊。一大隊管有萬把畝地，工地有遠有近。遠的可以走個多小時，近的走幾十分鐘就到。一路上舉目所見，一馬平川，看不到頭。這些原來都是牧民的草場，現在被開墾成了耕地。

抵達工地了，在田間小路站好報數蹲下，等哨兵佈好崗，大組長才報告隊長：「報告隊長，XX個犯人開工。」

同樣地，管你是教導員、大隊長、指導員、管教員、還是勞改局長甚至省長，一律都叫隊長。帶隊的隊長下達任務之後。大組長又報告班長：

「報告班長，XX個犯人開工。」

由於拖拉機剛翻了地，地裡的土高低不平，特別是拖拉機拐彎處，更是一塌糊塗。這就需要用人工去作一番平整，也就是用鐵鍬把高起來的土挖起，扔到低的地方去，到澆灌時整塊地才能到處都飲到水。每塊地都規劃成三十公尺乘三十公尺的正方型小塊，每塊面積是一畝三分五。每條地就有好幾百畝。

組長分配六個人做一塊地。土扔得很遠，是相當吃力的活。我被分配到和組長同一塊地，他先教我怎樣使用北方農民用的長柄尖頭鏟，教我怎樣看地形高低，然後讓我只扔近的，遠的由他去做。幹完一塊挪前一塊，幾個小時下來，才完成了五六塊地。有生以來頭一回這樣幹活，兩條胳膊已經抬不起來。

有煙抽煙，無煙望天

到十點多，隊長喊休息十分鐘，犯人紛紛放下工具，三三兩兩靠到壟坎邊上休息。有躺的也有坐的。十有八九的第一個動作便是從兜裡掏出煙袋來，裡面是搓碎了的煙葉，用裁好的廢紙捲起煙捲。只要有一個人把煙點著了，其他人便過去對火。還有人十分專業地用老花鏡片聚焦太陽光來點煙。遠的地方還有人向隊長借火的。到處都有人在吞雲吐霧。不知是誰喊了聲：「有煙抽煙，無煙望天。」一點不錯，有不抽煙的或者無煙可抽的便躺下來雙眼望天。

在農場，每個月有兩元零花錢發給，每個把月可以登記買一次東西。你要買的東西通常都買不到，但煙一般不會缺。對犯人來說，煙是不可或缺的必須品。

犯人幹活累了抽煙；餓了抽煙；學習時抽煙；吹水時抽煙；閒著無事要抽煙；寫檢查時更加要抽煙。在這裡那怕幹部在前面訓話，下面的犯人都可以抽煙，幾乎只有睡著了才不抽煙。

儘管從報上宣傳，從幹部口中，每次提到國內大好形勢時，你都會聽到：「市場繁榮、物價穩定、收支平衡、略有節餘」這十六字訣。每個幹部有時會像夢囈一樣無意中都會背出來。事實是每次登記買東西，全隊登記一百樣東西，到時候買回來可能只有三四樣，例如紙、墨水、鹽、鋼筆尖這些。其他東西買不到幹部不會管，不過如果煙買不到幹部一定管，幹部都會想辦法幫犯人找得到，還試過委託去西寧的司機幫忙買回來。

可見煙對犯人是何等重要。在農場，在勞改隊，抽煙已經成爲這裡的一種「文化」，我直到現在仍然繼承著這種「文化遺產」。

這裡買到的大多是青海本地種的、葉子很厚又發青的煙葉，冒出來的煙又臭又嗆鼻子，抽起來像吃日本芥末似的。學習時間每人一煙，加上一條用來點煙用的破布繩子發出來的焦味，坐在沒有窗戶但有門簾的房間裡，確實叫人喘不過氣來。不過，不管抽煙的還是不抽煙的都全無怨言，那怕是幹部進來檢查學習，也習慣了在煙霧矇矓中作學習指示。從來沒有怪罪過。我是新來的，沒有煙，也好多年沒抽過煙，只好坐著看人家吞雲吐霧。旁邊一個好心的遞過來一支捲好的，只抽了一口，便幾乎暈了過去，光想吐。周圍的人哈哈大笑。

突然遠處傳來「叭」的一聲槍響，所有人都靜了下來，往警戒旗那邊望過去，只見遠處有個犯人提看褲子從靠近警戒線的毛渠底站起來。兩瓣光屁股老遠都看得見。班長也端著裝了刺刀的衝鋒槍向他走過去。原來是因爲他跑到毛渠底去大便而沒有事先報告班長，遭哨兵鳴槍警告。這時候，隊長也走了過去。把犯人叫到跟前好一頓訓話。

原來，在犯人工作範圍的四個角，都豎起了四支小紅旗，五六個哨兵就在紅旗外作警戒。犯人集體休息只可以在哨兵能看得到的指定範圍內，如果你蹲到毛渠裡，那怕是在警戒區之內，都必須先來個「報告班長，犯人大便。」在這裡，一槍把你斃了是小事，收工報數少了一個才是大事。

休息完了接著幹。幾塊地上去之後，老犯人只消抬頭看看太陽的位置，便知道時間差不多了。

組長便喊：「快點，幹完這塊地開飯。」果然，過了不大一會兒就看到伙房從老遠拉著飯車來了。等飯車來到，大組長報告過隊長，然後大聲喊：「集合囉，開飯囉。」

在農道集合報過數之後，大組長再報告班長，才分開小組圍成圓圈開飯。這頓中午吃的是標準的「四兩莊」。有的拿到手幾口就吞掉，然後找地方躺下，草帽往頭上一蓋，爭取時間休息；有的用細口慢嚼來消磨時間。也有人怕著涼而不敢睡覺的。

老鄉的羊不吃麥子

在我們平整的這片幾百畝地的當中位置，有一塊佔地十幾畝的打麥場，場上有十幾個上月收割下來的麥垛子等著曬乾。

就在我們平地平到這個場子附近時，從遠處來了一大群羊，當中有山羊有綿羊，又白又黑的總有好幾百頭。幾個半披著羊皮半裸著肩的藏民用甩子拋出小土塊把羊群往場子那邊趕。進了場子的羊就不走了，各自去找吃的：有的撿吃地面的麥粒；有的用頭拚命去拱麥垛子，拱出麥綑子來嚼麥穗頭，有的笨羊只顧啃麥桿子。

扛機槍的哨兵早就架好了機槍趴在地下，緊張地盯著那邊的不速之客。我們兩個帶隊的隊長首先叫所有犯人都蹲下，自己朝場子那邊走過去，邊走邊向牧羊人揮手，示意叫他們把羊趕走。那邊的老藏民用剛學會的漢語大聲喊話過來：

「哇佛哦（我說啊），忽（不）要緊咋。哇（我）的羊忽（不）吃麥子咋，哇（我）的羊光吃初（草）。吃……初（草）……。」隊長沒有再走前，遠遠站著，看著，一臉無奈。

老藏民給我們帶來了一陣子休息。等他們走了不久，我們也是時候要收工了。收拾好工具，集合報過數，又報告過隊長班長之後，疲乏的隊伍往大隊走。我走到組長旁邊，輕聲問組長李生福幾個問題：

「羊群食農場的麥子，隊長爲啥趕不走他。」

「爲什麼班長看見藏民會緊張起來？」

「爲什麼……？」

組長說：「這裏不佛（說）啊，以後再佛（說）啊。」

這才叫環保

今天的活只幹了大半天，又在場上休息了半晌，回來一點不累，拍淨了身子抹過臉，又吃過飯。不知是不是昨天的蔓菁起的作用，肚子一脹，趕緊往院子盡頭的廁所跑。有幾個人在排隊上廁所。

這裡廁所結構簡單，設計圖也不複雜。是露天的，在地上挖了一排七八個淺窩窩，像初生嬰兒洗澡盆似的。來的人要怎麼蹲就悉隨尊便了，橫蹲一邊的有，蹲在坑前或坑後的有，跨過糞坑的也都有。奇怪的是每個糞坑旁都有一大堆雞蛋大的小土塊。

這我才想起沒帶紙，問問旁邊老犯人有紙沒有。老犯人笑笑指指糞坑旁那堆小土塊。我看看那些蹲夠了還沒起來的人，都拿著小土塊往地面磨了又磨，磨到沒有菱角便往屁眼擦，擦完了順手扔糞坑裡，再磨第二塊。據說這裡的土卡拉帶鹼性，用來擦屁股不長痔瘡，當地老鄉祖祖輩輩就是這樣擦屁股的。還有當地婦女也是用破布包起碎土或者乾牛糞作衛生巾用的，吸過髒物的碎土倒出來可以作肥料，而破布洗洗還能循環再用，這才真叫環保。

輪到我了，當然入鄉隨俗，雖然很不慣，還有點尷尬，至於效果如何就不敢說了。有了第一次嘗試，往後在農場的日子裡一直都是這樣堅持下來，所以勞改以來都沒長過痔瘡，這又是是信不信由你。

這裡的犯人對用紙向來都十分謹慎，一方面不是每次都能買得到，又怕用寫過的紙擦屁股一不小心會擦出個禍來。寧願把廢紙裁開來捲煙。有人還開玩笑說：「那怕捲煙的紙有毛主席頭像也不怕，把毛主席吸到肚裡，對主席的教導才體會得更深。」

開玩笑當然可以，如果真拿到大會上，你的狡辯只能罪加一等，人家可以說，毛主席還沒死你就把他火葬。叫你百詞莫辯。只不過任誰都是拿廢紙來捲煙的，所以從來沒有人拿捲煙紙來做文章。

告訴你什麼叫「上綱上線」

厠所回來，組長說，他報告過隊長，隊長批准借些煙給我，買到了才還，還偷偷塞給我一盒火柴，他自己用的是打火機，這都是違禁品，是他從職工那裡「搗鼓」來的，正因爲大家都需要，幹部也開隻眼閉隻眼，只要不在他面前擺弄就行。

沒想到我後來只因爲說了句：「這火柴質量太糟糕，幾根都劃不著。」在後來的年終評審運動中幾乎掉了我的老命。

我承認我說火柴的壞話是死有餘辜的。因爲火柴是在共產黨領導下的社會主義祖國生產出來的。我講火柴的壞話，就等於是講偉大祖國的壞話，講社會主義制度的壞話，也就是甘心與人民爲敵，惡毒攻擊中國共產黨。其思想深處是幻想國民黨反攻大陸，打倒共產黨和復辟資本主義。

毛主席說：「以階級鬥爭爲『綱』，綱舉目張。」

我向共產黨猖狂進攻，正是社會上資產階級和無產階級兩個「階級」，以及馬克思列寧主義和修正主義兩條「路線」的鬥爭反映到監獄裏來。我同國內外反動派裏應外合妄圖推翻無產階級專政，復辟資產階級專政。所以我的問題便是「上綱上線」的問題，必須要把我「鬥垮鬥臭」，要遵照毛主席教導，把犯罪份子「批倒批臭，打翻在地，再踏上一腳，叫他永世不能翻身。」

於是，我又要再一次向共產黨和人民政府低頭認罪了，又要再一次又一次地被鬥垮鬥臭，直至把我這個鍾耀南變成爲「不恥於人類的狗屎堆」。不達目的，決不罷休。

我反覆作深刻檢查，能通過嗎？未必。他們說我的檢查只觸及到思想根源，其餘還有社會根源，即是要從我在香港的生活環境、社交生活、學校教育等受過什麼毒害，從這裏找出犯罪原因。此外還有一種根源叫階級根源也都要挖出來批判，這就要從我的階級出身，家庭成份、家庭生活，父母教育，兄弟姐妹親戚的政治傾向等等對我的影響找出犯罪根源。檢查可以寫它十幾頁，不過寫得再徹底再深刻也一定通不過，他們說，如果一檢查就通過，就等於承認你改造好了，政府再不釋放你豈不是冤了你？所以還必須經過小組批、大會鬥，這樣才能達到「打擊一小撮，教育一大片」的目的。

一九五七年「反右派運動」和一九六七年的「文化大革命運動」，大陸許多知識份子因爲在運動中撕不破臉皮，檢查寫來寫去都通不過而受盡屈辱，最後因滿腔悲憤，含怨自殺的不爲少數。共產黨由「土八路」起家，一旦執掌政權便是個政治舞臺上的暴發戶，暴發戶最怕人家瞧不起他，因而最愛講面子，他說你錯了你不認錯等於不給他面子，他又怎能放過你。

多少年來經歷了年年鬥，月月鬥，寫檢查也成了「功多藝熟」的家常便飯。什麼運動寫什麼檢查，簡直可以信手拈來，倚馬可待，你要我寫得多深刻多徹底多臭都可以。勞改生涯本來就是在「勞役」和「批鬥」中渡過的，無非是「血」和「淚」二字而已。

閒話表過，言歸正傳：

晚上的學習是討論生產。論成績，我們組最好，因爲這個組只有我一個是不會幹活的新犯人，其他組都有兩個，三個，四個新來的，而且他們的年紀都比較大，適應高原氣候較難，老是說喘不過氣來，臉紅頭暈，幹一會兒就要休息，小組的進度就拉了下來。而我對高原氣候幾乎沒什麼反應，組長在組裏表揚了我，說我學得快，幹得賣力，還說要向隊長反映。

下學習了，雖然已經九點，院子裡還很亮。有人在月亮下補衣服，有人就把從地裡檢回來的小樹頭「卡巴柴」生起火來，在那裡烤汗濕的襪子、棉鞋，也有在馬糞上燉糊糊的。點著的馬糞都有股亞麼尼亞味，難怪有藏民專門在帳蓬裡燒馬糞來治咳嗽。但牛糞就不同，點著的牛糞一點不臭，還飄出一股說不出的清香味，有不少人喜歡在牛糞上烤饅頭。院子裡三三兩兩，火頭處處，煞是熱鬧。

一個專門給幹部燒茶水和巡夜的老犯人老吳說，天文臺說了，明晚會是零下，明天有人拉麥秸子回來煨炕，叫大家把炕洞附近的東西拿走。

明天如果看到煨炕的人，我一定要問問他：問他爲什麼凍壞了腳趾，就要把兩條腿全給鋸掉。

寶貝和柴火的區別

一連幾個星期幹同樣的活，每天都有風沙暴。只是來得早了，多在下午臨近小休時間就來，一來就一刻鐘，也有半小時的。雖說是個額外的小休，不過生產任務沒有減，還是一人定額三畝，質量馬虎一點也就完成了。

平完了地，接下來的任務是到新開荒地去撿石頭，因爲遠，要走個多小時才抵達工地，每天早上提前出工，還要各自帶上午飯。

幾台蘇製的重型拖拉機在荒灘上吃力地向前翻土，犁頭啃下去至少有八吋深，把底下的凍土和卵石都翻了上來。我們拉住小車跟在拖拉機後面撿石塊。好在卵石最大不過碗口大，重是不重，只是不停彎腰又直腰才累人。活是累，不過獎勵還是有的。別看這是荒灘野地，寶貝可真不少。

在這裡可以找到黃芪、甘草、野枸杞，大黃都是野生的，還有駱駝草，他們全部把它叫作卡巴柴。粗的可有前臂粗，細的像甘蔗大小，別看它長在地面不過呎把高，可它的根可以鑽進凍土五六呎。有的枸杞樹還有一人多高的。每年麥收時節，枸杞子正成熟，紅通通的枸杞子有葡萄大，伸手就能抓上一把。有人說多吃了會淌鼻血，我路邊抓來吃過，很甜，也沒淌過鼻血。如今這些疏疏落落的小灌木，連根給翻了出來並且輾成一小截一小截的。幹部交待，大塊的樹頭要另外撿出來，拉到幹部伙房去。小塊的就成了勞改犯人的柴火。

原來藥材和柴火的區別全在於你把它用在什麼地方。我們屋頂上一堆堆的小柴火原來就是中藥舖裏珍貴的中藥材。

這樣幹了個把星期吧，便根據規劃出來的距離，挖出輸水用的小毛渠。比小毛渠大一點的叫幹渠。無論幹渠毛渠都是拖拉機先勾出個雛型來，然後用人手去加工，再然後是在地塊與地塊間，每三十公尺打條破竹型的壟坎，作分塊灌水用。

這些費力氣的活幹完了，接下來便是收割豌豆苗。豆苗，今天在都市人看來是上等蔬菜，動輒二三十塊錢一斤，但在遠方的青海只不過是餵豬的飼料。每年九月，麥收完畢，地閒著，便找些地勢較低的地，翻土澆水，種上碗豆。雖然西北地區氣溫低，日照短，但只要多澆水，不等四十天碗豆蔓就可以長一米多兩米長，就是不長莢。多澆水目的就是叫它不要長豆莢，因爲要的是莖和葉子，不是要碗豆。能長成豆的也有，不過很少很少。豌豆底下的根會有一種叫根瘤菌的東西，能分解有基物，使得土壤特別肥，所以種過豌豆的地大多會留作種子田。

原來割碗豆苗是十分吃力的活，因爲豆蔓很長，互相糾結一起。下面割斷了，上面還拉不動，一拉就是一大把，抱也抱不起。不過，犯人最在意的，是小心找出結了豆的豆莢子。勞改隊你偷什麼都有人檢舉，唯獨偷吃沒人管，只要不是太明目張膽，幹部也不說。

豌豆苗割下來，便由得它攤開在地裡曬乾。將來拉回去用機器切碎入倉。豬圈裡的豬一年到頭就是吃我們的高級蔬菜——豆苗。只有懷孕的母豬才會在豆苗裡滲點碎碗豆。

所以勞改隊養的豬，成年吃的是豆苗，拉的也是豆苗，連肉都帶點豆苗味，豬在這裡是活的造肥機器。一年還長不到一百斤，瘦得連站都站不穩，樣子挺可憐的。再餓的勞改犯到了豬圈裡去幹活，看見可憐的豬媽，都不忍心偷吃牠的飼料。

一個逃犯和藏民姑娘的故事

跟大隊出工怕有兩個月了，終於，我們組被派去出「零工」，即是幹些只需少數人的農活。由幹部指定，早上就把午飯帶上，報告班長之後便可以自己出去，幹完了晚上自己回來。

中午休息時間，李組長才告訴我：犯人出工經常都有五六個班長來警戒，而且每次都配備兩挺輕機槍，這當然不是怕犯人逃跑或者暴動，他們防的是藏民。以前也試過有藏民暴動的，也有犯人被老鄉搶去的，每當他們看見犯人裡面有同鄉，就會回去糾集一夥人帶上獵槍來搶人。他們不完全仇恨漢人，他們恨的只是共產黨，恨共產黨來搶了他們的牧地。他們不找勞改犯麻煩，試過有些藏民還會收留從勞改隊逃出去的漢人。

接著，組長給我講了個犯人逃跑的故事：

話說幾年前，三大隊有個犯人跑了，他不像人家那樣只管向東往西寧跑，而是一直向北走向山坳，這個山坳是老鄉們祖祖輩輩趕牲口去避風雪的地方。牲口在這裡休息又留下糞便。這裡便變成一個有幾百年歷史的羊糞坑。多少呎深的羊糞經過發酵，使得整個山坳都變得暖和。每逢天氣不好，藏民都會趕牲口來這裡休息。

那小子跑了兩三天，遇上大風雪，也躲到山坳裡。這小子又凍又餓，昏倒了，好在被趕羊進來避風雪的一個老藏民發現，救了他，還把他帶走了，讓他在自己的帳蓬裡住了下來。讓他幫忙撿撿牛糞，打打酥油什麼的。日子久了，這小子和老藏民的姑娘發生了感情。他同姑娘一家生活得挺愉快。

不料有一天，這小子被途經的公社幹部發現了，幹部回去報告了上頭。自治州和省勞改局都派人來要把犯人帶走，還對老藏民交代了所有有關的法律和政策。老藏民一聲不響，隨手端起獵槍就把人家攆走。

沒辦法，後來勞改局的人答應說可以釋放這名犯人，但必須先把他帶回勞改隊去辦理釋放手續。就這樣，老藏民才讓他們把人帶走。

誰想到，他們等了幾個月仍不見把人放回來。這個老藏民就連同附近幾個帳蓬的老鄉，騎上馬匹到三大隊外面坐著等放人。一個月兩個月過去，大圍牆四周聚的藏民越來越多，他們都帶了獵槍，他們不叫囂也不鬧事，只是架起帳蓬，生起篝火，燒起牛糞，住下來了。

事情鬧大了，騙不行，拖也不行，省解決不了，又怕激起民族的矛盾。只好報給中央，經周恩來批准，宣佈將這名逃犯提前釋放。把人送出大門，幾百名藏民朝天鳴槍，歡天喜地地帶著他們的漢人女婿散去。好一個現代版的「公主和王子從此過著幸福生活」的童話故事。

組長見我聽得入神，提醒我說：

「當作故事聽聽好了，千萬別學人家，不是每個藏民都對漢人好的，共產黨把漢人引來，佔了他們的草場，他們打從心底裡不滿，你走出去，他又分不清你是不是共產黨，你會吃大虧的。」

我笑笑沒答話，其實我心在想，這故事告訴我們，欺軟怕硬的共產黨，只消上頭一句話，什麼勞改政策，馬上變成一張廢紙。逃犯抓不回來又下不了臺，只好把人家放了。管你什麼法律不法律。

自從來了共產黨

今天我們組的任務是修大渠，工地條件很好，土鬆又好挖，距離又短，活完成得早，組長見太陽還不到山帽，回去太早又不好看，便帶我們走進麥場躲在垛子後面休息。十幾個人抽著煙，七嘴八舌地講了些我不知道的事。

在以前，秋收完了在場上打過輾，小麥裝了包之後都是原地擺著，等場部什麼時候有車什麼時候來拉走。後來試過幾次，一夜間糧食少了一半，雖然明知是給老鄉拉走的，但基於民族政策，場部寧願息事寧人，花錢買糧食去上繳，都不敢去追究。所以近年來，每天糧食一裝了蔴袋就馬上運走，無論多少都絕不會留下過夜。

不過人家就敢在大白天趕著馬車到場上來搬糧食，每次都不多，就是三幾包。他們說糧食是在他們祖先的草場種出來的，現在是共產社會了，糧食大家有份，拿點公家的糧食餵公家的牲口有啥不對。場上的犯人見他們來了都躲一旁，幹部看著他們搬也不敢擋，只要他們不耍野蠻就行。因爲在邊遠地區直到現在還有藏民鬧事和殺幹部的事。在那些地方。幹部永遠不敢單個走出去。

有人打趣地說：「我們歡迎他們來搬糧食，他們搬走一包我們就少扛一包，還真希望他們連我們也帶回去做女婿。」

組長說，以前真發生過搶人的事，不過不是搶漢人，老鄉到場上搬糧食如果看到有蒙犯和藏犯他們都試過把人帶走。

所以我們大隊的蒙藏犯人都不讓外出勞動，四中隊就有兩個小組全是藏民蒙民，他們很多是當年西藏暴動被俘虜的藏兵，或者是本地的反漢牧民。他們自己到伙房打飯去，要食多少都沒人管。他們不出工，成天留在家裡唸唸經，打打草帽辮子混刑期。他們學不學習隊長也不管。隊長要和他們說點什麼，他們說「忽懂」、「忽懂」。我們犯人同他說話他就懂了。爲了反抗共產黨在他們的草場開墾農地，青海省的海南、海西都有過多次零星暴亂。以前的政策是鎮壓，但越壓越亂，現在才盡量用懷柔政策去安撫他們。

犯人在組裏學習發言時都表示無限擁護共產黨，但在背後，只要一提到共產黨的餿事，就紛紛搶著插嘴，並且都帶點幸災樂禍的心態，既然講出來的全是事實，也就拿不出去當檢舉材料用。何況，話是組長帶頭說的，你搞垮了組長，整個組今後就甭想再有機會出零工了。

太陽過了山腰，有五點了，組長喊收工，大家起來穿好棉衣褲，十幾個人排成單行慢步往家走。晚一點回去有好處，表示今天活很多，而且回去晚了，學習時間就短了。所以大家都一點不急。

這裡太陽下山早，如果跟大隊出工，白天幹著活還是穿著單衣，爲了省衣服還有光著膊子幹活的，不過一放下工具就得馬上披上棉衣。雖然還是十月份的白天有十度左右，晚上就靠近零度甚至零下了。

試過有一次我們跟大隊幹活，下午收工正要起步往家走，一陣狂風夾著砂土撲過來。周圍都沒樹沒房子，風沙毫無遮擋的掃過來，不要說班長在幾十米外看不見犯人，就連犯人看犯人也都很模糊。

突然，「呯、呯、呯」三聲槍響，是班長朝天開的槍，隊長喊：「全部蹲下！」蹲下來也有被吹倒的，犯人互相緊靠，有的連衣服草帽都飛掉。砂土打到臉上像針紮似的，每個人都把頭埋在胸前的棉衣裡。這一蹲起碼有二十分鐘，暴風沙才算過去。天登時就亮了，但一會又暗下來，黑壓壓的上空一片灰黃，每個人臉上都蒙上一層泥灰。

隊伍四個人一排往回走，幸虧工地離家不遠。半小時左右就回到隊裡，晚飯早擺在院子裡了，飯桶蓋上鋪了一層厚灰，天已經齊黑了，天氣驟冷，都沒敢脫棉衣。人人只顧拍拍身上的土，用乾布抹走臉上的灰就準備開飯了，他們就怕洗臉洗得不乾淨，反而把灰洗進毛孔裡，臉皮就會裂口子，這是犯人在艱難環境中得出來的智慧。

有人形容西北地區的天氣是「半年風雪半年砂，圍著火爐吃西瓜。」我就身處其中十五個年頭。

如果早知道……

才十一月，突然下了場大雪。這天是小禮拜，本來是要出工的。要下星期才是犯人休息的大禮拜。雪不停，隊長沒讓犯人浪費改造時間，派人到倉庫裡拉來十幾車泡過水的大蔴桿回來，讓各小組搬回組裡去剝蔴皮。

農場裡每年都種幾畝大蔴，如果此「大蔴」即彼「大蔴」的話，那就真、真、真是太暴殄天物了。當時誰也不知道這寶貝有那麼高的「毒」用價值，只知道把收割下來的大蔴泡到水坑裡，十幾天後等葉子爛掉，蔴桿也泡軟了，便撈出來晾晾乾，然後給老弱組去剝蔴皮，打蔴繩給馬車和其他地方用，剩下來的光桿便是柴火了，至於大蔴葉、大蔴花有什麼用，就誰都沒有考究過。

有時，犯人買不到煙葉，只知道用菜葉子，樹葉子滲進煙葉裡來抽。從沒想過大蔴葉子原來是個好東西。

第二天雪停了，地下的雪也化了大半。溶雪的天氣特別冷，冬天真的來了。這天早上出工雖然戴上棉帽和自製的大口罩，眼睛以下都捂得緊緊的，呼出的熱氣一升到眉毛便馬上結成霜。眉毛，睫毛全是白的，連眼睛都幾乎睜不開。口罩吸收了口氣以後，整個大口罩便凍成了硬塊。昨天還是很暖和的，今天少說也有零下一二十度。

偷的機會來了

由於地裡凍住了，沒活好幹，是時候打場了，也就是到場上幹拔麥垜子脫麥粒的活。

首先是把垜子上的麥綑子挑下來解開，在場子中間舖開兩尺厚。讓膠輪拖拉機拖著石磙子輾上它幾遍。再把麥子翻過身來又輾幾遍，直至麥桿子給壓扁了，麥秸子碎了，麥粒也脫了，犯人就拿起大木杈把麥草挑起來堆好。把剩下來的麥粒和碎秸子推到一邊去堆起來，等天氣好有風的時候，用木掀子一掀一掀揚上半空，讓重的麥粒落下，輕的麥秸飄到旁邊去。

這個活對我來說是很新鮮的，也不太累。主要是因爲只有小組任務而沒有個人任務，所以有時候躲一躲也沒什麼。而躲不是爲了偷懶而是去做更重要的事，那就是偷吃了。

有的人躲到麥垜子後面，用手撥開麥草，仔細收集地面的麥粒往口袋裡裝。還有人就地把生麥子一把一把往嘴裡塞。這不過是一時痛快而已，生麥子在嘴裡肯定嚼不爛，回去拉出來的還是一粒粒的麥子。聽說每個農業大隊一年裡頭總有三幾個因爲吃了太多生麥子拉不出來而造成腸梗阻、腸套疊的。如果菜隊有韮菜，拿兩斤來給你吃了，說不定還能拉出麥粒來，要不來韮菜或者吃了也拉不出來話，那就要送到場部去作大腸切除手術了。以犯人醫務所的技術和設備來看，能活著回來的肯定不多。如果腸子已經發黑了，能回來的人一個都沒有。不過，死，是永遠嚇不倒餓的人的。

晚上收工回來，經過院子後面，已經見到屁股貼在滑板上的人在房子後面往炕洞裡添麥秸子了。火早煨著了，燒出來的煙帶著暖氣，橫過炕底下的煙道從屋頂出去。一大隊五六十個火炕就他和兩個殘疾犯人負責添草點火。由下午開始一直要搞到半夜，還要保証火不能滅。白天，他們還要到大伙房去給爐子添煤。隊長說這是調動他們改造的積極因素，不如說這是階級報復。

吃過晚飯，有人到院子後面炒麥子，有人在炕洞裏烤饅頭，也有燉麥子的。我看那個帶滑板的剛把活幹完，便走過去想同他拉上幾句，他一看我朝他走過來，便馬上轉身怱怱划著滑板離去。這些都給另外一個老犯人看見了，他走過來告訴我：

「別惹他。誰跟他講話誰倒楣，人家以爲你是向他要逃跑經驗，他是爲你好。你也別給他找麻煩了。」

大便帶鋸，小便帶棍

轉眼間，元旦到了，休息一天。這一天犯人們真忙，洗的洗、曬的曬、補的補。有新來的天沒亮就想出去燒水洗被單，他想都沒想就伸手去擰水龍頭，幾個手指頭馬上就給凍在水龍頭上，院子裡沒人，只有巡夜的吳老頭看見，可是屋裡的涼水都凍住了，壺裏的開水又太燙，便只好朝他被凍住的手尿了泡尿才算給他解了困。

這是最冷的日子了，氣溫徘徊在零下三十幾度之間。不過，白天只要是沒風有太陽，幹活時穿兩件單衣就行，幹得猛了還會出汗，有時候裡層的衣服汗濕了不知道，到小息時一支煙沒燒完，背後濕掉的那一塊已經凍成硬塊。遇上陰天，幹部會迫著所有犯人脫下棉衣棉褲才幹活，說是穿了厚衣服幹活不方便，加油幹就不冷了。

晚上即便燒了熱炕，還要往棉被上壓上棉衣棉褲。半夜裏千萬別出去大便，大糞剛落到糞坑底就馬上變硬了，從大糞碰到坑底的聲音就知道。有人說：「大便帶鋸、小便帶棍。」可能是誇張了點。不過，小便落到地面馬上凍成一攤黃白色的冰倒是真的。

元旦吃的是兩頓，三頓變成兩頓而饅頭沒有加大，只不過是青稞麵轉成九二麵，即是一百斤原麥麵篩出來九十二斤麵粉，裡面含的麩皮就多，蒸出來的饅頭就黃。不過，長久沒吃小麥麵的犯人，吃起來雖然不飽，還是挺香的。晚上一頓還有豬肉一塊，說小不小，有姆指頭大，每人一塊。有人捨不得吃，把它留下來，反正擺一年都不會壞的，有時候拿出來往饅頭上擦一擦，青稞饅頭也就變成香餑餑了。

晚上還有電影，這個消息已經流傳了一個禮拜了，果然是真的。大院子早就掛上了一大塊白床單，放映機和發電機早早拉進來了。老吳用幹部的茶葉給放映員泡好了一壺茶擺在機器旁，就等天黑了。

看電影也是個硬任務

不到五點鐘天就昏暗了，不過要等到七點鐘才集合。我們各個組到了大院子時，差不多五六百人都早已坐好等放映了。前面幾排是幹部家屬帶小孩坐的，後面才是大片的犯人。

犯人看電影是受教育的硬任務。大組長帶幾個小組長回去找「逃避教育」的犯人。他們有些是怕冷，不想在露天的大冰箱裡凍幾個小時，想早早窩到暖炕上睡覺。有的想留家搞些私人東西，還有些是不想重複又重複地看這些說教的故事。

大組長逐個倉去找人。他們都說有病不舒服。報告隊長之後隊長說，有病不來就算了，叫他們全部集中到藏民組，齊齊讀報，發言談談認識也是接受教育機會，直至電影放完爲止。實際理由是隊裡沒人，防止他們去做壞事，包括「搞鬼」。

今晚放的是八路軍領導打鬼子的故事，名字叫《鐵道游擊隊》。完了還加一場《地道戰》。電影剛開始不久，坐在前幾排的幹部家屬幾乎走光了。這些電影他們不知看了多少遍了，在這裡時間長的犯人也不例外，每年看幾次電影，來來去去都是這幾部講共產黨在抗日戰爭的豐功偉績。故事想告訴我們，在八路軍新四軍英勇殺敵的同時，「蔣匪幫」就躲在峨嵋山享福，等機會出來「劫收」勝利果實。

而犯人之所以喜歡放電影，完全是因爲放電影的晚上不用小組學習，接著幾天的學習內容便是討論個人從電影中受到的教育。談談自己以前對抗日戰爭的錯誤認識，批判自己過去追隨蔣介石「假抗日、真反共」的罪惡，經過教育才知道共產黨才是中華民族的大救星。最後表示衷心擁護共產黨人民政府，下決心改造自己，重新做人。

這些天天講年年講的漂亮話在電影「觀後感」的發言中，每次看完電影都要重複一遍。不過它好就好在不用動腦筋就能講上幾分鐘，而且沒有勾心鬥角的揭發批判，除非你的發言用錯了詞、說錯了話，一般都可以輕輕鬆鬆渡過幾個晚上。

不過，對於我來說，這些電影倒是很新鮮的。因爲這可以說是我有生以來頭一回看的大陸電影。除了情節很牽強之外，看看銀幕上話劇式的表演，公式化的對白都覺得滑稽。日本鬼子如此窩囊和民兵又這樣的神勇，只需小米加步槍，和無數的巧合就能打垮日本，抗戰勝利原來是來得這樣輕鬆又容易，又何需苦戰八年流血犧牲。只要有共產黨領導，連投落日本的兩顆原子彈原來都是多餘的。我覺得好笑。旁邊的組長輕輕拍拍我，說：「別笑，回去要討論。」他順手塞給我一小口袋軟綿綿的東西。我伸手進去掏一掏，組長說：

「快吃掉，別帶回去。」我抓了一把放嘴裡，是炒過的麵粉。我就這樣乾啃了幾口，都沾到結了霜的鬍子上了，炒麵沾了水氣，在嘴唇上下凍成硬塊，不過我還是努力把炒麵吃完。

新三年，舊三年。縫縫補補又三年

第二天還是休息，聽說到下個大禮拜要照常開工，就是說這個月就別想再有休息了。

院子外面有人在水龍頭底下生了堆火，把管子裡的冰化了，讓水流出來。有的人接過水來洗衣服，也有洗被單的。所謂洗，只不過是泡泡水，快手快腳地按幾下，趕快抖開搭在什麼東西上，稍一慢便成了一張硬塊了，等太陽曬上半天才再變軟。等它乾來已經是下午了，趕緊請人幫忙把碎棉花鋪上去。向組長借枚大針，大步大步地拉上幾行從毛巾扯下來的線，算是完成了一年一度的洗被子任務了。這裡犯人洗被子不是爲了洗乾淨，是要把被子裡的碎棉花拿出來曬曬、抖抖、撕撕開，拍拍鬆。再縫回去之後，這張棉被才能回復保暖的功能。當然，要請人幫忙，就必須要預先儲備幾個從嘴裏扣下來的饅頭。

除了以上的忙活之外，更多的人，都在忙著補衣服、補手套、補棉鞋。在零下的氣候裡，在戶外幹活，厚厚的棉手套是必須的，隊上不發手套，只能用破布自己造。能向外面職工要些碎羊皮貼上去是最耐磨的，不過太厚了就怕汗水出不來在裡面結了冰這點不好。打補丁的布本來就是向大組長要來的破布，破布經不起磨，所以幾乎隔兩天就要補。

說是規定每兩年會發一套單衣，三年發一套棉衣和棉鞋，但從來都沒有兌現過。因爲每人每年只有一丈八尺平布的配給額，還經常得不到保證。那怕大隊上真的替犯人領到這一丈八也不過僅夠犯人縫一套單衣褲。那麼棉衣、棉褲、棉帽、棉鞋、棉手套，還有被套呢，那就需要兩個、三個、四個的一丈八才夠了。

所以，不能說是人民政府對犯人不人道，不照顧；每年一丈八是全國的規定，那怕是幹部，他們冬天的襯衣也是用免布票的化學纖維縫的。所以犯人的單衣往往是三四年才發給一套，棉衣褲和棉被就只能是新來時發給，下一次是什麼時候發就只有天知道了。這只能說是社會主義的優越性還沒有體現在棉布的供應上。等到日後共產主義到來就什麼都會有的。目前，犯人只能是：「新三年，舊三年。縫縫補補又三年」地過生活。

可能是人的適應能力使然，再冷的天氣下，一般犯人外面穿一件三斤碎棉花的棉衣和一條三斤的棉褲，裡頭再加一件到兩件的單衣、單褲就能抵禦零下三十幾度的嚴寒，多一點當然會更好，不過沒有。如果天氣暖和到零度左右，為了省衣服，大多都會自動把棉衣棉褲脫下來背著它幹活。如果遇到天陰或者刮風天，天氣很冷，隊長反而會說：「穿著棉衣褲怎麼幹活，全部，把棉衣脫掉，加油幹就不冷了，去。」共產黨員總以為「人定勝天」就是為所欲為，還以為不穿衣服都可以戰勝負零度的寒天。他自己怎不試試。反正勞改犯命苦就是。

有煙萬事足

在這裏，唯一靠得住的是每人每月發的兩塊錢，和兩個月一次買東西。不過。除了日用品，能吃進嘴巴的只有糖精（能令食物變甜的化學品）和鹹鹽。有的人老是給供應站開玩笑，每次都登記買大肉罐頭、鹹魚、餅乾、水果糖、牛肉乾這些連供應站都多年沒見過的東西。

登記是自由的，但能買回來什麼幾乎是預知的。為了犯人的改造需要，紙，筆、墨水大多會有，牙膏、牙刷、和毛巾就不一定了。肥皂呢，有時候五六個人可以分到一小塊。反正這裡的水是硬水，肥皂本來就不起作用。不過對犯人來說，買不到其他的也不要緊，有煙葉就行。如果連煙葉都沒有的話。幹部會想辦法，如果連幹部都找不到，那就得找代用品了，其中最好是菜地裡的辣椒葉，抽起來最來勁，椰菜白菜葉子有煙而無味，不算理想。野生中藥大黃的葉子最接近青海煙葉的味道，不過不容易找得到，它只長在大幹渠的渠埂。如果這些都沒有，那就要問藏民小組要他們泡過的茶葉。茯茶幾乎是藏民生活的必須品，不知怎的，那怕是最艱難時期，幹部總有辦法幫他們買到茯茶。

那時候如果早知道大麻葉、大麻花的可愛之處，恐怕就連正式煙葉都不會有人願意花錢去買的。

節日過完，我們組又被抽調出去幹零活。十二個人分兩班，白天一班，晚上是另一班。我是幹白班的，意味著晚上還要思想改造。

我們出去主要是往地裡放水。水是從祈連山下來的冰水。在這裏，那怕天氣再冷，白天太陽還是很毒。冰面溶化，再加上地下水，滙集起來流到大幹渠裡。這條大幹渠有七八尺寬，水面上結了冰，底下的水還在淌。大幹渠是幾個大隊共用的，由於水很珍貴，各大隊都派人看守，在限定時間內放水到本隊的大渠裡，再由大渠流到地裡的毛渠。我們的工作就是敲開冰塊和渠埂，讓水流進地裡由高向低逐塊地澆水。給地裡澆水很重要，一是爲了壓碱，把土裏的鹽鹼沉到深層去；二是讓土地結冰殺蟲，三才是爲了播種。

由於沒有幹部和警衛在場，白天班的就抽人到菜窖裡去偷洋芋，沒洋芋可偷就到場上偷麥子。夠時間完成任務的話，還抽時間把泡過水的麥子，裝到口袋裡，用腳拚命踩，讓麥粒脫皮變白，煮熟了吃起來特甘香可口，像糯米飯似的。沒空的話，就把金黃的麥子炒或者燉都可以。不過，不管你怎麼弄，你一定不能讓老遠的人看到你這裏冒煙，那就得想辦法把煙引到老鼠洞裏去，老鼠洞在地底下是四通八達的，進了隧道的煙分開從幾個洞口出來，外面就幾乎看不見。這樣才能「長治久安」。

炒過的麥子用塑膠袋包好，找個安全的地方埋下來，以備不時之需。因爲場上不是長年都有東西可偷的。如果有機會拿麥子同就業職工換些炒麵、火柴、打火機、打火石、針線或者其他犯人買不到的東西那當然最好。因爲我們有機會接近麥場子，那怕幹部知道，也不過是犯了偷吃偷喝的監規而已；而職工要去偷麥子的話，是隨時要「二進宮」的。和犯人「搗鼓」總比他們自已去偷犯罪成本要輕得多。

我們的工作有時很忙，因爲壟坎的土都凍成硬塊，中間空隙就多，堵不住水，一旦跑了水，那是犯罪行爲。所以要看得很緊，隨時要挖泥堵漏，保證每塊地都能澆上水，同時也不浪費一滴水。如果順利的話，六個人出去開工，組長可以派一個人去「搞伙食」。好東西是准食不准帶回去的，不過可以把省下來的饅頭拿回去送給要好的，這是公開的秘密。澆水組在犯人中是人緣甚好的。

一天，我們在場上休息正準備吃飯。李組長從挎包裡拿出塊肉乾來，放到水窩裡煮，煮了半天拿出來，用鐵鍬去剁成幾小塊，也分給了我一塊。怪怪的顏色，怪怪的味道，怎麼都咬不動。他說，這是夜班一個叫「土人」的同犯拿一袋小麥同路過的藏民換來的。這是犏牛肉乾，是牧民常帶在身邊的乾糧。生吃就不韌，煮過才韌。不管有多韌，反正我吃下去了。吃過飯後，李組長還給大家講了個小故事。

幸虧牠沒立過戰功

就上個月，某天晚上，二大隊有兩個在大幹渠守水閘的犯人在巡渠的時候，忽然望到離大渠不遠的小山丘上有個隆起的新土堆。那邊不錯是有埋犯人的墳堆的，但不會有那麼大，因爲這裡全是砂礫凍土，挖下去不容易，所以他們倆怎麼都不相信是座新墳。於是提著馬燈走過去，扒開碎土一看，原來是一匹死馬。太久沒嚐肉味了，也不管這是怎麼來和怎麼死的，先割塊肉來再說。便跑到場上找來把生鏽鎌刀，好不容易才弄下來一大塊馬肉，然後隨便把碎土堆回去，高高興興地把戰利品帶走。豈料他倆還沒走多遠，就被兩個騎兵趕上來截住。騎馬的人一伸腿，他們倆就倒下了。

原來附近是一個哈薩克騎兵連的駐地，哨兵夜裡看見馬燈晃動覺得可疑，又發現馬墳被刨開過，馬腿被割，便上馬銜著馬燈趕上來，用繩子把兩人綑個結實拖回營地，再倒過來雙雙掛在旗杆上。

第二天消息傳到二大隊的大隊部。大隊教導員和大隊長、民兵隊長一齊到騎兵營地來要人，騎兵連長不賣賬。到晚上又請來了德令哈農場的政委，他是團級幹部，說了不知多少好話，才總算把吊得半死的兩個犯人放了下來。臨帶走時，騎兵連長說：

「幸虧我這匹馬還沒立過戰功，否則我早就宰了他們了。」說罷，用馬刀在兩人的屁股紮了個洞。這是場部衛生所的犯人講出來的。

假期是用來盤點的

元旦過後個把月，便是春節了，鄉下來了信，無非是：你好，我好，大家好。我是明白的。家裡大媽、大嫂、三哥都是「地富反壞右」五類份子，是專政的對象。同我這個反革命通信，不是「裡應外合」是什麼。共產黨訓練出來的村幹部如果識字的話，就要在字裡行間找出反革命的痕跡來，直到有藉口把階級敵人暴露於光天化日之下方才罷休。碰到不識字的幹部，就乾脆隨手把信撕掉，表示斬斷了階級敵人之間的聯系。所以我寫回去的信，除了認罪服法積極改造，感謝人民政府之外，要想這封信能寄出去的話，絕不能再寫其他東西，只要見字如見人就夠了。

春節照例休息三天。這不是讓你睡大覺的三天，是要每個犯人利用這三天來回顧一年改造，寫出一份改造總結和檢舉揭發材料。「年終評審」運動開始了。

院子裡靜悄悄的，氣氛開始緊張，縫縫補補的沒有了，洗洗曬曬的沒有了，串組串隊的沒有了，交頭接耳的沒有了，拉扯借送的沒有了，連談吃談喝「精神會餐」的都沒有了。誰都不想在運動的風頭上，當個「出頭鳥」。

每個人都乖乖地坐在炕上搜盡枯腸去寫材料。從思想，監規，勞動這幾個方面寫出一份明細賬。好的你不必多寫，多寫了人家會說你是想用優點來掩飾錯誤；壞的不妨多說，希望得個坦白交代，願意悔改的評價。最好還能揭發出別人的反改造言行。沒有大的，一般破壞監規紀律的也行，不過要把小事當成大事來寫，以顯示你的覺悟夠高，看問題夠尖銳。交白卷是絕對不可以的，每人總共寫下五六張十六開紙是最少的了。

當然，爲了有點春節的意思，初一晚上會改善生活，每人四兩一個九二麵饃，同時爲了體現「革命人道主義」精神，每人一塊姆指頭大小的豬肉，皆大歡喜。

三天假期過去，運動開始了。每個人按指導員安排的次序在小組裡作個人檢查，容易通過的先搞，反改造份子放在後面慢慢搞。

個人檢查完了，別人補充優缺點。再補充檢查、小組補充揭發。如無大問題，小組作出幾條鑑定意見，算是通過。問題比較多又通不過的，擺下來到最後重新來過。再通不過的話，就要上中隊大會接受全隊犯人幫你檢查了。再不行的話，捱繩子，蹲禁閉是不可避免的了。我本人就因爲對火柴作過一次不當的評價，在這次年終評審中總共寫了三份共二十多頁的檢查，小會加大會總共被批鬥了十八個小時，不過因爲另一個學習運動接著要開展，我的鑑定才算勉強通過。這次沒到禁閉室去，只因爲指導員曾親眼看見過我能扛得起九十多公斤一麻袋的糧食往車上裝。

搞了一個多月，一年一度的年終評審才告完畢。大隊來個總結，還是以大好形勢爲主。然後是宣佈減刑、加刑名單。最後是宣佈新一年的學習任務和生產任務。這裡每年只種一季。原來上一年的小麥產量平均只有四百多斤，沒有完成上繳任務，也就是說農場去年是賠本的。看來今年又要以思想改造來促進生產了。下一個暴風雨式的運動又接著要來了。

一個勞改犯的價值

原來，根據留場就業的職工說的：農場每月需要為每個勞改犯向青海省勞改局上繳五十五元（每個就業職工上繳的是八十元），然後由勞改局每月發給每名犯人二十元的生活費。所以，每名犯人的產值必須要達到每年六七百元，農場才夠上繳，此外還要交產量四成的公糧。如果按社會上每個工人的平均工資只有二十八元，農村人民公社社員每天的勞動工分只值幾分錢，對勞改犯產值的要求是相當高的。如果按當年一斤麥子的政府收購價格為八分錢算，一畝地的產值只有三十多塊錢。扣除成本恐怕連二十塊錢都沒有。如果單從種地收入所得。每個勞改犯就得負責上百畝地。犯人的壓力該有多大是可以算得出來的。全國有幾千萬的勞改、勞教和刑滿就業人員，可見，勞改局管的是一門不可低估的大買賣，這裡還沒算那些所謂墾邊的、下放的、管制的、被監督勞動的。全國就是一座無形的大監獄。億萬個勞動力為這個專制政權作無償的貢獻。

春節過後，天氣開始回暖，表土化凍了，該耙地了。我們跟大隊隨著拖拉機後頭舉起鐵鍬打卡拉，把沒有耙碎的土塊打細，將來才不會壓苗。起初幹起來好像沒什麼，一天下來兩條胳膊就抬不起來了。

打了幾天，又把我們從大隊抽調出來到豬圈裡去刨豬糞。這真不是人幹的活，豬長年吃的是豆苗，拉的也是豆苗，連糞帶尿拉滿一地就蓋上一層乾土。再拉滿了再蓋一層乾土。一個冬天下來，層層疊疊的糞土層有一呎多厚，還凍成像水泥板似的。因爲在豬圈裡太陽經年曬不到。到開春了，還是一點沒有化凍。我們的任務就是用十字鎬一小塊一小塊地把冰糞敲下來，再堆到外面去等馬車來拉到地裡作基肥。任務是三個立方，而我們每人一天下來還打不出一個立方。兩邊虎口都震開了大口子，就拿拖拉機偷來的黃油滋潤一下。

不是表揚你們了嗎？

第三天，隊長到豬圈來看進度，說地裡都耙地了，圈肥還沒拉出去。組長不知哪來的豹子膽，竟然敢向隊長報告說，我們整天掄洋鎬打凍土，十分累人，手都裂了，問隊長能不能加點糧食。

隊長聽了沒答話掉頭就走。到晚上中隊集合點名，隊長訓話完了之後狠狠地批評了我們組，還說：

「前幾天不是在大會上表揚過你們了嗎？表揚過了還要加糧食？簡直是貪得無饜。」

隊長的話剛落音，站在旁邊的指導員也面帶微笑地補上一句：

「你們老説活重了就鬧著要加糧食，農活有多重我不知道嗎？這説明你們學習得還不夠，思想還沒改造好。這個星期天你們組就別休息了，給我好好找找思想根源，向我匯報。」

怪不得幹部常說：共產黨只要路線正確，小米加步槍都可以戰勝蔣介石的飛機加大炮。今天讓我明白了一個真理：表揚過就不會餓了，思想好就不累了。這正是毛澤東思想所説的：「精神可以戰勝物質」的具體運用。

不過，唯物主義者認爲，物質是基礎，精神屬於上層建築，社會物質發展豐富了才能反映到上層建築和影響人們的思想，然後反過來促進經濟基礎向前發展，這是共產黨老祖宗的思想方法。簡單地說，連肚皮都塡不飽，拿什麼來影響我的腦袋去促進生產。可是在今天，號稱唯物主義者的共產黨，居然會相信精神可以變物質，甚至以爲精神可以替代物質。要是共產黨的祖師爺馬克思再生的話，面對一眾不肖子孫，恐怕也要嘆息一句：「吾道不行也，乘桴浮於海。」回去還眞該認眞背熟五卷《毛澤東選集》，便可以不吃飯幹牛的活，說不定還能活到三百歲呢。

這時候，應該算是開春了。偶然會看到一株半株的綠草在渠邊冒出芽來，新生命開始了。有些老弱病殘犯人，雖然熬過了嚴冬，卻敵不過春寒。

春天的氣候，白天有太陽是零度，一到晚上可以下降到零下十多度。每年都有些人適應不了這種驟變的溫差，這個季節死人就特別多。我們在外頭勞動的，每三隔五就會看見職工用馬車裝上什麼往大幹渠後面拉去。有時候馬車忙不過來，就由犯人用膠輪車去拉。膠輪車車斗不夠長，兩條腿就掛在車後沿，一搖一晃地往墳地走去。

所謂墳地，不過是大幹渠後面幾個小土丘。小土丘上疏疏落落地佈滿了一個又一個的小土堆，每一個小土堆旁邊本來都有一塊用毛筆寫上死者名字的紅磚頭的。但日子久了，紅磚變成黑色，名字也看不見了。反正在這遙遠的地方，從沒看見過有人來領回遺骨的，土堆裡埋的是誰都無所謂。有的小土堆被山上下來的野獸扒開過，吃剩的骨頭就散落在附近，屍骨雖不全，但人們仍然記得，埋在這裡叫老反革命的，是昔日的抗日英雄；叫不出名字的，不少都是飽學之士，共產黨不喜歡他，但他們對國家民族的貢獻，歷史都會有記載。

今天，共產黨假革命之名，在這裡爲他們的人生劃上個句號。

越苦的活越能贖罪

共產黨向來自詡爲勞動人民謀幸福，所以，「五一」勞動節是共產黨相當重視的節日。但就在這年「五一」節的前幾天，中隊就佈置犯人學習《人民日報》社論：〈過個革命化的節日〉，接著宣佈「五一節」不休息，要以突出的改造成績來迎接「五一」勞動節。

我們從報上的字裡行間也感覺到，共產黨內的權力鬥爭有劍拔弩張的味道，中央的「兩條路線」鬥爭很明顯已經到了山雨欲來的地步。全國不休假是要使所有人都留在受控制的範圍內，不要利用假期去搞「陰謀活動」。那又關我們勞改犯什麼事呢？這一來，每年三次的「開葷」又少了一次。

史無前例的「文化大革命」眼看就要開始了。

學習開始緊張了。「評大毒草──海瑞罷官」，批判反黨集團「三家邨」這些「大毒草」。共產黨的所謂「毒草」，其實都是犯人心裏想說而不敢說的話。學來學去，根本不覺得「毒」在那裡。相反的都想從「毒草」裡面找出「狗咬狗」的真相。說到反黨，我們犯人誰不是因爲反黨才進來的。但共產黨卻非要犯人去表態，要同社會上一切反黨言行劃清界線，不是很滑稽嗎？犯人口頭上也的確做到了，甚至可以咬牙切齒地痛恨一切反對共產黨的反動派，還包括痛恨自己。

五一節無聲無息地過去之後，播種的時候到了。這裡種的是一年一季的春小麥，生長期很長。五月初播的種，到八月中下旬才收割。

雖然是機器播的種，犯人也不可能閒著。犯人要去挖毛渠、修幹渠。這是很重的活，要把兩米多深渠底的淤泥用鐵鍬挖出來，撂到兩三米高的渠埂上去，在渠底幹活，悶熱非常。每年春夏交的風沙一天來兩次，班長照例鳴槍警戒。犯人蹲在渠底不許動。但風沙過後，爲了要把避風的時間補回來，隊長宣佈吃過飯就馬上開工。否則水來了渠沒修好可是個大問題。爲了趕任務，只有早出晚歸，中午不休息，犯人在心裡叫苦連天，但指導員說這叫「立功贖罪」。

我們一、二組兩個組算是政府信得過的小組。不用去挖大渠，卻派去打土坯。

在西北地區，火磚很少見。除了房子的地基砌它一兩層火磚之外，房子的幾根柱子和四幅牆，周邊的圍牆，睡覺的炕，食飯的桌子，甚至凳子，全是用土坯壘起來的。土坯不用火燒，濕泥巴放進模子打成一塊八九斤重的長方型坭塊，倒出來曬曬乾就成，這裡雨水少，用上十幾年也不會壞。

爲了爭取多點陰涼的時間幹活，打坯出工的時間比大隊要早一小時。到了坯場，先是挖上幾立方米的土。土挖走了，坑裏放上水，再把土泡回到水坑裡去，人就脫了鞋子落到泥坑裡來回踩，一直踩到泥漿起黏性才算。然後再把坑裡泡好的泥挖出來堆成堆，讓它悶上個把小時，打坯的人就利用這時間去做平整曬場，拉煤灰、洗坯斗等預備工作。然後才開始打土坯的工序。

每天每人六百塊的任務。先是拿起木板造的模子，往裡面灑些煤灰，用雙掌挖出一團泥，用力甩到模子裡去。模子分三隔，等三隔模子都填滿了。用雙手將多餘的泥抹走，接著端起這三四十斤的坯斗跑十幾米，彎下腰把坯模翻個身扣到曬場上。再回到坭堆旁邊重複剛才的幾個動作。我上面所講的是打出三塊土坯的過程。由於整個上午幹的是挖土、拉煤灰、平地、泡泥、和泥的活，如果每天要完成六百塊的話，就必須在半天時間內重複以上的動作兩百次。所以，除了必須要有熟練的動作，還要端起幾十斤的坯斗來回小跑步。叩出來的土坯還不能有歪斜缺角的廢品。到第二天早上趁泡泥的時間還要先把上一天的乾坯摞起來，才開始這一天的工作。白天的氣溫雖然只有幾度，坯場上全是光膊子小褲衩的勞改犯。頭兩天真正能完成任務的人不到一半，而我只完成了三百塊還是連廢品算。

我幹得腰酸胳膊痛，一天下來已經苦不堪言，還不知道究竟我算是贖了多少罪。

改善生活

黨報天天連編累牘地宣傳毛主席關於：「抓革命、促生產」的指示。勞改隊當然不能置身事外。幹部天天講「抓改造、促生產」，每晚點名都要揪出幾個「消極怠工」的典型來批一番。好讓人人引以爲戒。

事實上，無論跟大隊挖渠的，還是出零工打土坯的。活都很重，這些幹部當然都知道。爲了體現人民政府對改造中犯人無微不至的關懷，這天晚上，當中隊長講完了爭分奪秒的工作任務之後，指導員突然走前一步大聲問：

「伙房來了沒有？」

伙房組長站起來大聲應道：「有。」

指導員很認真地大聲說：

「你們伙房的，一定要把伙食搞好。他們都很辛苦，饃饃在標準內要盡量發得大一點。看看能不能擀頓麵條給他們改善改善生活。」

一提到擀麵條，伙房組長心裡直喊娘：媽呀！這些青稞麵怎麼擀得出麵條來，就是有好麵，就憑伙房幾雙手，百多個人的麵條怎麼擀？他希望指導員講的不是認真的。伙房組長沒答話。指導員又說了：

「到菜隊去看看青菜下來了沒有，拉點回來，讓他們吃點新鮮的。」

伙房組長覺得這點更是爲難，還沒來得及答話，指導員又說了：

「還有，水一定要燒開，水燒不開，他們喝了拉肚子怎麼辦。伙房聽到沒有？」

伙房組長站起來大聲應道：

「聽到了。」

我們都聽到了，指導員除了說要把水燒開這句是認真的之外，其餘都不過是說說好聽罷了。剛下來的菜都拉西寧去了，連幹部伙房都吃不上，憑什麼給犯人吃。

我們全聽到了，就是沒聽到隊長說要加點糧食，光把水燒開、把饃發大有個屁用。

散會回到倉裡，有人從熱水瓶倒出杯開水，喝了一口，說：

「喝口熱開水，就能把黨和人民政府的關懷暖在心頭。」

不知誰接著說：「在黨的光輝照耀下，再苦再累心也甜。」

誰都聽得出來這是「怪話」，但誰都沒在大會小會上提過出來。

十萬土坯的任務終於完成了，我到最後一天都還沒能完成六百塊的任務。

地裡的苗出來了，該是田間管理的時候了。

首先是追肥，每人帶個洗臉盆，到地裡裝上化肥。有時是硝酸氨，有時是尿素都是從日本進口的。四五個人一塊地，拉開距離，徒手抓起一把化肥往地裡撒。早上還好，到了中午太陽猛，手心出了汗，化肥溶化在手裡，燒得掌心和指頭火辣。有經驗的老犯人都會往自己的巴掌射泡尿，把化肥沖走，再往地裡抓把乾土搓搓手再幹。我很快也就學會了。

前頭施肥，後頭澆水。喝飽水的苗長得快，雜草、野燕麥長得更快。下來的任務就是鬆土和除草了。這裡的田間管理首先針對的是燕麥，因爲它長得比小麥快、又熟得早，留下它將是個災難。

一旦鋤不乾淨，等它成熟了，種子也全落地了，整塊地都是白茫茫一片的燕麥，小麥就長不起來了。現在全組一字排開，每人用小鋤頭邊鋤邊往前走。除了燕麥一顆都不能留，再無所謂什麼質量要求了，任務就容易完成。一排幾個人邊鋤地邊吹牛，這算是一年中最輕鬆的日子了。

麥熟一晌，掉肉四兩

忽然有一天，全部留家不開工，集合在大院子開了半天大會。偉大的無產階級文化大革命開始了。「形勢大好，不是小好」、批判「海瑞罷官」、打倒「三家邨」、傳達「五一六」通知、打倒黨內一小撮資產階級當權派、批判黨內修正主義路線。其實在犯人心目中，共產黨內亂成一團，未必不是好事。雖說社會上的階級鬥爭必然會反映到勞改隊來，會在犯人中搞運動，揪揪反改造份子什麼的。但如果黨內的資產階級真個佔了上風，中央政策改轅換轍，說不定會有奇蹟出現。犯人中，絕大多數以看熱鬧的心態來看待這場史無前例的動盪，也有希望社會上早日復歸平靜，以免殃及池魚。

下午刮大風，大隊決定不開工了。各小組讀文件，談認識。談的當然是歌頌毛主席革命路線的偉大勝利，無產階級江山千秋萬代。其實誰都心中有數，果真如此的話，我們這些被專政的對象，就永不超生了。幹部們當然知道犯人其實都是口是心非的。有個隊長就曾在大會上說穿了：

「你們說得再好聽，也不能改變一個事實，那就是你們誰會心甘情願來坐牢？」

犯人的所謂靠攏政府，或者說政府信任犯人，說穿了：不過是互相利用而已。我以後還有更深體會。

一轉眼，八月中旬，麥子灌漿了，這是一年中最熱的季節。雖然在屋裡只有二十五度左右，但在太陽底下就有40度。晴空一片，萬里無雲。在這裏，這種天氣隨時會驟變，晚上甚至可以降到零下。我們隊有兩三天的工作便是往地裡壟坎和田間小路堆麥秸和麥桿，以防突然降霜的話，可以點著讓濃煙覆蓋粧稼來保溫，需知這是一年辛勞的成果，青海的氣候就是這樣變幻無常。

所謂「麥熟一晌」，搶收是農場一年裏重中之重的任務。每逢這樣重要的日子，為了迫使犯人流盡最後一滴汗，根據「思想好才能勞動好」的原則，先來一個整頓監規紀律，各組都找出一兩個落後份子出來批一批，中隊也點名揪出幾個反改造份子來鬥一鬥，叫你人人自危，要想不當下一個便紛紛表態，要努力投身到生產中去，爭取在秋收中立功贖罪。共產黨叫這個做「階級鬥爭，一抓就靈」。勞改隊叫「抓改造，促生產」。

還有一手就是要所有犯人寫決心書、保證書，組與組之間互相挑戰、應戰。口號是：「搶收一粒糧，流盡一滴汗。」大大張的〈決心書〉、〈挑戰書〉、〈應戰書〉貼滿了院子。同時也張貼了各小組的反改造份子黑名單，榜上有名的犯人，只有在秋收中有突出表現才可以除名。讓完成任務較差的名字補上。這都是為了給犯人立功贖罪，重新做人的好機會。應該感謝共產黨。

在當時，無論是人民公社社員或者是還有自留地的農民。他們每人每天能收割一畝的小麥，就已經很不錯了。而勞改隊給犯人訂的任務是兩畝半，提出挑戰的最低指標是三畝、三畝半。壓力之大可想而知。不過在秋收這兩個多禮拜裡，九零麵（全白的麵粉叫七五麵或八零麵）的白饅頭是不定量的，每天三頓隨便吃個夠。這都是平時從犯人口中扣下來的口糧，所以犯人怕秋收，也盼秋收。

開始收割前照例休息一天，每人發一把刀架和兩片鐮刀片。這一天就讓你修整自己的刀架和磨刀，然後是修草帽、補衣服。從這天晚上起，就開始開放糧食了。平時只限食一個的，這晚就有人吃三個、五個，但規定許食不許藏。不過，也沒人要藏的，因爲開放的日子還長呢。結果，吃得彎不下腰連呼吸都困難的，吃得想吐也吐不出來的都有。餓得太久了，一個接一個地吃也不知道個飽，那怕肚皮撐破了心裡還想吃。這叫肚飽眼不飽。卻原來，過飽比饑餓更難受，這我在看守所開放吃紅米飯那幾天經驗過的。在這裡，有經驗的犯人就會把饅頭燒成炭，把炭搗碎讓他吞了下去，據說這能讓撐在胃裡的東西，快快消化掉。他們的經驗是：「撐什麼，吃什麼。」土豆吃多了吃土豆炭，肉吃多了吃肉的炭，據說這種土辦法很有效。

第二天早上五點鐘，天沒亮就喊起床，臉都不要洗了，匆匆吃過就集合出去報告班長出工。今天帶班的幹部全體出動，所有哨兵都換了成騎兵，前後左右押解犯人到工地。這是因爲犯人都有「武器」，而且有可能鑽進麥田裡逃掉。全都是爲了我們安全，用心良苦。

每個小組佔一條三十公呎寬望不到頭的地，一個小組十二個人，每人攤兩米半寬的趟子。由路邊第一塊一直往前割，我是第一次幹這種活。正是「屋漏更遭連夜雨」，我這趟子的麥子幾次碰上長在麥子中間叫「白刺」的東西，它姆指般粗細，樣子像市場賣的芹菜，黃白色，沒葉子，像象牙般光溜，不過就混身長有半吋長的刺針，頭一次我抓麥子時也把它抓上，刺針紥進掌心，又痲又痛卻不敢吱聲，正不知該怎麼辦，呆了似的望著這些沒見過的東西。幸好組長看見了，一聲不響跑過來，叫我站一旁。他小心翼翼地先把長在白刺周圍的麥了割掉，才用腳把剩下來的白刺踩倒，用鐮刀砍斷它的根部，然後把它勾到身後。白刺處理完，他幫我把趟子趕了上去，拍拍我肩膊說了聲：「弗要緊咋，慢慢來。」這才回去趕他自己的任務。

我心頭一陣發熱，我多感謝這位土家人。他必須幹得比所有人都要快，才能帶領一個小組上去。他是幹農活的好把手。他以前在社會上幫人家幹零活時，割一畝地可以賺三塊錢，還管吃管喝，而且還要吃好的喝好的。

幹到中午，烈日當空。飯來了。人家都上去了幾塊地，我還在第一塊地學著幹，秋收開飯不用集合報數。別人吃飯了，我故意低頭猛幹，希望能感動隊長，結果沒有。哨子聲一響，騎兵策馬過來，鞭子一揮，嚇得我趕快扔下刀架歸隊去。嘴苦得很，光想喝水，這一頓我只吃下半個饃，虧吃大了。

吃過飯就不要集合了，誰先吃完誰先動手。組長帶兩個人去把我割下的麥子打個腰子綑起來堆好，又幫我把趟子趕上去，只叫我把後面灑滿地的麥穗頭一一撿乾淨。隊長也在後頭撿開了，感動得我眼淚都快要流出來。

終於到了七點多天要黑了才叫收工。整整幹了十二個鐘頭。說實話，幹活時由於太專心了，你追我趕，加上口號聲、大組長的鼓動喇叭聲，人不大覺得累，只是熱得頭頂冒煙腦發漲，嘴巴乾得張不開。鹹鹹的汗珠大顆大顆地由額角流進眼睛裏，眼珠子給澀得掙不開，你連伸手去擦都擦不過來，只能使勁地眨幾下眼，讓淚水把汗水帶出來。等到真的停下來要收工了，才知道腰板硬了，腰桿子直不起來，雙腿杈開了一整天，又合攏不起來。回家走的頭一程路，大多是一跛一歪地走的。

回到隊裡，雖說白饃不定量，但因爲太熱也太累了，一點胃口沒有。晚飯很快都食完了，臉都顧不上洗，趕快找塊磚頭抓緊時間磨刀去，這是頭等重要的大事，刀磨得快，明天割起來既快又省力，而且割得乾淨俐落；刀不快的話，累死你也割不上去，穗頭還拉一地。刀磨好了，刀片交了出去，算是緩過氣來，才去搞搞個人清潔。

回到組裡，還有個簡單的學習會，主要是計算個人成績，小組成績，讓小組長向隊上匯報。這頭一天，完成三畝指標的一個也沒有。而我只有一畝多一點，還是人家幫忙的。新手中算我最快，總算沒有受到批評。

第二天，還是繼續昨天的趟子，不過麥子更熟，麥桿子更黃，比昨天更脆一些，也就更難割，隊長要求更快割完這一片。否則，大風一刮，成熟的麥子灑一地，割下來的就剩麥草了。

到了中午，伙房送來的飯菜同昨天不一樣，是菜包子，還有炒土豆絲。這是過年才有的伙食。喝的不是開水而是茶水，「革命人道主義」又一次大放光芒。不過，在猛烈的陽光下，能真正用心去品嚐這頓豐富午餐的人不多，大多都只顧喝水。匆匆地吃一點就跑去開工。

臭的也是肉

秋收第二天，黃昏過後收工回家，沒看見往常早就擱在院子當中的飯桶，於是大夥都先忙著去洗刷自己，也有去磨刀的。隊長進來把組長都召去。組長們很快就回來向大家傳達一個好消息：

「隊長宣佈，今天改善生活，伙房到幹部院子拉來了兩車鰉魚，每小組有兩盆。隊長說了，吃完了鰉魚才可以去打饃。」

天哪！那有那麼好的事情。終於開葷了，而且是久仰大名的當地特產：「青海鰉魚。」

原來，在青海所有比較大的湖泊都是鹹水湖，湖裡都長有這種無鱗帶黃色的鰉魚。在這高寒地區裡的這些鰉魚生長得很慢，慢得十幾年還長不到巴掌大，但壽命很長。當地的藏民都不吃魚，還把鰉魚奉為「海將」。正如奉老鷹為「天將」一樣，他們相信「天將」和「海將」都可以把先人的靈魂帶到另一個世界。所以，在青藏地區，有將先人餵老鷹的「天葬」，也有放到湖裏的「海葬」。因而，千萬年來不曾被捕撈過的鰉魚得以自然繁衍，佈滿了青海所有的大小湖泊。

然而共產黨才不吃這一套，在三年災難和十年文革時期，經濟崩潰，全國物資極度匱乏，在黨幹部的帶領下，將藏民奉爲神祇的鰉魚，變成了他們嘴裡的一塊救命的肉。於是，首先是青海的漢人以及省外的人民公社，礦廠，企業，當然也包括黨政機關，都紛紛派人連船帶網的到青海湖去革鰉魚的命。一時間青海湖上千帆並舉，甚至漁舟晚唱，誓要把鰉魚撈個斷子絕孫。德令哈農場的幹部自然也不甘後人，也派了一個打撈隊常駐青海湖邊捕撈鰉魚，作爲農場幹部的革命成果。

由於鰉魚長年生長在冰冷的湖水，一旦撈上來堆放在炎熱的環境裡，又沒有冷藏設備，便特別容易變壞。一天兩天還可以，但青海地廣路遙，保鮮已經不可能，如果路上遇上一些阻滯，不能及時送到廚房的話，死魚就會成爲臭魚。這次發生讓犯人先吃葷然後才吃素的怪事也就是這樣來的。

從伙房打回來的大盆鰉魚、全部支離破碎。看不到有魚的模樣。吃到嘴裡幾乎都不用嚼，只需小心把魚刺吐出來就行。吃完了都不知道鰉魚的真正味道是怎樣，只覺得嘴裡油膩得有股腥臭味。還行，反正臭的也是肉，都吃得津津有味的。有人把粗一點的魚刺都留下來，日後只要錐個小洞就可以作縫衣針用。

這天晚上，吃饃的人真的很少，魚給吃飽了。不過，第二天到了工地，報告班長去大便的一個接一個。這不是因爲臭魚傷了腸胃，而是鰉魚裡面的脂肪多，犯人的瘦腸子不習慣處理脂肪。

到了第二天晚上還是鰉魚就沒有多少人要吃了。不過，不吃完這一盆還不行。還是組長辦法多，他把倉裡冬天取暖用的爐子生起來，說是要烤饃，實際上是把剩下的多半盆鰉魚擺在爐子上烤。不到一個小時，半盆子的鰉魚就成了兩大缸子的魚乾了，大夥攤分各自藏了起來。我們組開了個頭，其他組不約而同都這樣做了。

這晚上，魚吃少了，饃吃多了。當然也會有人偷偷地把這情況報告上去的，但爲了秋收任務，隊長提也沒提過。果然，第二天工地上報告大便的也少了。

到了一九八〇年底，我釋放後到了西寧市，想到飯館去嚐嚐真正的鰉魚味道，但沒有。聽說以前的青海湖，只要你赤腳踏進湖裡，總能踩到幾條鰉魚的。但現在可一條都找不到了，青海鰉魚成了受保護動物了。只能到湖的最深處，才能撈到很少的幾條。經批准後才能用來招待遊客，而且很多還是從老遠的湖裡找來的。

這十多天的秋收終於熬過來了，伙房的供給也恢復了原來的三、四、四。本人一天三畝的任務始終沒完成過，不過總算很接近了。隊長也比較滿意，小組的成績也得到表揚，任務完成得不好的小組和個人，連續幾晚開會找原因，查思想，挖根源。我們小組讀讀報就算了，這也算是個獎勵吧！

我們的共產主義精神

割下來的麥綑子現在還擺在地裡，曬幾天之後便要運到場上堆成垛子等打場脫粒。這一天我們組被派去清理麥場子。工作不重，無非是拿濕泥把地面上的破洞洞補好夯實，又把上一年剩下來的麥秸堆往場邊拉走，好騰出地方來摞垛子。

好大一堆麥秸子有一人多高，從去年秋冬打場完了到現在，又雨又雪的漚了有多半年了，人還沒走近就已經聞到一股黴氣。各人都拿著大木杈站到這堆子的上風頭，免得被那股黴味悶死。拉麥秸的車子擺好。五六把大木杈使勁紮進發了黴的麥秸堆裡，把已經結成整塊的又黑又白又黃的黴東西往車上裝，才裝了兩車不到，突然看見挖出來的黴東西上面，帶著一塊拳頭大小的白呼呼的東西。組長李生福喊了聲：

「蘑菇山，輕點、輕點。」各人都放下工具，徒手扒開貼近蘑菇的黴秸子，隨著散發出來的一陣熱氣，一大座由一個個雞蛋大的小蘑菇糾結成的蘑菇山露出來半張臉。這回大夥來勁了，全組動手，又鍬又杈又手的把蘑菇山周圍的麥秸子扒開，露出來的整塊蘑菇山比一張書桌還要大。大家都停下手來，十幾雙眼睛不約而同地盯著組長，等他拿主意。組長說：

「看著佛光夥（看著我幹啥），還不去煮一棚（盆）。」奇怪的是，動手的人一個也沒有，因為誰都沒帶盆子，那怕有盆子也沒水沒柴火。

只好收工時每人帶上一缸子，其餘的裝上滿滿的兩大車拉回去擺在大伙房外頭，等著報告隊長來處理。這是我們的「共產主義」精神，「一切繳獲歸公」，一心想和大家一起分享。

在我記憶當中，我們組從來沒有這樣「老實」過。不過，「老實」的結果是：兩車白呼呼的鮮蘑菇全給拉到幹部伙房去了，剩下零零碎碎脫落在車斗上的小蘑菇。得到隊長恩准，說：「算了，就讓大伙房收拾收拾給犯人燒頓蘑菇湯。」

真是皇恩浩蕩，這盆小蘑菇的恩典分到一百多人的缸子裡總算有個一兩片。—只有我們組例外。

接下來的任務是馬車小車總動員到地裡去拉綑子。別的組去拉，我們組就在場上負責垛垛子。有人帶了個小口袋躲在垛子後面收集地面上的麥粒子，也有人抓上一把便往嘴裡塞，不管你怎麼弄，組長都裝著看不見，反正能把活完成就行。只是交待別吃太多，怕排不出來鬧腸梗阻或者腸套疊，搞出人命來不好交代。還有就是吃飽了也別在家裡廁所拉，讓人看見拉出來的麥粒會招人嫉妒。組長這樣開明，無非是想讓大家吃得飽一些，把小組的任務完成得好一些，作為小組長的他，在幹部面前也有面子。

第十二章 難忘的八月五號

農活本來就是春播、夏管、秋收、冬藏的活，每年周而復始，勞改農場也不例外。運完了綑子之後便是打場脫粒，翻土平地、澆水播種，然後是田管到收割。一天復一天，一年復一年。只要不是反改造份子，老運動員，日子過得倒很快。我到了這裡以後，在反改造方面，還沒有什麼突出表現，政治運動雖多，我還夠不上當「運動員」的資格，主要是因爲三十多歲的我還算得上是年輕力壯，到德令哈以來，我已經能扛得起一包包九十多公斤的麻袋往車上裝，當然這都是逼出來的，但你總不能否認這是勞改政策的厲害。因爲在勞改隊，你只有勞動好才能遮百醜，除非你犯的事夠得上「現行反革命」。有時我還會在批鬥會上發發言。這不是想「整」人，這只是自衛，爲了自己能活得太平些。只要不是太過份，連被我「整」的人也都會諒解。

日子本來過得很平淡，但有一年，這是一九六八年，是我畢生難忘的一年。是我吃盡苦頭的一年。

這一年，我吃過不是人吃的東西，受過不是人受的罪。

青海省地處西北高原，每年冷得早，熱得遲。在正常的年份，霜凍都在八月下旬或者九月初才到來，這時候麥子都已經成熟，或者收割完了，那怕有霜凍，傷害也不大，就怕是麥子剛要灌漿的關鍵時刻來了個強霜。一夜間或者只消幾個鐘頭就能把所有麥子打蔫，結不成實，全年的付出就血本無歸了。所以每年到這時候都在田間堆放了很多麥秸子。場部自己設有氣象站，各農場每收到霜凍的預警，便立即派人去把麥秸子點著，讓所有麥田覆蓋上一層煙霧作爲屏障，可以阻止地表散熱和擋住冷空氣下沉，以保住粧稼不被凍壞。

可就在這年的八月五號，我清楚記得是八月五號，小麥剛開始往麥胚裡灌漿，可就在頭一天天氣預報晚上有強霜。麥秸子點著了，到處是一片濃煙。到天亮，麥秸子燒完了，麥子也保住了。

不幸的是，還沒有等到往地裡補充燃料，晚上又是個無雲無風的大晴天，霜來得更猛，地裡已經沒有可燒的麥秸了，整個晚上全大隊的大小幹部全都站在地裡，眼巴巴就看著幾萬畝的麥子耷拉著腦袋，停止灌漿了。只有野生燕麥早就成熟了，不受影響。整一大片粧稼的葉子全蓋上霜花，地裡一片白茫茫。

這年秋收割下來的麥子是輕飄飄的，手都沾了又黏又白的膠水，這是從割斷的麥桿子滲出來的，無法結成澱粉的糖漿。多數犯人輕易就拿下兩三畝，提前兩三天完了這個麥收任務。不過收割下來的只是一把一把的麥草。

以前的農民如果遇到這種情況，會把癟麥子打下來作飼料，甚至連割都不要割，乾脆放把火把粧稼燒光，作爲下年的基肥，希望明年來個大豐收。但當時正是全國人民響應毛主席號召「停課鬧革命」、「停產鬧革命」。經歷過「紅衛兵」肆意施虐之後，國家正處於經濟破產之際。怎捨得放棄這那怕是百分之一的收穫。

誰都沒想到最苦的日子緊接著會降臨在這些無辜的勞改犯頭上來。

收下來的麥子是癟的，有的裡面還有些許澱粉，但還不成熟，嚼到嘴裡還是甜的，有的光剩層皮。

賣不出去，交公糧更不行，做飼料又捨不得，怎麼辨？最後決定全部撥歸犯人的口糧。打從這年國慶節吃過一頓小麥饅頭之後，連原來吃的青稞麵都沒有了，每天三頓吃的是像米糕一樣的又黑又軟又黏的東西，它比發不起來的青稞饃還要小。

頭幾頓吃到嘴裡是甜甜糯糯的，不知道以爲是伙房的小花巧，搞些新玩意來改善一下生活，後來才發現頓頓如此，天天如此。吃下去容易，但餓得也挺快。由於癟麥子份量輕，揚場時夾著麥秸子一起落下來，打出來的麵粉，裡面除了麩皮還滲了麥秸碎，所含的澱粉成份就幾乎沒有了，犯人勞苦一天回來，手捧這小塊豬肝色的玩意，任誰也無法提起改造幹勁來。從此學習發言少了，寫匯報都成了提綱式的便條了。不到一個月，從老弱組抬走的隔幾天就有，已經不足爲奇了。留家的病號多了起來。幹部們也察覺到情況不妙，但一點辦法都沒有。只能再次祭起「精神戰勝物質」這個永不過時的法寶。於是，給犯人學習的文件更多，幹部講大好形勢也講得更頻密了。

死人骨頭的吃法是一樣的

我們組因工作需要，仍有機會出零工，也就有偷的機會，但麥場上是光光的，連根麥草都沒有，以前還可以到窖裏去偷點洋芋，紅蘿蔔什麼的，但今年的菜窖是空的，連門都沒上鎖，倒是可以在裡頭撿到一些又乾又黃的白菜葉子，還有切下來的菜根頭，撿回來煮了一窩，夠大夥每人分上半缸子。

有一天，收工時故意繞道經過幹部的伙房外頭，希望能找到些能吃的垃圾，很失望的連洋芋皮都沒有了，也許是被其他人早著先機了，反而在煤灰中翻出一堆不知放了多久的羊骨頭，乾巴巴的，裹滿黑灰。寶藏終於找到了，不用組長交待，各人主動去翻，翻出來的羊骨頭裝滿了一大挎包還不止。大夥歡天喜地地回去。

到了學習時間，組長派兩個人到院子後頭去，把戰利品洗洗乾淨後用玻璃片把骨頭上的骨膜小心刮下來，有些還帶點筋肉的。刮乾淨以後，把羊骨頭洗洗，埋進炕底下的火堆裡，等過兩個鐘頭下學習了再小心扒出來，給烤成金黃色的羊骨頭就變得鬆脆，馬上趁熱用石頭砸它個粉碎。裡面有些骨髓還沒烤乾，冒出一陣油脂香。連同早前削下來的骨膜肉屑，每人可以分到多半碗。還有幾塊大的沒烤焦的留下來明天再享用。

焦香的骨粉加肉屑調上一點開水，攪和上晚餐留下的半塊甜糕，吃下去雖說有點焦糊味，但很香，總算開葷了。至少可以有些鈣質磷質什麼質的補補身子。補過身子，明天幹活才有勁，組長可能也是這麼想的。

又過了一個星期，隊長清早就進來，交待我們組今天不用跟大隊出工了，到伙房把中午飯帶上，每人可以多打一個饃。這是多大的恩賜。不過每個人都心中有數，今天的活不會輕。

果然，出到大門口，已經有兩輛馬車在等著。趕車的是大隊部的勞改釋放犯，也就是所謂的「就業職工」，兩輛馬車上各有一名幹部，坐在趕車的身旁，車上還有一大綑南方用的帶齒的鐮刀。大家明白了，幹部院子又要蓋新房子了，今天是要去十幾公里外的蘆葦塘砍蘆葦來舖房頂，這是個頂累人的活。雖說冬天的蘆葦又乾又黃，但一般都有大姆指粗，要砍下來很費力氣，如果碰到有水份的便成了砍冰棒了，單憑這十二個人要裝滿這兩輛馬車談何容易。不過，還好中午有兩個饃，總算有點安慰。

馬車走了不知多久，太陽蠻高了，路面的冰也開始化了，塘邊一帶舖了一層厚厚的蘆葦葉子，因爲不知道葉子底下是水，是冰，還是泥塘，馬車不敢靠近。因爲試過有輛馬車就因爲輪子下面的冰塊裂開，便連車帶馬都沉到塘底去。幸虧趕車的跳得快沒死掉，被套牢的馬就葬身塘底了。

我們下了馬車，找個地方開始幹活。首先專挑地勢高的地方下手，因爲這裡既然高起來，下面就不會是水塘了。

我們在幹活，兩個幹部就各自挽著柳條筐鑽進塘裡去撿鴨蛋。他們手上都拿著根長棍子，每走一步都先往前面戳一下，原來共產黨員也是怕死的。快到中午才見他們鑽出來，看見我們坐在那裡抽煙也沒說什麼，因爲他們的筐子裡都盛了半筐子鴨蛋，收穫可真不少，有花的也有白的，大的比拳頭還要大，一般的都有鴨蛋大，連鴿子蛋大小的他們也不放過。他們笑嘻嘻的坐在馬車旁，曬著太陽談他們的收穫，抽他們的煙，吃他們的飯去了。

我們也開我們的飯，吃罷了一個饃，又很捨不得的吃掉另一個。有兩個早吃完的就鑽進蘆葦塘裡去解大號了。過了不大一會，回來時兩人都用腰布兜了一大兜什麼骨頭回來，粗的細的、長的短的有十幾條吧，最多的是排骨，有的是乾的，有的還帶冰帶泥巴的。我們都還沒問，他們就先說了，說裡面有兩大堆散落的骨頭，拾了這些回來，還有些腿骨和大塊的都沒要。說完了就把撿來的分開放進兩個挎包裡。其他人大概是吃飽了，生理反應都沒顯得十分興奮，也就沒追問這是什麼骨頭了。

在蘆葦塘裡有動物屍體一點都不奇怪，因爲牧民往往會在夏天趕成群的牲口到塘邊來飲水，偶而會有牲口掉進塘裡淹死的。

這裡太陽落得早，收工了，把蘆葦裝上車，綑結實了，犯人坐在車頂上。幹部抱著鴨蛋坐在趕車的身旁。這時職工的上海牌手錶才不過四點半，遠處山腰上的太陽已經被遮住半個了。馬車有了份量就走得慢，回到隊裡人家已經點燈了。隊長說你們就不學習了，早點休息明天還得去一趟。

洗過了以後，跟著組長到伙房去打飯，伙房組長是我們李組長的老鄉，見我們辛苦了，除了一人一個饃以外，還特地每人多給了半缸子的蔓菁，叫我們在伙房門口吃完了才回去，因爲隊裡今晚吃的是醃菜。

回到組裡，第一件事當然是處理白天撿回來的「野味」，煮湯當然可以，不過沒那麼大的傢伙裝得下，還是照上次洗淨了再烤來得方便。埋炕洞前當然不會忘記先把骨膜肉碎刮下來。等到人家下學習了，便小心扒出來趁熱拿石頭砸個粉碎。分到各人碗裡以後，各人用他自己的方法去處理，多數人往裡添個窩頭煮成糊糊來吃，說這樣才吃得又飽又暖和，晚上才睡得香。

第二天還是去蘆葦塘。現在回想起來，我真希望日曆上沒有這個「第二天」。

到了蘆葦塘，還是回到昨天割開的趟子割進去。幹部還是去撿他們的鴨蛋。今天天氣比昨天暖和，踩在枯葉子上，底下的水都濕到棉鞋上。

看來不能再前進了，便換了個地方去繼續。昨天撿到排骨的老犯人同組長說，昨晚吃的排骨就是在前面撿到的。組長說，等一下割進去了看看還有沒有。

旁邊有人說：「昨晚的比幹部伙房的好。」

又有人說：「腿骨也不錯，說不定裡面還有骨髓油呢。」

邊說邊幹著，不覺間已經到了昨天他們解大號的地方了，他們昨天留下的兩坨烏黑的東西已經凍成硬塊。再往前幾步，果然見到有幾根灰灰白白的東西在蘆葦葉底下露出來半截，昨天發現寶藏的兩個就解下腰布，走前去蹲下來撥開厚厚的枯葉，看看底下還有什麼好的。因爲又長又粗的拿回去實在太不好處理，而且不方便攜帶，便乾脆脫下手套，徒手去翻。突然「啊」的一聲，兩人便愣住了，兩雙惶恐的眼睛像凍住似的望著組長，我們十雙眼睛也就都盯住他們倆，所有動作都停頓下來，不知道發生了什麼事。

還是組長先醒過來，放下鐮刀踩著枯葉一步步小心走過去，彎下腰來輕輕扒開蘆葦葉子，所有人的眼睛都盯住組長，只聽見組長在喉嚨裏說了聲：「噢！對弗起夥」，隨即輕輕地又把葉子撥回去蓋住他先前看到的東西。他們仨人互相對望了一眼，又同時間慢慢地站了起來，一聲不響地往大夥這邊走。

不過，他們越是不響，大夥越是想知道他們看到的是什麼。一個、兩個，三個都不約而同地放下工具，小心翼翼地往那邊走過去，先到的一個彎下腰去重新扒開葉子，後來的人站在他背後伸長脖子往下面看，只瞄了一眼便一聲不響地輕輕往回走。我是來得最後的，他們走了我才過去看，只看一眼我也呆住了。

原來是兩把長長的人的頭髮，其中一把亂成一團；旁邊不遠處是一綹長辮子，辮子上還纏著幾圈脫了色的絲繩子。辮子仍然相當整齊。半個骷髏頭露出地面，其餘一半還埋在泥巴裡。附近還有幾片已經泡得發漲的老羊皮；有半條牛毛腰帶完完整整的在老羊皮旁邊。到這時，大家都明白了，也都一聲不響，全呆住了。只有我，蹲下來小心把它蓋回去

組長在那邊喊：

「行了，弗看了，放（換）個地方，走。」

在打後的時間裡，所有人都悶聲不響地低頭割自己的蘆葦，動作也慢多了。一直到收工，誰都沒說過半句話。

晚上的學習會上，只有學習員在小油燈下用很慢的速度讀報。直到下學習，睡覺，整個組都是靜靜的。靜得叫人心寒。

其實，大家心裏都明白，昨天吃的是死人骨頭。是不知那年那月的夏天，蘆葦塘水滿的時候，也不知道是什麼原因，兩個老鄉踩了進去，給淤泥吸住出不來，最後給淹死了。屍體泡在冰水裡是化不掉的，不過肉都給老鷹啄食了，剩下的兩把骨頭到枯水期才露了出來。

如今，真對不起，肋骨給我們吃了，其餘的都已經給蓋好，請安息吧！

在當時來說。求生存當然重要，只不過這次親眼証實吃的是死人骨頭，才有噁心和不安的感覺。不過，今後如果再有骨頭給撿到，不知道是先弄清楚是什麼骨頭才吃，還是不管它是什麼骨頭先吃進肚子裡再算呢，這我也不知道。

小老鼠的智慧

雖然春天已經來到，但山上的冰還沒化，春水還沒下來，大隊就趁這時間到地裡去修補小壟坎。這條小壟坎是用來分隔每塊地的，中間要求有四十公分的厚度，然後向兩邊各延長一米五慢慢低下去，這樣既可以放水澆地，也能讓拖拉機順利通過。幾千條這樣的小壟坎需要在不長的時間內完成修補，以便水一到就好澆地。

這時候是土生土長的小田鼠最活躍的時期。柴達木盆地的老鼠有兩種，一種大的比香港的家鼠大，尾巴短得幾乎看不見，當地人就叫牠做「莫依巴老富」即無尾巴老鼠。（註：學名叫草原兔鼠）牠們生活在野外草地，聽說牠們打的洞四通八達，加起來可以有幾百公尺長。牧民們最恨牠了，因爲「無尾巴老鼠」愛吃草根，把草場都破壞了，不過恨歸恨，牧民都是唸佛的，唸佛的人不輕易殺生，只好讓老鷹來收拾牠了。

另外，還有一種小的，生活在麥田裡，只有鴨蛋般大，我們叫牠「小老鼠」，「小老鼠」也有幾條地道。

當我們在地裡走過或者挖土，都會驚動地底下的小老鼠，它們會從洞口探出頭來看個究竟，或者在地面上竄過，突然又鑽進去另一個洞。

我們每塊地都有五六個人在幹活，五六雙眼睛中只要有一雙眼睛看見老鼠便會大喊一聲：「老鼠」，隨即有五六把鐵鍬衝著老鼠的方向攆，一旦對準了目標，鐵鍬拍下去。由於是「肉」的誘惑，犯人的這一拍的命中率是絕對不容置疑的。一個小組一天下來，一二十隻的成績還不算是最好的，血肉模糊的小老鼠當然也算是肉。一天能打個二三十隻的我都見過。

一到晚上下了學習，院子裡篝火處處，把戰利品開水一燙，七手八腳的燙毛切頭，開膛去腸子。每人分得一隻、兩隻、兩隻半，然後按各自所好。烤的、手抓的、水煮的，切細了煮稀飯的。開葷去了。

本來，這都是監規所不容的行爲，組長帶頭來搞更不應該。隊上幹部當然知道，但在那非常時期，卻從來沒有被干涉過，算是讓犯人自尋活路吧。還有的小組，一邊啃老鼠，一邊熬小麥粥。這不是場上偷來的原麥，是剝淨了皮像大米一般淨白的小麥。這些也是從地裡來的。確實點說，是從老鼠洞那裡來的。

在地裡，如果誰發現了老鼠洞，只要帶隊的隊長不在跟前，就會由兩個人拿鐵鍬順著洞口往下挖，只要找出地道的走向，順著挖下去四五十公分深，就會找到一個小臉盆般大的老鼠窩。你可能不相信，鴨蛋大的小老鼠，竟能在地底下挖出一個這樣的窩來。

更令人驚訝的是，牠能把叼回窩裡的麥穗頭，清清楚楚地分成三堆，一堆是脫了皮的雪白的麥粒，一堆是金黃色的麥子，另外還有一堆是完整的尚待加工的麥穗頭，麩皮和麥秸子就平鋪在牠冬眠睡覺的地方。洞的周圍有三四個出口，每個出口都有隧道通到不知道什麼地方去。也不知道爲什麼，那怕你地裡灌滿了水，都淹不到牠的安樂窩。

我們只要找到小老鼠的窩，總會有起碼成斤或者更多的糧食。要是每天能找到一兩個的話，這晚上全組都能嚐到一碗美味的小麥粥了。不過實際上也很難，因爲你那怕找到洞口，有時候洞口下面有幾條通道，你都不知道該順著那條通道去挖。如果都挖的話，那便是要挖一大片。你給地裡挖個大坑，隊長能放過你嗎。所以，每天成功的例子不多，最多三五個吧了，我指的是全隊的成績。

賣血才能吃飽飯

勞改犯在槍桿子下餓著肚皮幹重活，體弱多病是必然的。但營養不足，生活困難是全國性的，幹部的體質也好不到那裡去。雖然毛主席說過：「共產黨的幹部是由特殊材料造成的。」不過毛主席沒說過這些用特殊材料造成的幹部不會生病。

由於缺醫少藥，醫生們都知道，多數疾病的病因在於體弱貧血，那怕做個很小的手術，淌了一點血，都一定要輸血，否則連小手術都會變成高風險。至於對許多疾病的治療方法，首先想到的便是先給病人輸血。就好像今天我們看到的在大陸什麼病都掛瓶鹽水一樣。

那麼，血從那裡來？最便捷的途徑是從勞改犯身上來。

因而，每個月總有一兩次，在晚點結束前幹部就會宣佈：

「要兩個人去輸血，想去的舉起手來。」

多麼期待啊，上面的話沒落音，下面就霍地站地來的有一二十人。他們不是舉手而是站起來，是怕幹部看不見他而失去機會。其中有四十來歲算是年青的；也有五六十歲……在勞改隊也不算很老的。他們都很渴望有被選中的機會。如果還沒有確定雙方的血型的話，幹部會指定五六個犯人回去穿好衣服作準備。如果幹部指定要某個血型的話，曾經賣過血又知道自己血型的，就容易再被選上。選的標準不在於年齡，只憑你當前的精神狀態來判斷你有沒有病，以及你是否信得過，能否把你單獨放在場部醫務室。

我本人第一次賣血驗出血型是「B」，其後我有幸被選中的有五六次。因爲除了上述的兩個條件都符合之外，我在隊裡還算是年輕的，雖然已快四十了。

爲什麼犯人既吃不飽又幹得累，對賣血這種會大傷元氣的事竟然趨之若鶩呢？因爲，只要你輸了三百CC的血，你便可以在家裡休息一個星期，期間還可以到伙房隨便吃個夠。而且按規定每輸一百CC給你三十二塊錢；還答應可以幫你買一斤紅糖和一斤雞蛋。不過，答應歸答應，這是沒有保証的。我輸血輸了五六次就從來沒見到過紅糖雞蛋。這些都不說，單從一個星期的飽飯就很夠吸引人，何況還有錢。有的犯人說：只要有人要，我願意割下腦袋倒過來把血淌個清光。錢寄回家，少了我一個，全家都得救。

被選中輸血的犯人在組裡等待召喚的時間，會得到同犯們羨慕的眼光，甚至有人說出恭喜的話。很奇怪，往往是在夜後或者半夜裡才出發。幹部自己不會去，讓你們幾個自己報告班長自己出去，外面自然會有趕車的職工送你到場部醫務室去。

場部的所謂醫務室，只不過是蓋在幹部院子旁邊的兩幢同監倉一樣大小的土房子，是專門收容病危的或者需要動手術的犯人的地方。到這裡來的犯人如果是爲了截肢、切除盲腸之類的小手術而還沒死去的話，說不定還有回到隊裡去的機會。要是因爲內科或者要動大手術而送進來的，這裡只不過是他們回老家的中途站而已。尤其是年老體衰的病號，我沒見過一個能在這裏治好了病回隊的。

由於任何外科手術都沒有麻藥可用，醫生的刺針麻醉便是給犯人止痛的唯一手段。當然，針灸的同時還必須要有兩三個孔武有力的人在旁輔助，務使被宰割的人再痛也不能動彈分毫，以免妨礙手術的順利進行。文化大革命期間，曾經推行過一種唸《毛主席語錄》便可以止痛的妙法。不過我五六次到醫務室去賣血，只聽到過撕心裂肺的慘叫聲，從沒聽到過毛主席語錄的背誦聲。似乎「神蹟」沒有顯靈過。

我頭一次到場部醫務室是因爲不知道自己血型，護理犯把我們五個人的血都抽去一點，送到幹部院子裡去化驗。等了差不多一兩個小時才回來宣佈。五個人裡面有兩個是「B」型的，符合需要，其中包括我有幸可以留下來，其餘的要跟職工回去。

我同另一個被選中的，心裡有多高興就不用說了，見到落選的他們沮喪的樣子，不知爲什麼心裡有點難過，好像對不起他們似的。

原來「反革命」同「革命者」的血是一樣的

這裡很昏暗，但醫務室裡的一切約莫還看得清楚。靠牆的藥架是土坯壘起來的，有兩層。上面一層有幾個藍色的大藥瓶，旁邊的盆架和房子中間的大檯子都是土坯壘的，不過上面抹過泥，總算比較平滑，而且刷過白灰。檯子四邊都有個土墩子，算是凳子吧。唯一最現代化的是房頂上掛著一個散發出黃光的電燈泡，有時還一閃一閃的，有點恐怖。醫務室後面有另一排房子，應該是犯人留醫的病房和手術室了，我聽到的呻吟聲就是從那邊傳過來的。

我們坐在土墩子上不知有多久，兩個護理犯走進來，遞給我們每人一缸子熱水說：

「這是鹽水，都喝了。等一下血會出得好一點。」臨走還交帶了一聲：

「暫時別出去小便。」

我不知道在香港到紅十字會去捐血，有沒有事前讓你喝杯鹽水這個程序，如果沒有，這算不算作弊，又是不是怕我們淌不出血來才有這樣的安排。

鹽水才剛喝完，兩個護理犯又進來了，還帶了兩個連著橡皮管的玻璃瓶和一個豬腰型的不鏽鋼盒子進來，另外還有一小瓶叫「枸杞櫞酸鈉」的東西，據說是可以防止血液凝結的藥（我不記得這瓶藥是打進我血管裡還是混到瓶子的血裡），他們先讓我把前臂擱檯面上，然後把玻璃瓶放在土墩上，從豬腰盒子裡拿出支粗粗的針頭，用酒精棉花抹抹算是消過毒了。另一個護理犯用一條橡皮管勒住我手臂，叫我握緊拳頭。由於我混身上下都沒多少脂肪，手臂也不例外，所以，粗粗的針頭就很順利地紮進了我鼓起的靜脈裡，眼看我本來就不多的血，就通過針頭流經橡皮管直淌到下面的玻璃瓶裡。按住針頭的護理犯可能覺得血淌得還不夠快，叫我連續做握拳放鬆的動作。我沒有什麼不舒服的地方，只是胸口一陣發熱，雙眼有點模糊。血好像淌得比當初快了點，一直在搖晃著瓶子的護理犯，突然停住不動，看看瓶子的刻度說：

「還差一點點……算了算了，等下加點……。」

抽了我多少我不知道，他要加點什麼也沒說，這邊就拔出針頭，用棉花按住針口，叫我伏在檯子上休息。隨即趁熱把血送走。很快又回來給另一個犯人抽血，因爲他看來已經有五十過外了，所以護理犯只給他抽了一百CC。他很不甘心的對護理犯說：

「不能多抽一點嗎？裡面還多著呢……。」

護理犯笑笑沒理他，把血送走了。

於是，帶有我「反革命」基因的血就這樣流進了某個「革命者」的身體裏去了。至於這位受血者將來會不會因爲體內有我的血，也會變成像我一樣的「反革命」就不得而知了。讓他自求多福吧！

過不多久，護理犯端了兩缸子水回來放檯子上說：

「喝了吧，這是葡萄糖，那邊拿過來的。」他指的是幹部醫務室。

一直等到天大亮，送我們來的職工才進來把我們帶回去。

回到隊裏，人家都出工去了，侍候幹部的老吳通知我說，隊長臨走交代我們倆不用出工了，不過晚上要參加學習。

抹了把臉，便到伙房食飯去。這輸血後的頭一頓，我只啃了兩個半，差不多是平常三頓的份量，不是不想吃，是一夜沒睡太累了，而且有點頭暈，渾身沒勁，雙腿發軟，光想喝水。

才休息了五天，我抵不住同犯們不知是羨慕還是嫉妒的眼光，同組長說，我要求跟大隊出工去。而那個輸了一百的，幾天來一直躺著，除了吃飯沒出來過。

過了差不多半個月，隊長把我叫到辦工室對我說：

「九十六塊錢已經劃入你的零花錢裡去了，雞蛋到處都買不到，在幹部伙房給你找來二兩紅糖，就不算錢了，將來找到了再給你買。」不過再也沒有下文。這二兩紅糖我倒進了小組早上的稀飯裡了。

在往後幾年間，我總共輸過五六次（實際次數忘了）。除了頭一次，還有兩次印象是比較深的。其中一次，記得是早上去的。到了工地本來就要開工，隊裡老吳氣沖沖地跑到工地報告隊長說要帶我回去。

我跟老吳剛回到大隊門口，一部軍用吉普車已經停在圍牆外頭等著。管教員也在車上，他說已經報告過班長，叫我直接上車就走。吉普車一直把我送到場部旁的犯人醫務室。管教員把我帶進去，交帶護理犯幫我輸血，趕快送過去幹部院子。說罷就出去了。

這次我連鹽水都沒喝，只喝了幾口熱開水。喝罷了，輸血就開始了，不過只抽了一百CC。據說是管教員的娃要的。事後既沒有雞蛋，也沒有紅糖，只有三天休息和飽飯。

大半個月過去了，連那三十二塊的賣血錢也沒有劃進來。因爲每月的三號左右，隊上的統計員就會讓犯人簽收每個月發的兩塊錢零花錢，同時核對一下自己的賬戶。我看我賬上除了這個月的兩塊錢之外，不見有三十二塊錢的進賬，便告訴統計員賬目不對，統計員把事情報告了隊長。

結果，事情來了，在晚點會上，管教員講完了隊上問題之後，便含沙射影地說：

「知道嗎？你們是專政對象，只許你們規規矩矩，不許你們亂說亂動。你們當中竟然有人到處散播對人民政府幹部的不滿，這是反動派向共產黨反撲進攻的行爲。你們各小組回去找找有沒有這種人。」

口氣很嚴厲，開始誰都摸不著頭腦，他指的是誰，是什麼事。回到組裡，組長也只好輕輕地說了句：

「誰有這些事的自己向政府交代去。」

不料到了第二天早上開工，帶隊的還是管教員。到了工地報過數，管教員講罷了工作安排之後。話題一轉說：

「你們當中有人向隊長報告說，我這個當管教員的欠了他的錢，是指輸血的錢吧。是誰告訴你是三十二塊的，是二十四。」

「反動透頂。我們幹部是有溝通的，不是你說了算。你以爲管教員欠了你，你就可以不改造了，沒門。下個月就給你，給了你你還是個勞改犯……。開工。」

這一整天，我過得提心吊膽，幸虧晚上組裏沒人再提起這件事。第二天管教員沒來。再往後，再也沒有看見過這位姓劉的管教員了，我算是避過了一劫。老天爺保祐，他是被調走了。

有一年冬天，新來了一位幹部，四十來歲，瘦瘦的，有點書卷味，話很少。我們叫他陳隊長。他雖然只是個一般的帶隊幹部，但不知爲什麼其他幹部甚至指導員對他都很尊重。看得出，這人來頭不小，可能是犯了錯誤下放來的。他從不在犯人面前訓話，也從不找犯人談話。他每次帶隊出工，都坐在警戒線附近同班長聊天，從不打理犯人幹活，特別是中午給犯人休息的時間特別長，下午收工又收得早。他深受犯人歡迎，起碼在他帶隊的日子沒感到有太多壓力。

這一次是指導員進來指定要我到場部輸血的。

輸了三百CC血之後，我正伏在檯子上休息等天亮。迷糊間，是誰走進來拍了我一下，細聲問：

「你是鍾耀南？」我抬起頭見是隊長，正要站起身來，他又拍我一下讓我坐下。

「謝你幫忙。」這句話教我幾乎呆住了。接著，他又說：

「我愛人難產要動手術，現在好了，母子平安，謝謝。」

太不可思議了，勞改以來，我從沒聽見過幹部講這句話，連這種口氣都沒有；就連犯人間也從不講「謝謝」這個詞。他這是對犯人說的話嗎？他的階級立場到那裡去了？

他話一落音，我條件反射地想再站起來：

「報告隊長……。」其實我也不知道我想說什麼。

陳隊長擺擺手示意我坐下，他以爲知道我想說什麼，他說：

「現在紅糖雞蛋都很難買得到。過幾天，等我愛人領到配給就給你拿過去，補補身子，嗯。」

這個「嗯」字聽起來份外親切。我趕緊接著說：

「不要不要。能吃飽飯就行。」

他笑笑不說什麼，拍拍我肩膊，轉身走了。

這時我才醒起，原來我是一直坐著同站著的隊長講話的。這是從來沒有過，今後再也不會有的事。從此，我領悟到一個真理，被叫作「反革命」的人血管裡淌的血，同自稱為「革命者」的血是可以互通的，甚至是一樣的，都有人性。是什麼東西把人性扭曲了？

也許，「百步之內豈無芳草，十室之邑必有忠信」吧。人世間還是有希望的。

饑餓是世上最佳的調味品

四月份，天氣回暖，地裡澆過水，野草冒得特別快。

這是一年中勞動任務最輕鬆的階段。大隊到了工地不過是幹些修修毛渠，打打土「卡拉」之類的零碎活，「有任務而無指標，輕輕鬆鬆又一天。」

不知道是不是瘻麥子快吃完了，每天都有一頓玉米窩頭。這東西其實只能算是雜糧，又乾又難啃，拉的還多，加上中午晚上都有一大碗醃菜，那怕腸子裡面長滿肥膏，也早被它刷個乾淨，不論那一頓，吃過就像還沒吃一樣。犯人心裡叫苦連天。

不知道是隊長的默許，還是組長們自作主張，每天早上一到工地，每個組總有兩個人提著大麻袋走到前面挖野菜去。

夏天的田管，主要是在麥隴行間除野草，現在的野草倒成了上帝的恩典，是犯人填肚皮的寶貝。

這裡的野菜最多又最主要的有兩種，一種叫「苦苦菜」，即是大家都熟識的蒲公英；另外一種叫「灰條」，在香港我沒見過，實際上它像是野莧菜，葉子比莧菜小，但同莧萊的味道差不多。苦苦菜煮熟擠乾了水還留下點苦味，而灰條就沒有。不過一桶熟的苦苦菜擠乾了水之後，還有小半桶，而灰條就只剩五分之一了。苦苦菜吃一桶我就夠了，而灰條吃一桶還差一點。我這裡所講的桶不是南方菜地澆水用的大木桶，是指北方裝十五公斤清水的標準鐵皮桶。

被小組派出去挖野菜的同犯，事先都準備好了除草用的小鏟子。他們在前頭挖，我們在後面邊幹活邊撿。帶隊幹部好像什麼都沒看見。只要你別走出警戒線，隨便你幹什麼，班長都不管。別看挖野菜是清閒活，蹲下來邊挖邊往前挪也是挺累的，而且背負了全組的託付，壓力也大，所以經常要換人，一天下來挖到幾麻袋算是一般的成績，運氣好的話，還可以找到一些俗稱「西北人參」的蕨麻根，它像一顆花生米大，甜甜的，無論誰挖到都會隨即放嘴裡，不會歸公的。如果大隊一直推前到大幹渠的話，說不定還可以找到幾棵野生大黃，它的根是中藥材，葉子可是犯人的口福，葉子又厚又大，滑黏黏的非常好吃，還頂撐肚子，挖野菜也要講運氣。

晚上學習期間，總會有人爭取先發言，忽忽講完了便去洗菜燒水。一到下學習，便各自拿出自己的盆、桶，裝滿野菜就燒，等水燒開菜又熟時，攤開腰布，把熟菜包起來擰乾水之後，便可以大口大口地往嘴裡塞。油是沒有的，鹽是不需要的，但都吃得津津有味，所以說，「饑餓是世上最佳的調味品」。

第十三章 死刑進行曲

我的第四次死刑是因「林彪事件」而起的。

要講「林彪事件」，最好先講講當時的時代背景。

一九六六年，林彪想藉毛澤東的權勢來鞏固自己在中央軍委的地位。林彪首先掌控了《解放軍報》，又下令編製了一本叫《毛主席語錄》的小冊子，還創造性地把毛澤東奉爲「偉大的導師、偉大的領袖、偉大的舵手」。號召全黨全軍全國人民都要「讀毛主席的書，聽毛主席的話，做毛主席的好學生，當毛主席的好戰士」。

《毛主席語錄》這本小冊子，在造神的年代裡，很快就風行全軍全國。成爲任何人都必須隨身攜帶的必須品。當是時，文革初起，毛澤東手舉這本小紅書在天安門城樓上八次接見紅衛兵，林彪都以親密戰友的身份，站在毛澤東身旁。林彪把造神運動推向極致。毛澤東也欽點林彪爲共產黨和中央軍委的副主席，甚至不惜修改憲法，在憲法中訂明林彪爲其接班人。林彪的這本小紅書無可避免的也成爲勞改犯思想改造的經典，人手一本不在話下。每天三頓飯之前，要唸一段毛語錄才可以動筷。在工地，要唸過毛語錄才可以開工。學習前要唸，下學習也要唸。有時侯一唸便是一兩個小時。

誰唸錯一個字，可以說你是故意篡改「毛澤東思想」；把「紅寶書」弄髒弄壞了，便足以視作現行反革命罪行，上大會挨繩子是最起碼的了，禁閉加刑的也不少見。報紙上經常宣傳有人拚死保護「紅寶書」的壯烈事蹟，甚至有人把毛澤東像章血淋淋地別在胸肌上，以示同毛澤東血肉相連。

我「禁錮」了毛主席

社會上的瘋狂，弄得勞改犯人人自危。有的人怕丟失了，就把「紅寶書」放枕頭底下。萬一真的弄不見了，那你準備「受教育」吧，甚至以死謝罪也不是不可能的，就看你是不是栽在風頭上，已經不需要其他什麼理由了。

有些人家裡寄來一大堆《毛澤東選集》、《反杜林論》、《共產主義原理》、《共產黨宣言》、《聯共（布）黨史》這些馬列毛經典。家裡意思是想表明自己的政治立場，和幫助犯人思想改造。殊不知犯人捧著這些沉甸甸的大部頭，看又看不懂，擺也不知擺那裡，既怕弄髒了又怕弄丟了。這種誠惶誠恐的心情簡直叫人神經衰弱。

我就收到過三本塑膠皮的《毛主席語錄》，為保不失，我一本留作日常恭讀，其餘兩本就縫在每年四季都不離身的棉衣夾縫裡。以為有了我就有棉衣，有了棉衣就有它，它安全了我就太平。結果，我被批鬥完了之後，還寫了三次總共用了半瓶墨水二十頁紙的檢查才算是：「暫時掛起，以觀後效。」

我的罪名多得數不清，只記得其中一條是我「『禁錮』了毛主席」。其他罪名都是由這一條派生出來的。

中央出了事

一九七一年九月十三日，林彪駕機「出逃」，這是共產黨的說法，共產黨說他是在外蒙的溫都爾罕墜機身亡的。這件事震驚了全世界，堪比在中南海引爆了一枚原子彈。因爲林彪不但是毛澤東最親密的戰友和造神者，也是在黨綱憲法中指定的毛澤東接班人，所有對毛主席的「三忠於、四無限」、「心中的紅太陽」、「毛主席的話一句頂一萬句」、「大海航行靠舵手」這些口號全是出之於林彪之手。人們每次喊「毛主席萬歲」就要接著喊「林副主席永遠健康」，他怎麼可能是謀害毛澤東的策劃者和武裝起義的組織者呢？這原因不但全世界都感到迷惑，就連中南海內部也一時難以解釋。全世界可能只有毛澤東他自己知道真相。有人說正是「林彪事件」使得毛澤東活不到萬歲而提早陳屍「紀念堂」。

在這困境中，中共中央唯有對國外保持緘默，同時極力向全國軍民捂住這個消息，要等編撰好一個故事，由小而大地向林彪潑夠了髒水，直到認爲能自圓其說之後，再經過嚴密部署，才開始小心地由上而下地逐層傳達這可怕消息，等到讓一般平民百姓都知道，已經是三個月之後的事了。至於要讓勞改犯知道毛主席的接班人要謀害毛主席，那就等於要幹部自打嘴巴，那就更非要謹而慎之精心計算不可了。

這天合該有事。中隊收工回來，在圍墻外報過數又報告過班長之後，百多人如常列隊進入大門。當繞過大門外的照壁時，我無意中發現，原來在照壁上毛澤東和林彪在一起的大幅畫像給刷掉了，又匆匆寫上去一條毛主席語錄：「無產階級文化大革命就是好。」

雖然同樣是對神的膜拜，不過「紅太陽」的金身造像當然要比一條簡單的語錄層次要高得多。

照常理，隨便刷掉紅太陽的畫像已經很不尋常，語錄寫得不夠講究也很不該，這事引起了我的注意。再走過收發室，從窗口往裡看，原來牆上分別掛有毛澤東和林彪兩幅畫像的，現在林彪畫像沒有了，孤獨的剩下毛澤東自己，我馬上給自己心裡打了個大問號：「這是為了什麼？」

洗臉的時候，我邊洗邊琢磨，一下子給我悟出點道理來，不知怎的，在喉嚨裡冒出了一句：「中央出事了」。說罷了才猛醒過來，還以為只有自己聽見，看看旁邊正在抹澡的一個老犯人，不知他聽到沒有，但願他沒聽見，最好是聽錯了。

萬萬沒想到，這短短五個字的一句話，居然很快就原原本本地擺在指導員的桌面上。晚上，學習在進行，我心不在焉地在吞雲吐霧，幹部辦公室的老吳進來，用手指了指我，說：「指導員叫你去。」災難終於臨頭了，心臟忐忑地跳，剛一踏進幹部辦公室，坐在桌子前的指導員就喊：

「扣起來。」兩個早已站在門旁的犯人，一人捉住我雙手，另一人熟練地往我兩邊手腕套上土銬，插上鐵條掛上鎖。指導員啥也沒說，一聲不響走出了辦公室，給我上銬的把我半推著跟著走。

直走到大門口，指導員同上面的哨兵打過招呼，小偏門打開，四個人出去了。一直往幹部院子那邊走，走到原來是防空洞，現在是菜窖的旁邊，指導員打開平放在洞口的木板，叫我順著下井的梯子走下去。黑麻麻的沒有一點光線，我雙手又被緊扣，幾次幾乎抓不穩掉了下去。我都還沒到井底，上面的門板已經「碰」的蓋上，上了鎖。

就這樣我被關在這三米來深，直徑大約只有四英尺多，圓圓的豎井底下，井底一邊有一扇木門，也是鎖上的，門後面有個洞。這是六十年代初，中蘇交惡時期挖的地道防空洞，準備同蘇修這個現代沙皇大幹一場。這個洞就是這樣挖出來的。後來仗沒打起來，防空洞就曾經是安置痲瘋病人的地方，當時，能治痲瘋病的藥還沒有，又怕他會把病傳染開去，就把痲瘋病人放進這裡，每天往裏面扔下兩個窩頭，就讓他自生自滅。病人死光了之後，又用來關過逃跑犯。現在是用來作菜窖用。

十月天的晚上，本來應該只有幾度，但這裡反而很暖和，我試躺下來，但不夠長，只好靠牆坐著，思量著到底發生什麼事了，難道懷疑我有逃跑企圖，還是看得出我有痲瘋病。幾番思量之後，才想起來，多半是我那半句話惹的禍。

都是小聰明惹的禍

早上，不知幾點，上面的木蓋打開，光線射進來。我抬頭仰望，是指導員招手叫我上去，兩個大個子犯人把我帶到幹部院子的收發室。

一個沒見過的年青幹部坐在桌子前面低頭看檔案，他旁邊還有一個人，我好像見過，他該是大隊的幹部吧。裡面再沒有第三張椅子，指導員只好站在門旁。他叫我蹲下，連大隊都來人了，我開始意識到問題不小。

那個大幹部模樣的先開口：

「鍾耀南」，頓了一頓，再說：

「昨晚收工你在犯人裡面散佈些什麼謠言？」幹部問話少有這麼直接的，我已經可以肯定是照壁的事了。

我坦白地說：「我講過中央可能出了事了。」大幹部似乎因爲我的「認罪」而鬆了口氣，和指導員交換一下眼色，態度放軟了一點。

這時候，坐在桌子前的年青幹部才開口：

「你說說清楚，是怎麼回事，和爲什麼這麼說。」

事到如今，我只好說：「我是瞎說的，沒什麼目的。」

大幹部瞪眼了：「瞎說？什麼瞎說？你好好交代，你聽到過什麼，誰給你告訴的，中央出了事？什麼中央出了事？」

我說：「是我反動思想作祟。」按照以往，這樣回答問題，多半會過關，但這次不行。

「胡說八道？你這是惡毒攻擊黨中央……。」大幹部咆哮了：

「再不講清楚是誰告訴你的，我可以告訴你，有你好受的，關你一輩子，你就別想再出來了。」

原來，他要的是這句話的來源。既然這樣，我只好再顯示我的小聰明了。

我把收發室牆上林彪的畫像不見了，照壁上的毛主席畫像也換成了語錄；才想到這一定是得到上頭指示才有這樣的改變，所以我猜這是同林彪有關。

「我講中央出了事都是毫無根據的瞎猜罷了，沒有其他意思。實際上我的確沒想到林彪會出了什麼事。」

桌子前的年輕幹部很注意地聽，還不停低頭寫。他沒插話，對我的交代似乎有點半信半疑。他現在最想知道的，是不是有幹部向職工透露了林彪事件的消息，而職工又把這個消息告訴了給犯人。如果真有這樣的事，那麼這是幹部隊伍裡頭有問題，就必須要追查下去了。

所以接下來便追問我最近有沒有出過零工，有沒有接觸過外面的職工，甚至有沒有幹部找過我單獨談過話。還有就是我那句話有沒有再向什麼人講過，問來問去他就是不相信是我的觀察力。

翻來覆去經過兩個多小時的審訊，我說不出林彪出了什麼事，審我的人也沒有指出我交代的算是真話還是假話。終於算是告一段落。我也以為就沒事了。

根據中共歷次黨內兩條路線鬥爭的歷史，劉少奇、鄧小平都可以由國家主席、黨總書記突然變成反黨集團的內奸、工賊、特務、走資派。那麼，林彪這個毛澤東的親密戰友如果突然變成反毛澤東的什麼派也完全不足為奇，只不過在事情還沒有完全公開之前，這些話那怕是上了斷頭台都不能說，除非是共產黨他們自己說。

沒問出什麼，也可以說是問出了點什麼，他走了。指導員叫人把我帶回菜窖去。中午，幹部帶伙房送饃來，一直都監視住，就怕我對伙房犯人胡說些什麼。

第二天同樣時間，指導員又把我帶到昨天的地方去。他說：

「昨天教導員問你的問題想清楚沒有，今天你就寫下來作個交代。還有，他沒問到的，你想到什麼就寫什麼，你的問題很嚴重，要爭取寬大處理。」

他把我手銬解開。幾張白紙，一枝鋼筆就擺在桌面上。

指導員出去了，鎖上了門，走了。看情況，他們相信我昨天的交代算是合情合理的，所以今天就不再追下去了。不過，這麼快就叫我寫交代材料，就等於接受了我的供述，這麼輕易就解決問題，這似乎又不合乎共產黨慣常的做法。不過不管怎樣，能早點解決問題也好。於是，我就乖乖地坐下來開始我的「坦白交代」了。就著「中央出事了」這五個連小學二年級學生都會寫的字，我寫出了比《人民日報》社論還要長的文章，寫完了事實經過，我還從我的靈魂深處挖出我的犯罪思想根源，追溯到我祖宗三十六代鍾馗的階級根源，再把自己的反動本質批深批透。直到給我的五張十六開紙全都寫滿為止。

下午，指導員進來。我寫好的材料他連看都沒看，就叫我在每頁紙上都打上手印，有加減改錯的地方都要打。我勞改以來，檢查材料寫過無數，從來不像這次要打指模那麼認真，只有在看守所，寫給預審員的材料才有這樣做過。我有種不祥的預感。

指導員收好了材料紙，叫兩個犯人給我戴回那副土銬，再押我回去菜窖。我不在的時候，不知誰已經把一個破洗臉盆放在井底下了，這是給我方便用的，旁邊還有個小小的玉米窩頭，但水沒有。

我同送我來的犯人說：

「要點水行嗎？」他說：

「不同你說話，這是指導員交代的。」不過到了傍晚伙房送飯來，還真帶來了一缸子開水。

三位一體的「公、檢、法」

過了很多天，其實不過是三四十天罷了，試想想孤零零一個人蹲在一個汽油桶般的洞洞裡，沒有日期概念，沒有黑夜白天，三四十天同三四天或者三四個月都沒有什麼分別。反正送飯來的是白天，隱約聽到部隊的小號聲便是黑夜。人很快就會崩潰掉。

這種不見天日的日子終告結束了。接近中午，頭頂上的蓋子揭開，我抬頭往上望，眼睛幾乎睜不開，但聽得出是指導員的聲音：「上來。」

我艱難地沿著梯子爬了上去，蹲得久了雙腿發軟，站都站不住，又是兩個犯人把我挾住才沒倒下來。

第三次走進幹部院子的收發室。收發室本來不大，現在擠滿了人，除了我們隊的指導員，中隊長之外，還有上次見過的那個大幹部。他們都在前面靠牆一張長板凳上坐著。一個不到三十歲的年輕人坐在桌子前面，這個人頭戴一頂蛻了色的解放帽，穿件舊軍衣，舊軍衣的兩個大口袋表明他曾經是軍官的身份。在這裡，除了我是當然主角之外，他分明也是個主角。他一直是坐著，而我一進去便要蹲下。

穿舊軍衣的人從容地從外衣口袋裡拿出一塊紅布條，坐在他身後的一位幹部連忙站起來，幫他把紅布條繞到上臂並且扣好。這我才看清楚布條上三個黃色大字「公、檢、法」。看明白了，這是他的身份，他的地位，也是他的職務。

這我不陌生，我在《青海日報》上看到過：自從革命造反派打倒了公安機關、檢察機關和法院的資產階級當權派之後，便立即撕毀了由「反動學術權威」製訂下來的規章制度，打破了以往束縛革命人民手腳的條條框框。毛主席說了，這叫「造反有理」，革命造反派隨即成立了各級的公、檢、法革命委員會，以毛澤東思想爲指導，「快、準、狠」地打擊一切階級敵人。在邊遠地區，由於地廣人稀，交通不便，爲了能及時地鎮壓一切「牛、鬼、蛇、神」的反革命活動，還創立了「公檢法走出辦公室，到群眾中去辦案」的「新生事物」。

我即時就意識到，今天，這位「三位一體」的年輕幹部，就是既代表公安機關查辦我的罪行，又代表檢察機關對我提出公訴，同時還代表法院對我進行宣判的造反派。不過，此時低著頭的我，絲毫沒有半點恐懼或不安，反而希望無論什麼結果，那怕是加刑或者殺頭都無所謂，只要早日離開那個汽油桶就好。不知誰喊了聲：

「被告人—鍾耀南—站起來」，「站起來」三個字的聲調特別高，很有威勢。我站起來了。

本來一直坐著的「公檢法」也站起來以示嚴肅認真，他雙手捧起張紙，宣讀：

「最高指示：敵人不投降就叫他滅亡。毛主席教導我們說：要打倒一切牛鬼蛇神，鞏固無產階級專政。被告人鍾、耀、南……勞改期間，一貫不認罪服法，消極怠工，屢犯監規，不思悔改，更嚴重的是經常在犯人中散播謠言，惡毒攻擊我黨中央和人民政府……。」

這些耳熟能詳的控罪彷彿在宣讀我的「自我檢查」。這些帽子式的所謂「罪狀」，完全可以套在任何一個犯人頭上。公檢法又繼續：

「……，以上罪行，被告供認不諱。」

他在唸「起訴書」嗎？什麼「供認不諱」？他指的是我被關進菜窖第二天的問話和書面檢查？勞改犯那一天不作自我檢查，那個月不寫思想檢查。這就成了「起訴書」的罪証？

他唸的這份所謂「起訴書」，還有後來的「死刑判決書」始終都沒有交到過我手上。就第四次判了我死刑了。

也許「公檢法」他還要忙著要去「革」其他什麼人的「命」，他收拾收拾桌面上的東西，便匆匆走了。整個起訴過程不到三十分鐘，我又被押回洞洞裡去等待命運安排了。

我完全清楚，我又被起訴了。同上幾次死刑不同，特別是第一次在廣東判了我死刑叫我上訴我也懶得理他，當時我是抱著雖不能慷慨赴死，也要從容就義的心情；但今天不同了，我不想死，這不是因爲我怕死，只因爲我不甘心現在就死。我熬了十幾年，吃盡了多少苦頭，支撐到今天眼看共產黨天怨人怒，氣數已盡；毛澤東眾叛親離，四面楚歌。我真希望那一天能親眼看到共產黨的下場，想看看毛澤東的死狀是五馬分屍還是碎屍萬段。

今天，還不錯，我終於看到了毛澤東「死無葬身之地」，還要帶罪陳屍在玻璃箱裏遭世人唾罵；暴君尚且如此，暴政的日子還會長嗎？

殺人有理

又過了兩三天了。這天早上聽不到犯人出工前大聲報告班長的聲音。從板縫漏進來的光線看應該有十點多了。突然上面的蓋子打開，一聲「上來」，我又一次艱難地順著垂直的梯子往上爬上去。

上面不認識的犯人來了三四個，還有一個幹部，還沒等我爬到洞口就有人揪住我胳膊把我扯了上去。我已經開始聽到老遠傳來的一陣接一陣的口號聲。我被簇擁著往大圍墻的方向走去，越是走近大門，聽到的口號聲就越響亮。

一部大卡車從大路那邊駛過來，車上有幹部，有兵，還有一個被反扣著雙手的犯人。我同他是前後腳進大門的。

大院子裏坐滿了從來沒有那麼多的犯人，連通道都坐滿了，可能其他大隊的人都來了，犯人面向大圍牆，都沒帶板凳草墪子，表情緊張地在地面坐下。大圍墻的墻根下併排坐了十幾個幹部，他們前面擺著一張桌子。

「打倒反改造分子XXX！」

「打倒頑固分子XXX！」

「打倒……！」

「改惡從善、前途光明！」

「抗拒改造、死路一條！」

「無產階級文化大革命萬歲！」

「毛主席萬歲！」

「毛主席萬萬歲！」

口號聲震天價響。我們倆在口號聲中被推到一大片犯人和桌子中間面向犯人跪了下來，我旁邊早已經跪著一個比我們先到的。

口號聲更響了，還有人把拳頭舉得高過他的光頭，盡量想讓幹部看到他的改造立場有多堅定。

有人走上前來把我們三人的手銬解開，可以看得見我旁邊兩個的手腕都皮開肉綻，是手銬磨的，只有我好一點，也許是因爲我上銬的時間不算太長，又沒有上過大會。

手上的銬是解開了，馬上又被架著胳膊站立起來，雙手被向後拗，整個人被繩子綑了個結實。挨繩子的可怕之處在於把繩子繞過肩膊將你雙手從後往上扯。教你痛入心脾。突然，我膝後彎被拱了一下，我又再跪了下來。就著每個口號聲都會被人扠著後脖子，在「低頭」聲中往下壓，這樣每往下壓一次，背後的繩子就扯得更緊，雙手和肩頭就更痛。

不屈服的犯人挨繩子是常有的事。共產黨常說他不打人不罵人，不過就經常用這根繩子去「教育群眾」，綑得你死去活來比動手打人更能折磨人。

我已經不是第一次挨繩子了，自從上次在集訓隊挨過一次之後，我就學會了一定要將胳膊放鬆，被往上揪時反而不太痛。而且知道一定不會綑我超過半天，否則胳膊廢了，反而是人民政府的損失，除非是準備殺頭不留人。

不過，這次我想錯了。

照常規，如果這是批鬥大會的話，喊過口號之後，便是由預先安排好的犯人逐一出來唸批判稿，而且邊唸邊按按反改造份子的頭，以加重語氣。不過這次沒有。

只見大隊長站起身把手一揚，口號聲嘎然而止。大隊長走到前面宣佈：

「大會開始了，今天，是對三名，犯罪份子，的，反革命罪進行，的，宣判的大會。首先，請，教導員，講話，各組「值星員」，做好紀錄，回去討論。」

他不說「組長」而說「值星員」，我的觀察力又來了，他等如是說今後犯人中所有的大小組長都不叫「組長」了，全部改叫「值星員」。這也是形勢需要。因爲自從社會上的革命造反派砸爛了各級行政機關之後，所有帶「長」字的幹部都被奪了權，下了馬。全都要接受批鬥和下放。各級行政機關一律改組爲「革命委員會」，領導人稱「主任」，意思是要廢除所有的規章制度和長官意志，一切事都由造反派根據「革命需要」而行事。犯人「組長」改稱「值星員」，意味著再沒有原來「長」字的權威性，所有犯人的大小事情都要聽幹部的。下面敏感的犯人一聽到這宣佈，都紛紛交頭接耳。大隊長火了：

「幹什麼了你們，這是宣、宣判大會。」全部又靜了下來了。

教導員（註：教導員、大隊長都是營級幹部）站起來了，他今天穿的是當時的流行服裝——一套舊軍服。他走到前面來，由於農場沒有電，就沒有擴音設備。他只好提高嗓門像指揮員在陣前喊話一樣。照例先講文化大革命形勢是如何的好，在毛澤東思想指引下，工農業生產如何的一浪高過一浪，人民生活如何提高這些恐怕連他自己都不相信的話，等到他嗓子都快啞了，才講到：

「形勢大好，而且越來越好，你們應該乘大好形勢的東風，加快改造自己。但是，你們面前這三個犯罪份子，錯估了形勢，堅持反動立場，繼續進行破壞活動……。」

接著是逐一宣佈罪狀，好証明共產黨「殺人有理。」。

原來，我左邊一個的罪名是「組織逃跑」。教導員沒有宣佈他更多的罪狀，不過，帶「組織」二字的一條就夠了。

要知道，共產黨從來不怕你一個人反對他。這不過是「敵對我」的問題，可以「各個擊破」或者統戰收買。但如果你是有「組織」的，那怕只是兩個人的組織，都會被視爲「敵敵對我」，如果日後讓你發展壯大起來，就不好對付了。所以非把你扼殺於萌芽不可。

這位被指「組織逃跑」的，其實他只不過是在閒談中曾對人談及過他的逃跑思想而已。「對人談及過」就被認定爲一種組織性的行爲。他就被視爲逃跑集團的組織者和策劃者了。

共產黨對犯人如此，對今天國內的維權人士也莫非如此，每當他們在網上談到維權的事，便馬上被定性爲一種「組織活動」。你要組織一股力量來對付我，我不抓你我還能叫共產黨嗎？所以一貫以來，大陸境內一切民間組織都遭無情封殺，除了共產黨自己的「工具」例外。

所以，當我一聽到這位老兄犯的是「組織」問題，我就知道他的下場一定不妙。

另外我右邊一個犯的是「傷害革命幹部」罪。他的主要案情是，正當幹部在工地「耐心教育」他的時候，他竟然沒有放下工具，也沒蹲下來，反而在幹部面前邊說話邊舞動手上的工具。這便足夠証明他有殺害幹部的企圖。再結合他平時一貫的不服管教，便十足是個「頭上長瘡，腳下流膿——從頭壞到腳」的頑劣份子。

最後輪到我了：

「反改造份子鍾耀南……。」我以爲下面一定是「造謠煽動」、「惡毒攻擊」之類的大帽子了。卻原來不是，連在收發室裡對我宣讀的起訴書內容都沒有。

我的罪狀居然是：「破壞生產」、「談吃談喝」、「宣揚資產階級生活方式」、「詠唱腐朽的外國歌曲」、「偷吃偷喝，破壞糧食政策……」等等的監規問題。監規問題一般都罪不致死，又何必要我挨繩子。

不過再聽下去才知道我犯的也是「死罪一條」：

「罪犯鍾耀南，在工地裡埋藏糧食，企圖組織逃跑……」，又是「組織」，這回死定了。教導員話音一落，雷暴般的口號聲又重新響起，直到教導員揚手為止。

教導員只宣讀罪狀，沒有宣佈判決。口號聲過後，曾經在幹部院收發室兼任過「公、檢」兩重身份的年青人，現在輪到他以「法」的角色出場了，他穿的是比教導員更舊的軍服，而且還帶補丁，表示他更加革命。

他站起來走到桌子前面站好。為了表示莊重，以慢動作從口袋裡掏出三張摺起來的紙放在桌面上，然後拿起一張邊打開邊抬起頭用嚴厲的目光掃過全場，再用高昂但很慢的上海口音讀出他親手寫下的「作品」：

「我，我代表青海省海西、蒙族、藏族、哈薩克族自治州公檢法，革命委員會，現－在－宣－判。」

「宣判」兩字更拉高八度。非常震撼，全場死寂，下面所有犯人都像一個個坐著的兵馬塚一樣，紋風不動。

「現行反革命份子、XXX……。」

唸到這裡，立刻有犯人走上前來把跪在地下的「XXX」的頭使勁往下按，大喊：

「低頭。」

下面的犯人也千人一嘴地喊：「低頭！」

「判處反革命罪犯，XXX。死刑，立即執行。」

我聽不見他有唸「依法」兩字，不知道是不是連「法」都不需要「依」，還是無「法」可「依」。

又還是毛澤東所說的：「革命便是禿子打傘，無法無天的行為。」

「公、檢、法」唸過判決書日期之後，把判決書放下桌面，隨即拿起一支老早就準備好的毛筆，沾沾紅墨水，在判決書上打了個大紅鈎，像紅色的 NIKE 的 LOGO「✓」一樣。在「公檢法」打勾的同時，已經有幾名嫉惡如仇的犯人出來把ＸＸＸ架出大門外，他們這次出大圍牆連報告班長的手續都得到豁免。

眼看他們走了，「公、檢、法」再拿起第二張，唸：

「反革命份子ＸＸＸ」，這次他唸得比較流俐了。

「改造以來，一貫不認罪服法，抗拒改造……。」頓一頓看清楚之後繼續唸：

「為了鞏固無產階級專政……對這種現行反革命行為，必須嚴厲打擊。現在，我代表……」

「判處現行反革命份子ＸＸＸ死刑，立即執行。」也是沒有「依法」。

在口號聲中「公檢法」又熟練地在判決書上打了個大紅勾。與此同時，反革命份子ＸＸＸ又被架了出去。

第四次死刑

最後輪到我了，他還沒開始唸，我的頭已經被按到貼著胸口了。

「反改造份子鍾耀南……」我馬上聽出來了，先前兩個是「現行反革命份子」，而我不過是「反改造份子」，這是大有講究的，反改造是指監規的問題，犯了監規可以教育；而反革命是對付共產黨的，是你死我活的問題，何況還是「現行」的「反革命」。

「自投入改造以來，屢犯監規，嚴重破壞我黨的糧食政策。」頓一頓，他又唸：「罪犯鍾耀南在獄中造謠破壞，惡毒攻擊我以毛主席爲首的黨中央，破壞批林批孔運動……。」「現在，我代表……宣佈：判決罪犯鍾耀南……死刑。」

我斜眼偷看，見到他沒有伸手去拿毛筆，只是把判決書放下。

我想我剛才有沒有聽漏了，既沒有「立即執行」，也沒有打勾勾，這是什麼意思，這我就不懂了。早前，他們關我是因爲我造謠說過：「中央出了事」，如今卻提也不提，是我不幸而言中呢？還是因爲我交代得好，既往不咎呢？我還來不及去想它，就已經被押走了。

兒童及心臟病者不宜

正當我暗自慶幸自己大步跨過鬼門關的瞬間，已經被推上了一輛無蓬的軍車，兩名解放軍坐在後頭擋板旁。挾我出來的犯人完成任務後便回去繼續「靠攏政府」去了。

車外幾個幹部在那邊說著什麼。軍車開動了。我們三個被綑得像粽子般的死囚坐在車板上，軍車每一次晃動，每拐一個彎，三個死囚都成了滾地葫蘆。四個腰間別著手槍的年輕人坐在後面一輛吉普車。

三個死囚都沒說話，只是偶而彼此點頭苦笑。

車子駛過了莊稼地，直向荒野駛去，後面留下一陣塵土。再過去便是無邊無際的礫石灘了。幾撮枯黃的芨芨草給荒野增添了一點煞氣；駱駝草長得矮，松針似的葉子動也不動。好的地都給共產黨圈走開墾耕地了，這是留給牧民放牧的地方。電台天天反覆播唱：〈毛主席光輝照草原〉，〈翻身不忘共產黨〉。

一大一小兩部軍車終於停在一個小土崗旁，兩個解放軍先下了車，坐吉普車的幾個年青人走過來把我們三個死囚拖了下去，直拽到土崗旁才吆喝一聲：

「跪下。」

三個死囚順從命運安排，面向土崗跪下，有人拿出黑布條，逐一給我們矇上眼睛，好一會再沒動靜。然後有一個人走到我後面，伸手把我矇眼的黑布條扯走。我回過頭看，是個小夥子，他最多不到二十歲，配著紅袖章，說不定是個造反派的小頭目，他手上拿著支擀麵杖般的小棍子。不遠處有幾座稍稍隆起來的小土堆，周圍散落幾塊發黑的磚頭。我想，這是刑場嗎？為什麼不見有端著步槍準備行刑的劊子手呢？

正納悶間，後面傳來手槍上膛的「卡嚓」聲在死寂的荒野上格外顯得清脆，一個手握手槍的年青人慢慢走近，直走到我最左邊一個死囚背後距離不到一米處站住，提起手槍瞄也不瞄就朝他的後腦殼「嘣」的一槍，動作熟練而自然。綑紮得像粽子似的死囚應聲向前撲倒，血從前額噴到土崗坡。

我趕緊閉上眼睛別過頭去，心想，三人我在中間，下一個該我了。

我突然想起，今天判了我死刑，可我連判決書都沒有，我是哪月哪日死的都不知道，我下去怎樣向閻王爺報到？

再響起手槍上膛的「卡嚓」聲，接著又是「嘣」的一響，我心頭一震，眼前一陣漆黑，不過我清醒知道自己仍是跪著。三秒，五秒，十幾秒過去，剛才兩聲槍響的回音都已經散去，仍然是一片死寂，我用力緊閉雙眼，牙關咬得緊緊的等待著第三次槍響。我心裏忽然閃出個古怪問題，等一下我是先聽到槍聲才失去知覺呢，還是死了都聽不到槍聲呢？如果是後者，我現在到底死了沒有？我嚐試咽咽口水，來驗証這條物理學問題。

還是沒有動靜，我稍爲張開眼睛一條縫左右看看我的同伴，看他們到底死了沒有。我想，殺一個人只開一槍，太省了吧，如果人還沒死掉怎麼辨？

又幾秒鐘過去，我大膽睜大雙眼試著回過頭看，剛才給我解開布條的那個小傢夥左手拿著一張帶紅勾的判決書，右手握著那支不到一尺長的小圓棍，施施然走到倒下的死人跟前，腳一伸，讓屍體臉朝上，棍子對準槍眼往裡捅，左右搖動一下再拔出來，我趕緊別過頭去，等我再望過來，只見小傢夥把帶紅白血漿的棍子一頭擺在他左手的判決書上，五個指頭一合攏，棍子左右一擰，然後把棍子抽了出來，轉過身把沾滿血漿的死刑判決書遞給他身邊的另一個年青人，又接過另一張帶紅勾的死刑判決書，走前幾步，在第二個死者身上再做一次剛才的動作。

完了，像貪玩的小孩一樣，把小棍子高高舉起，助跑兩步，使勁往遠處扔去。眼看他既不慌不忙又嫻熟的動作。我呆住了，這是個嘴上還沒長毛的年輕人嗎？

很早以前我就聽說過，共產黨在老解放區槍斃地主老財時，劊子手就是用這種手法，將死者的血，抹在死囚的公告上，然後張貼出去，其他原先不肯就範的守財奴就馬上乖乖的把金銀財富雙手奉獻給紅軍。如果以前聽來的都是真的話？那麼，今天他把血抹在判決書上，是爲了交差，還是用來存檔呢？也可能是怕一槍沒把人家打死，只消棍子一捅既解決問題，又省了子彈。

正想到這裡，背後突然被踹上一腳，我葫蘆似地滾到地下，我都還沒定過神來，背後一聲吆喝：

「起來，走。」

我左右滾了幾下才站得起來，剛走幾步。那邊已經有人提著一桶什麼的往倒下的兩個人身上潑。接著，一股濃煙裹著兩團紅裏帶黑的火焰直往上衝。

兩位再也不用挨餓寒，受批鬥，從此了無牽掛，輕裝上路了。

想著想著，我已經被推上了卡車。陣陣黑煙從後面撲過來，嗆得我咳了幾聲。車上兩個押我來的解放軍，用我聽不懂的方言談著笑著，像剛看完了一齣有趣電影似的。我腦海裡突然浮現出我們三人來這裡的途中，互望的眼神和微微的苦笑。我完全忘卻綑繩子的痛楚，整個腦袋麻木了。

我轉過頭看看尾隨的吉普車，除了開車的，其餘幾個人都靠著椅背仰頭大睡。他們殺過人、焚過屍，居然還能夠臉不紅心不跳，事後竟可以若無其事地睡得安穩。這些火紅年代的產物，幾十年後的今天，都該踏入中年了，他們當年的所作所爲，從來就沒有被追究過，甚至提也不曾被提起過。以他們從小就有的敢作敢爲的基因，説不定今天已經成爲維穩機器內心狠手辣的一員，或者是國企裡面不擇手段又腦滿腸肥的高層了。

此外，你還能想像得出他們今天是個怎樣的人呢？

但願，這樣的人，這樣的事，從來都不曾有過。

勞改隊裡面的一個「老和尚」

兩部車在大圍牆前面停了下來，他們同上面的哨兵打過招呼便把我推進了收發室。收發室的老頭不在，他們扔下我便把門扣上，人就走了。

院子裡很靜，他們全都出工去了。過了好大一會，門打開了，進來的是老吳，他把我從地下摻扶起來坐到板凳上，接著又扶著我一步一步從收發室回到中隊院子裡。幹部不在。

老吳讓我進去他的房間坐在他的炕上，他首先幫我解開繩子。繩子是沒有了，但我一點也不覺得，雙手仍然反背在後面。老吳說：

「你千萬別動，血脈不通，你一動，胳膊就廢了。」

其實，我兩條胳膊麻木得就像沒胳膊似的。想動也動不來。老吳先搖動我兩邊手腕；讓我蒼白的巴掌開始有一點血色，然後由下而上用力按摩我前臂，等前臂的血液恢復流通了，才很輕很慢的試著來回攀動我的手肘彎，光是這過程就起碼花了十多二十分鐘，我前臂才有了一點點又麻又痛的感覺，慢慢能垂直下來了，不過雙手仍然背在後面，直到這時老吳才動手將我背後交叉著的雙手逐一輕輕地小幅度搖動，這動作很慢，時間也很長。到最後，我告訴老吳我感到雙臂發熱了，他才慢慢的逐一把我雙手從背後擺到前面來。

接下來，老吳大幅度搖擺我垂下來的雙手，直到雙手可以有些少自主動作。老吳倒了一杯熱茶給我，又給了我個乾饃，說：「給。」茶喝過，饃吃完，老吳扶住我在院子裡繞了兩圈，才送我回到組裡，回頭又打來一盆熱水讓我洗洗，我倆自始至終沒交談半句，我也沒謝他，話都在大家心裡。

我感謝老吳，到現在還忘不了他瘦瘦又微躬的身子，老和尙似的面容常掛微笑。這個從二十幾歲就坐牢坐到現在的地主崽子，他全家早在東北剛解放時就被殺光了，只因爲當年他在逃共匪的路上，意外地救過一個解放軍的傷兵，「土改運動」時有人認得出是他，才把他的腦袋留了下來。他後來其實並沒有犯過什麼罪，只因爲他是地主的後代，又藏起過一本他爹留給他家族的族譜，便成爲「幻想變天、反攻倒算」的罪証。每次政治運動都把他揪出來鬥一鬥，要他交代罪行他又交代不出來，最後便以破壞土改運動的罪名把他關了進來。

這個老吳打從勞改以來從沒犯過丁點錯誤，也從沒向人家提過半點意見，不管組裡學習什麼，他總是閉目養神，一言不發。爲此，他也沒少挨批鬥，罪名是消極抗拒改造，包庇壞人壞事和不靠攏政府。不過，即便如此，不但犯人喜歡他，連每個幹部都信任他，最後還叫他在幹部辦公室負責生生爐子，泡泡茶，搞搞清潔，當當跑腿，傳達傳達幹部指示，把幹部看罷的報紙按指示在指定的文章打個圈圈，派到組裡去。

他經常把剩下的饃攏在窗臺，誰看見誰自己拿去。以前，所有犯人都叫他「老和尚」。但自從有了文化大革命，「和尚」這叫法被認定是封建迷信的東西，在「破四舊、立四新」運動中，為了運動的需要，還曾經拿他當作真和尚來批鬥過。從此我們便跟著幹部把他叫「老吳」了。

正是這樣一個老吳，連我為什麼判了死刑居然還能活著回來這麼不可思議的事，他都不問一問。他兩邊嘴角常掛著一點笑意，今天也不會因為我死去又活來而多笑一點，只是透過他為我所做的一切，看到他有一副菩薩心腸。共產黨始終沒把他改造過來，他有他一套做人的道理，是他給了我有生以來第一次的物理治療和心理治療。他仍然是我心中一個與世無爭的「老和尚」。

不能回去講的話

回到組裏，坐在炕上的我苦思苦想，這次說殺又不殺是因為什麼？是因為我犯的是監規所以罪不至死呢；還是因為我所「造」的不是「謠」。不能以「造謠」罪名來殺我腦袋，最後才刀下留人？

照我推算，大門口照壁的變化說明中央肯定出了大事，而且一定同林彪有關。不過還沒有在報紙上、電台廣播上向老百姓公開而已。因為共產黨的一貫做法總是先進行大規模「消毒」，然後告訴你「消」的是誰的「毒」。就這次林彪事件來說，在全面公開之前，早已在媒體上不點名地指出某某反黨份子如何如何的壞，發動全民共討之，全黨共誅之，等到老百姓對這個「陰謀家」、「野心家」、「反黨集團」經已「深惡痛絕」了。才知到原來是「他」時，不但不覺得意外，反而早已認定這是「無產階級司令部」的又一次偉大勝利。

至於我的問題，他們也知道我說的「中央出了事」是事實，問題是事件還沒有完全公開之前，必須追查我的消息來源，揪出洩密者。在這些重大問題上，甚至可以給我安個造謠和「惡毒攻擊」的罪名而判處「死刑，立即執行」。只是因爲正要宣佈我罪狀的同時，報紙和電台都已開始暗示林彪事件。只是正式文件還沒有傳達到勞改隊裏來。不過這都是早晚的事。何況現在正開展「批林批孔」運動，如果我的死刑判決是因爲我在林彪事件上犯了「造謠」罪，豈不成了個笑話。人家會問，到底是官方的喉舌封鎖消息，還是「反改造份子鍾耀南」造謠？不過因爲上頭下達的三個死刑配額是死任務，同時在整齣戲的劇本中又都已經定了稿，戲必須要演下去，只好臨時改劇本，加演一場「陪斬」戲。我相信，我的判決書是臨時改成宣讀時那樣的。最後連判決書都沒有給我。可以說，由於時間上的巧合，撿回我一條老命。

才坐下不久，老吳又來了。

「鍾耀南，陳隊長叫，在辦公室。」叫我的是我曾經給他愛人（愛人：是當時對妻子的稱謂）輸過血的陳隊長，他還欠我的紅糖和雞蛋。

到了辦公室，我還沒蹲下，陳隊長指指牆邊小板凳，示意我可以坐下。照規矩該我先開口：

「報告隊長。」他不說話，只是微笑，拿出根香煙點著，吸了兩口，才問我：

「手怎麼了，能活動嗎？」我說：

「報告隊長，有點痛，還可以。」他說：

「那明天就不出工了，告訴你們值星員，說是我講的。」他又問：

「關幾天了？」

「不知道，不止一個月了吧。」

「唔。」又抽他的煙，然後啜口茶。

「剛才你們三個去，就你一人回來，對嗎？」

「是的，報告隊長。」

「你知道爲什麼？」

「不知道。」我低下頭。

他想了很久，似乎要把他想說的話組織好了才慢慢地說出來：

「本來，自治州公檢法是判了你們三個死刑的，判決書都定好了的。剛好，省裡頭來了個通知，指示要「縮小打擊面，擴大教育面。」」他停下來再啜口茶，

「場部開會我也去了，根據你過去的表現，我們向省公檢法革委會請示過，才臨時把你抽出來。今天把你也帶了出去，讓你接受接受教育。今後好有個警惕，再不能亂說亂動了，有什麼想法，可以找幹部談，不能在犯人裡面散播。」

我是低下頭來聽他說完這番話的。上午在大會上，聽到宣判我死刑的當時，我覺得沒什麼，反正既來之則安之唄，不恐慌也不激動。反而現在他這番話，教我好像很受感動似的，一陣眼紅鼻子酸，幾乎要哭了出來。低下的頭埋得更深了。把我留下來的分明是眼前這位陳隊長的主意。

靜了一息間，隊長又說：

「我剛才的話，回去絕對不能對犯人講，自己知道就行了，其他隊長也不會對你講的，你也別提，知道嗎？」我這才抬起頭來，哽咽地應了句：「是的。」

「好吧，回去休息吧。」

我拉開辦公室門，老吳正好站在門外，隊長在裡面喊：

「吳丁財，等下你就告訴他們值星員，鍾耀南明天就不出工了。」

他是怕值星員不相信我的話。因爲從來沒有過。

大隊收工比往常晚，大概是要追回上午損失的時間。他們剛進了院子，各組值星員立刻被召了去開會。

我坐在炕上，正思量著等下怎樣應對人家的疑問。不過奇怪得很，大夥見了我就像平日回來看到留家病號一樣，點個頭就算，就好像早就知道我會坐在這裡似的。他們在院子外洗臉，我聽到一個人說：「我早就知道……。」

在勞改隊，生和死本來就是平常不過的事情，也許他們在工地早就議論過了。等到伙房把飯抬進來，各組值星員們才回來。值星員一進屋就低聲問我：

「有沒有人問你？」我說：

「問什麼？」

他說：「無論問你什麼你都別亂說。別再添麻煩了。」

我第四次死刑的故事算是告一段落。對生活在法治社會的人看來，這似乎是個童話式的故事或者是筆者虛構出來的情節。但是在文化大革命那無法無天的歲月裡，什麼不可思議的事情都可以發生。比如說執法機關的逮捕搜証，檢察機關的檢控以及法院的審理和判決，這三個本來是既獨立又互相制約的程序，居然可以由一個人幾天之內完成包辦。又比如，一個電話可以決定一個人的生與死；還有行刑過程中的血腥過程，你可以不相信，但在當時都被視爲「新生事物」而被肯定過，被推廣過。只要你以「革命」的名義，從共產黨的利益出發，並且打上毛澤東思想的印記，任何不可思議的荒唐事，都可以理直氣壯地幹出來。

當年，在「不斷革命」的旗幟下，多少罪行是以「革命」的名義而爲之；今天，時代不同了，一向自詡「爲人民服務」的共產黨，在「維穩」的旗幟下，他仍在幹同樣的事情。

「死過翻生」之後，我便調到其他小組去，天天跟大隊出工收工，既沒有偷吃偷喝的機會，也沒有同職工「搗鼓」的可能。不過，正因爲大家都親眼看到過我曾經「死」過一次，往後對我那怕有點什麼小小不嚴的事也都比較能包涵一點，日子也就過得比較平淡。

我的「學習心得」

社會上的「批林批孔」運動搞得如火如荼。只因爲要挽回毛澤東的個人威信，便要在全國人民中再一次進行「換腦筋」的政治運動，想藉此証明毛澤東早已洞識林彪的奸計，林彪的陰謀才不會得逞。

由於在林彪的書房中發現過一幅寫有「克己復禮」四個字的牌匾，便連帶孔夫子也要挖出來鞭屍示眾。據御用文人的解釋，林彪的所謂「克己」便是要求自己潛伏下來僞裝革命；而「復禮」便是等待時機犯上作亂了。只需四個字便足以証明林彪的狼子野心蓄謀已久，並且是埋藏在毛主席身邊的定時炸彈。

有個教授還這樣說過：「正因爲毛主席的英明，才沒讓林彪當上黨主席和國家主席，是毛主席挽救了黨和國家的命運。」可以肯定的說，當林彪在毛澤東身旁站在天安門城樓上接見百萬紅衛兵時，此公也曾在下面熱淚盈框地不知喊了多少句：「敬祝林副主席身體健康，永遠健康。」像這樣的「學者」，今天在大陸也真不少。他們還埋怨諾貝爾委員會不公，沒給他頒個獎。

不知怎的，「批林批孔」的同時，還附加了「批周公」。當初誰都搞不清楚「周公」是何所指，但逐漸從報紙的字裡行間裡發現，矛頭正是指向當時在位的國務院總理周恩來。叛國弒君的副主席還沒批完，連國務院總理都原來是毛主席的心腹之患。除了時刻說帝修反「亡我之心不死」之外，卻原來，毛澤東身邊懷有「亡黨亡毛」之心的也大有人在。「孤家寡人」這四個字在這位當代秦皇身上已經不僅僅是個形容詞了。

以前我們犯人在學習監獄的指定文件時，無不稱讚劉少奇推出的「三自一包」「四大自由」是「解放生產力」、「挽狂瀾於正倒」的正確路線。沒想到後來劉少奇被打倒了，曾經為劉少奇的政策叫好的，便都自動變成為這個「叛徒、內奸、工賊」的徒子徒孫了。難免都要自我批判一番，証明了我們犯人頭腦中復辟私有制的反動思想還沒得到改造，才把幻想寄託在劉少奇身上。

也就在不久之前，每逢提到以毛主席為首的黨中央，就必然要提及毛主席的親密戰友和好學生林彪副主席，說林副主席最捍衛毛澤東思想，並且是毛主席親自指定的接班人，並且寫在憲法上。現在我們每個犯人又要深挖思想根源了，檢查自己當年在犯人中吹捧林彪是什麼思想指導，光檢查不算數，還要互相揭發批判，你總不能說以前是根據《人民日報》社論講的，你難道不知道當年這些社論的寫手都是林彪的吹鼓手，不是都被揪出來了嗎?你還想為他們「鳴冤叫屈」?還想把自己的罪責推向人民政府嗎?真該罪加一等。

所以，在這次「批林批孔」運動中，犯人批林彪的發言大多是高高舉起，輕輕帶過。犯人心裡真正想的是，如果有朝一日，林彪或者什麼彪真的成功幹掉了毛澤東，復辟了資本主義，天不就亮了嗎？在另一方面，勞改犯們又學聰明了，說不定那一天共產黨會翻過來說，林彪是對的，他死得冤枉。甚至說，林彪還沒死呢，說不定那一天他會配合蘇修美帝捲土重來。世事變幻無常，誰知道？還是小心爲妙。

不但犯人如此，不管社會上的「批林批孔」運動深入到什麼階段，幹部在中隊會上都只是交代學習文件和讀幾篇社論，從沒聽見過他們用自己的話去動員「批林批孔」運動。「批林」只是走走過場就算。反而刻意在「批孔」問題上大作文章。不知道幹部他們是不是也不想在犯人面前打自己嘴吧，還是對林彪的反毛澤東另有自己的看法。

不僅如此，在那時候的幹部講話中，每次講到「批林批孔」，也都很少提及到「批周公」，也沒有組織犯人學習「批周公」的材料。由於「兩報一刊」（即：人民日報、解放軍報和 紅旗雜誌）和「梁效」（即兩校：北京 清華的御用寫作班子）的指導性文章，也都沒有直接點出所謂「周公」就是周恩來，即便大家心中有數，但都不願意講出來，生怕日後風向一變，會無端惹禍上身。

幹部同犯人的憂慮都是有道理的。根據共產黨以往的歷史，它們的創黨元老無論是李大釗還是王明、張國濤，他們的歷史總是在路線上的左傾還是右傾問題上互相傾軋，錯了的一旦有了權便變成對的，對的一被抓住小辮子便馬上變成錯。人人都可以對了又錯，錯了又對。連毛澤東自己也是幾次上來之後又被打倒，經他反戈一擊打倒了人家，自己又了上臺。共產黨的邏輯裡本來就沒有是非之分，一切都以成敗論英雄，以利益分對錯。共產黨自稱是奉行馬列主義的最大公無私的政黨，但聽其言觀其行，這個共產黨實際上是世上最自私最不擇手段，以「攻利爲上」的機會主義團夥。

運動既然來到頭上，大家唯有集中火力批判孔老二，批死人總不會有錯吧，我就不相信死了兩千年的孔夫子會復活找我算賬。犯人裡面確是有兩個不幸都是姓孔的，有些人就專門拿他們作箭靶，拿起放大鏡從他的一言一行中做文章，那怕是一丁一點都不放過，說他有孔老二這個奴隸主的遺傳基因，是反動統治階級的殘渣餘孽。既然有了現行的活靶子，集中火力批他正好給自己蒙混過關的機會。

可是，萬萬沒想到，自五四運動以來，文革算是第二次被打倒的孔家店，至今不過幾十年，還是這個「一貫正確」的中國共產黨，竟會讓孔子復活在今天，不但在國內不惜工本上演祭孔大典，甚至大破慳囊花上幾十億美元在全世界辦起了幾百個所謂的「孔子學院」，要借助死了兩千年的孔老二來展示它可憐的軟實力。

就這樣，犯人在風裡來雪裡去的勞改隊裡渡過了一年復一年。白天是春播秋收，晚上是檢查批鬥的日子在繼續。

而社會上由那些批爹鬥娘的紅衛兵所掀起的「紅禍」，被所謂「三支兩軍」即軍事管制壓了下去之後，腥風血雨的恐怖時代總算暫告一段落了。整個社會經歷了多年的反覆折騰之後，百業俱廢，經濟蕭條，「待業」人口多過就業人口。「批林批孔」運動經過一番熱鬧之後，也到了復歸平靜的時候，這時人們才如夢初醒，這片紅彤彤的神州大地早已千瘡百孔，哀鴻遍野。

那些被利用完了的「小闖將」們，被他們心中的「紅太陽」所指引，不管願意不願意，無一倖免地都要到「農村那片廣闊天地」中去革自己的命。他們在農村中同貧下中農同吃同住同勞動，在艱苦生活中邊改天換地邊改造自己。

同時，我們的偉大領袖向全國發出「工業學大慶」、「農業學大寨」的偉大號召，要在全國人民中掀起學習毛澤東著作「老三篇」（即：〈爲人民服務〉、〈愚公移山〉和〈紀念白求恩〉）的高潮，人人都要以毛澤東思想爲動力，做到艱苦奮鬥和無私奉獻，要以戰天鬥地的精神去開展開山造田，移山填湖和鑽地要油的生產運動。又一次靠精神去創造物質。使人民同勞改犯的差距縮得更小了。幾年間，自然生態遭到無可挽回的破壞，錦繡河山也變得滿目瘡痍了。

第四十章 另一部絞肉機（一九七二）

因應形勢的需要，確切點說，是爲了配合社會上運動的需要，我們這些最廉價而又最好擺弄的「勞動力」，便被擺到「農業學大寨」運動的最前線去。

一天早上，大隊在崗樓下給班長報過數正要準備出工，隊長拿著名單走過來：

「喊到名字的出來，蹲那邊去。」

全隊一百多人，點了三四十個名，其中有我。在留下來的人當中，我所認識的幾乎全都是重刑政治犯。聽說其他中隊也留了人，那麼多的人留下來肯定是一次大調動了。

按隊長交代，各自到行李房領回寄存的包袱，還把倉裡的被子衣物，盆盆罐罐什麼的全部收拾起來，用被子包好。幾個中隊留下來的犯人全部坐在大院子裡，總共有一百多人，所有人都是在事先不知情被留下的。

幹部又來了，要求各人把行李重新解開，由五六個幹部逐一詳細檢查，平時藏下來的小鋸片，骨頭磨成的縫衣針，修甲用的石頭，點煙用的老花鏡片，拖拉機偷來的潤滑油，以致所有有文字的紙片，全部一律收清光。尤其是判決書之類的被看成是犯人幻想變天，妄圖向共產黨「反攻倒算」

的證據，一旦被搜出來，後果是死罪可免，活罪難逃。不知從誰的棉被裡摸出來一個指南針似的東西，本來可能是造來玩的，現在被當成是逃跑工具，東西收走，人也被帶走了。

伙房犯人拉著車子來了，每人給發個饃，接著報數出監，分別上了六七輛卡車，又是長春第一汽車廠的「解放牌」，和我六十年代調去詔關時坐的一模一樣，還是傳統的四噸半。每車廿多人，它肯定不會超載。農場的司機一般只許我們裝二十蔴袋的麥子，連人合共不到兩噸，多了就拉不動了。

在車上等了多半個小時，饃也吃了，車還沒動。透過車蓬的小洞往外看，原來有兩部車發動不起來，可能是昨晚就擺在這裡，沒把水放乾，水箱裡的水凍住了。現在車頭蓋已經打開，機器上面有一堆破棉花，司機正往上面澆火油，準備點火化冰。另外一部也燒過，不過火已經滅了，有人往水箱裡灌熱水，司機正在車頭使勁搖把子發動機器。

等所有車子都準備好了，解放軍的吉普車打頭，成串卡車往無盡的荒野開去。

車走得很慢，路上一直沒停，晚上不知在什麼地方的一個空置的大糧倉裡過夜，車就停在糧倉旁邊，有兩輛車子一夜沒熄火，「嗚嗚嗚」的響個不停，加上附近發電機的「隆隆」聲，周圍很靜，顯得特別刺耳。安排好休息地方，每人再發一個乾饃，兩桶不知燒過沒有的涼水擺著。幹部臨走時交代誰也不許講話，連咬耳朵都不可以。頭頂上的燈一直亮著，除了可以逐個報告出去大小便之外，都不許走動，犯人都各自解開行李睡了。奇怪，這裡雖然沒有生火，但比農場還要暖和。

第二天，「解放牌」又走了多半天，中途因爲車子輪番故障，到達我們曾經經過的格爾木，已經很晚了。這裡本來併排有幾個大倉庫，有的現在已經住了些什麼人，不知道他們是往西去的還是從西邊來的。我們被關進靠邊一個最小的空倉裡，周圍哨兵很多，犯人的大小便都只準在門口牆根的幾個坑解決，而且每次只能去三個。不過晚上吃的可是熱饃。

天沒亮，忽然一陣久違了的廣播聲喚醒了所有人：「現在是北京時間七點整，青海省人民廣播電台，現在轉播中央人民廣播電台新聞聯播節目。」原來新聞聯播早就有了，大家洗耳恭聽。先來一曲〈東方紅〉，在被窩裡的犯人們都面面相覷，不知道該不該站起來。因為農場有規定，聽到播〈東方紅〉都要全體肅立，以示對紅太陽的崇敬。不過從未執行過，因為農場沒有電。現在躺著聽〈東方紅〉，不知算不算是重新犯罪？不過，幹部不在場，這裡又不歸農場管，算了。

吃過窩窩頭天才亮，又上車出發了，走走停停到傍晚。車才停下。外面哨兵的口令聲此起彼落。佈哨完畢。犯人下了車，抬頭一看，又是大圍牆，長長的木板上，白底黑字寫著：青海省化隆回族自治區甘都監獄。聽說這裏還有個甘都農場，不過不知道在那裏。

回教是不吃豬肉的，沒豬肉吃可以理解，不過我在甘都監獄七八年間，連牛肉羊肉也欠奉。現代人說：「吃素好，吃素身體好。」我從來就不信。同樣的，毛主席說：「形勢大好，不是小好」我也不信。

修理地球

正所謂「七溝八梁一面坡」。甘都監獄就建在黃河岸邊的黃土坡上，整座建築斜斜靠在山坡。一進大門，便是左右兩排土房子，同德令哈的沒有兩樣，這裏分為四個中隊，其中兩個農業隊，專門負責種菜往西寧送。其餘兩個隊和另外一個監獄的犯人就專門「修理地球」。

化隆縣是個回族自治區，不養豬，黃土坡也長不出草來，畜牧業幾乎是個零。不過黃土坡卻讓它在「修理地球」上幹出個名堂來，尤其是甘都監獄更是省勞改局「農業學大寨」的先進單位，以完成土坊量夠多而出名。無他，只因爲這兩個隊的犯人幾乎全都是「雙手沾滿人民鮮血」的新老反革命，共產黨既然施予不殺之恩，就不管叫你怎樣幹也不算過份了。何況，一切都是爲了改造犯人好逸惡勞的反動本質，給予犯人立功贖罪和重新做人的機會。

我被編到一中隊一組，這裡十三個犯人中有六七個是原有的老犯人，他們不少是當地的「回回」，他們說的話我基本上聽不大懂，聽說他們都是以前國民黨將領馬步芳的部下。年輕時打日本鬼子，臨老便在這裏「戰天鬥地」。

值星員安排好我們的鋪位，收拾好個人東西便開飯了。我們新來的最關心的是這裡的伙食同農場有什麼不同。早就有人說過，黃土地種不出小麥來，耐旱高產的玉米才是這裡的主糧。果然，果然來的是玉米窩頭，雖然沒發起來就已經比農場的大，還有半缸子的蘿蔔片，雖然沒有油但有鹹鹽味，吃下去還頂撐肚皮的。值星員說了這裡早晚是窩窩頭，中午是「九二麵」，是重勞動標準，三十八斤，所有新來的都吃得很開心。

不過別開心得太早，共產黨能給你三十八斤的待遇，就一定要你付出八十三斤的代價，只要看看原來老犯人的模樣就知道，無一不是又乾又瘦又黑。

唱歌猶如喝髒水

晚上集合在小院子裡點名，值星員給新來的找來幾張小板凳，這裡雖然地勢低，晚上坐在露天的院子裏還是有點冷，不過腳趾頭一點都不麻。

指導員還沒來，有個犯人站到前頭來指揮唱歌。先是一首〈東方紅〉，然後是〈沒有共產黨就沒有新中國〉，接著又唱了幾首「語錄歌」。除了〈東方紅〉是耳熟能詳之外，我們農場來的其他歌都不會唱。原來這裡是可以坐著唱〈東方紅〉的。那些所謂的「語錄歌」是把毛澤東講過的話硬譜上曲子，既不押韻也不順口，簡直就是在喊口號，聽起來像喝髒水，吐又吐不出來，教人直起雞皮疙瘩。最妙是其中一首語錄歌居然有：「土豆燒熟了，再加牛肉。」和「不須放屁」的歌詞，這是毛主席他老人家一九六五年為反擊當年蘇聯「修正主義路線」所塡的一首詞〈念奴嬌—鳥兒問答〉內的句子，在古代，詞是可以唱的不錯，但現在每次唱到這裏都有犯人忍不住偷笑，太不嚴肅了，指導員不敢說不准唱，只交代今後少唱。

不過，話雖如此，後來——信不信由你——後來站在百多個以至五六百個犯人面前向人家灌這些髒水的，就是我本人。此乃後話。暫且不表。

「革命歌曲」一首接一首地唱，直唱到指導員出現為止。

指導員作形勢教育之前，還要大家多唱一首〈學習大寨，趕大寨〉。

指導員講話終於開始了，他的腔調和動作跟中央領導在〈人民大會堂〉作大報告時一模一樣，講了半天不外乎是「大好形勢」。

接著講生產，講毛主席號召「農業學大寨」的偉大意義，講主席的親密戰友和好學生江青同志到大寨蹲點的動人事蹟。犯人有機會在這偉大運動中改造自己，從而立功贖罪，便應該抓緊這個好機會，有個好表現。

這個老生常談之後。又是另一個老生常談：

「今天從農場來了批新犯人。我告訴你們這些新來的，這裡是監獄，監獄的監規和農場的不一樣……。」

講了半天不一樣，實際上沒有什麼不一樣，歸根結柢只是一句話：「只許規規矩矩，不許亂說亂動。」

指導員講完了，抬高手，看看他的〈上海牌〉手錶，隊長還沒來，就叫領唱的出來再指揮大家唱歌：〈無產階級文化大革命就是好〉、〈大海航行靠舵手〉、〈領導我們事業的核心力量是中國共產黨〉。多唱歌犯人是歡迎的，在這裡唱得越多，散會後學習時間就越短，有何不可。

隊長進來了，他講話之前還是要唱。似乎大好形勢是唱出來的，唱得越多形勢就會越好。難怪香港的歷屆特首都要求港人一定要「唱好香港」，這治港秘訣恐怕也是師承中國共產黨得來的。〈一切反動派都是紙老虎〉、〈東風吹，戰鼓擂〉。這些對犯人或者對當前形勢有針對性的語錄歌都唱過了，站在一旁的指導員指定再唱一個：〈學習大寨，趕大寨〉，完了才讓隊長講話。

隊長的政治水準當然沒有指導員高，指導員剛才講了「大好形勢」，隊長不想重複指導員的話題，便只好講「形勢大好」了。終於，把形勢講到好得無法再好之後，才揮揮手宣佈散會，叫回去討論監規紀律。時間已經不早了，講不了幾句就要下學習。睡覺了，誰說多唱歌沒好處。

討論監規紀律是件頂煩人的事情。監規是死規條，是對犯人實行專政的工具，是不容討論的。所謂討論不過是要每人作一番自我檢查，沒毛病也要自己找點毛病，你總不能說我已經改造好了，一點毛病都沒有了。毛病找出來之後，小毛病自我批判一番，別人也「幫助」一下。接著便是互相揭發了，如果揭發出帶反動性的、政治性的、能「上綱上線」的，值星員就要向政府匯報。

聽說這裡曾經有個犯人寫思想檢查時，把「農業學大寨」寫成了「農業學大塞」，剛好他又是個讀過書的舊知識份子，你總不能說你分不清「寨」和「塞」吧，於是，他便犯了故意纂改最高指示的罪行，夠「現行」的了。後果如何人家沒說。不過不問可知。

第二天碰巧是大禮拜，這是半個月才一次的休息天。休息天照例吃兩頓。有人忙著燒水洗被單，有人洗衣服。但大多數是忙著補衣服，往補丁上面加補丁，更多的是補手套的。原來這裡的勞動特別傷手套，尤其虎口那一塊，手上沒有裂口子的人可以說一個都沒有，還有的人虎口部位血口大開，看看就怕，他們用買回來像嚼過的口香糖似的「口子膏」把口子捂住，有的抹點也是買來的「蛤蜊油」就算，也有乾脆在口子上纏上兩圈塑膠紙，說這樣既保濕，又不讓口子沾塵土，口子就能結痂。

指導員曾經說過，等你們手上的老繭能有大寨黨支書陳永貴的那麼厚，就把你們釋放。實際上那是不可能的，你不把突起來的老繭削平，手上的裂口就永遠不會閉合，幹活時把你痛入心脾。這個陳永貴自從當上了國務院副總理之後還經常攤開雙掌向記者展示他的老繭，不知道是不是化妝師給貼上去的。

到了晚上學習，值星員分工，把小組十三個人分成三個組，合起來做一塊工地。為了讓新來的有個適應期，這幾天就不算個人成績了。分工完了，大家照例表個態，表表學大寨的決心。

為了照顧新來的犯人，隊上還特別多加一次買東西。值星員告訴我，應該登記買個大號熱水瓶，五磅的；棉手套和口罩登記了也不會有，因為這些都要布票，但不妨碰碰運氣；煙葉是要買的，什麼都沒有的時候，煙葉總會有。食的東西可以登記，但從來沒有買到過，統計員也不會把它加到採購單上。原來這裡同廣東監獄不同的地方是這裡的監獄可以抽煙。而且，同農場一樣，煙是犯人生活中的必需品，再困難的時候也有供應，這是「革命人道主義」的最佳體現。還聽說曾經買過一次「解放鞋」，不過一穿就斷了底，只好把鞋面的帆布剪下來補手套，還頂耐磨的。到現在還有人津津樂道的是曾經買過一次古巴進口的香蕉，不過買回來是青色的，擺了一個月還是青色的，其硬度不變，咬下去像嚼生洋芋似的，不甜還麻嘴，只好都煮熟啃了。

這是贖罪，還是犯罪？

早餐是個玉米窩頭，中間有個洞，顏色像蛋糕，雖然小，還頂香。匆匆吃過，各人忙著準備出工的裝備，手套是少不了的。缸子、飯盆子、圍腰布、口罩，全塞到破挎包裡，很快就要集合報數出工了。

每個小組都有人專門到工具房領工具的，長柄尖頭鏟，十字洋鎬，每個小組還有幾輛膠輪車，百多人浩浩蕩蕩走了半個小時才到達工地，沿路不見一片平地不見一棵草，只有路旁疏疏落落幾株病態的白楊樹。

工地是在黃土坡半腰，頗陡峭的，呈四十五度，一直伸到黃河邊，低的地方會有一條自然溝，溝有深有淺。深的五六米，淺的人可以跳下去，這是千百年來雨水沖刷出來的。這裡雨水雖然不多，不過每次下的都是大雨，雨水帶著黃土流到黃河裏去。使得溝越來越深，黃河也越來越黃。

犯人從坡半腰挖出土來填到溝裡去，削高填低把黃土坡變成一塊塊梯田。這叫「向荒山要良田，向湖泊要耕地」。往後無盡的生態災難正是由此而來的。因爲雖然挖下了黃土填滿了溝，但由於片面追求效績，既沒有堅固的圍壩，也沒有經過夯實沉降，遇上了暴雨，填土就坍塌，地也垮了，田也毀了，填下的黃土隨著雨水衝進黃河，良田還沒來得及種莊稼，又還原成爲黃土溝。最後，黃河更黃，河床更淺，洪澇更頻，泛濫更甚。於是，幹部又再指揮犯人回頭再填一遍。

犯人的這種對大自然的破壞、真不知道是在贖罪還是在重新犯罪。

每天挖出一塊豪宅的地皮

工地是一片幾十平米的工作面，和兩三米高一百幾十米寬的泥口，坡是斜的，越往裡挖泥口便越高。從這裡往下可以看到黃河，那裡正在施工建一座叫龍羊峽的水電站，聽說將來就是從那裡抽水上來灌溉這些「大寨田」的。

前面一條大溝也快被填滿了。每個小組佔十幾米的泥口。

開工了，值星員安排幾個人把昨天挖下的土裝上車拉走，他自己同另外幾個人掄起洋鎬從泥口底下橫著往裡挖，直到掏出一條幾十公分深的溝來，然後從頂上的裂縫插進橇槓，幾個人使勁往外撬，使得整幅土往下塌，這樣幹肯定工效又高又省力，但同時又最危險。因爲人在底下往裡掏，上面的土如果受不住壓力，整塊土隨時都會自動坍塌下來，來不及跑開的話，死傷就很難免。在勞改隊，人命傷亡是常有的事，犯人不是不知道危險，但在專政機器的壓力下，拚死都要把任務完成。只能自求多福就是。

土挖下來以後，塊頭大的還要把它敲開，才能裝到膠輪車上，每車至少裝能上三四百斤，由一個人拉到幾十米外的溝邊卸到溝裡。基本上是挖、裝、拉三個工序由十幾個人輪換著幹，對我來說，這樣的活也不太難，如果任務要求不是訂得太高的話。

每天臨近收工，統計員會到各個組來丈量成績。

統計員來了，我愣了一下，這人就是他，我見過，也聽人介紹過，他不就是在廣州較場北路看守所，單關了九年的那個臺灣特務嗎？那高高的顴骨和哨牙的嘴，看一眼就不會忘記。今天見到他，雖然帶閩南口音的普通話說得不太流俐，但其目光依然銳利。後來聽人家說，他今天之所以能夠得共產黨信任，在中隊裏當上個大統計，同他當年提供的情報幫共產黨破獲了幾起特務組織有關。他是從廣東一直被抬著來青海甘都監獄的，到來以後還休養了幾個月才變回個人樣。由於他早年有土木工程的學位，對上，他那副卑躬的態度很能得到幹部的好感。對下，他對同犯能包涵，樹敵不多，使得他一直得到上下左右的接受。

他叫余維斌，他既是中隊的大統計，又是工程的測量員，還負責犯人零花錢的賬目。

由於是第一天，新來的犯人多，成績就馬馬虎虎算了，也沒有算個人成績。從第二天開始，我就被安排在上午掄鎬挖土，下午讓我裝車，拉土。這三個工序裡面，拿鏟裝車算是輕活，我幹的時間也比較長，不過要拉動載重幾百斤的膠輪車在坎坷不平的軟土上走，實在不是一件輕易的事，幸好頭幾天只讓我拉了十來趟，看太陽的位置也該快收工了，值星員叫我到溝邊去幫車子卸泥平土，讓我有當一會「電線桿」的機會。

回家路上，兩條腿有點沉重，尤其是小腿後面兩塊腱肌有火辣感覺，現在都還可以，不過到了第二天早上叫起床的時候，兩條小腿後面的肌肉就像打了麻醉針一樣沒有知覺了，扶著牆壁才能走到院子去，蹲了下去就站不起來，一伸腿就有抽筋的反應。值星員叫我坐下來慢慢伸伸腿，輕輕活動活動。人家都準備報數出工了，我才勉強站起來跟著大隊走，早飯那塊窩頭還在兜裡。

這天到了工地，先是派我挖土，這活我沒問題，在農場我挖過上了凍的渠坍和結了冰的豬糞，早就練好了臂力。今天我效率不錯，值星員還很欣賞。不過到了下午，他派我拉土去，告訴我腿越痛越是要拉，咬咬牙拉幾天，換了筋骨，再下來就不痛了，怕痛就不幹，以後你什麼都幹不來。我想他說的也對，在農場割麥那頭幾天，還不是腿合不攏腰伸不直，連炕也爬不上去，咬咬牙不也就撐下來了嗎。在圍牆裡，在槍桿子底下，外面的人不可能做到的，勞改犯都可以逼出來。

這天回來，吃過飯馬上就要補衣服，肩頭上早已被拉繩磨出個大窟窿。值星員幫我找來幾塊破布，併成塊褡布。這褡布可真有用，風大了用來圍脖子，雪來了可以作包頭布，拉車時用來墊肩，圍在腰上鍬把磨不爛衣服。我曾經多次寫信向家裡要塊布，家裏說沒布票。我說要兩塊麻袋片也行，家裏說有是有，都做袟衩了。

過了幾天，鍛練期過去，開始玩真的了。每個小組劃出十公尺的泥口，平均高度是兩米，每挖進去一公尺是二十立方。剛好是一個人每天的任務指標，小組十三個人就要挖進去十三米，全部完成的話可以開出兩分地左右，在香港可以蓋間一千五百呎的豪宅了。

小組分成三個分組，每個分組四個人，一個人拉土，其餘三個是連挖帶裝，配兩部車子，一部拉走了便裝另一部。這樣子分工，能叫你做一秒鐘「電線桿」的機會都沒有。任務是這樣訂下來了，但每天能真正完成每人二十方的幾乎沒有，除非你剛巧遇上這塊是風化土，很輕易就能刨進去，而且這種土比較輕，拉走也不太費勁，任務才比較容易完成。如果不幸碰到石礫層的話，連洋鎬都打不進去，那就一半任務都不好完成。當值星員的就準備到隊長面前去解釋吧！弄不好，還要在小組裡頭找原因。除了砂礫土，有些又乾又硬的黃土也經常會碰上，一鎬打下去才蹦出來拳頭大一塊，怪不得在西北地區，你挖個無樑無柱的窰洞都可以住上幾代人。毛澤東當年逃到延安沒被國民黨的飛機炸死，也就因爲他躲在窰洞裡。

「禮」是要這樣「獻」的

很快就要到二十三周年國慶節了。按照共產黨的慣例，每逢五一、十一、或者元旦，都有「向節日獻禮」的把戲。節日前一個月就開展向節日獻禮的動員。此外，如果毛主席他老人家什麼時候高興了，講了句有關生產上的什麼話，便要立即動員全國上下，掀起一個生產建設高潮，以表忠心，犯人也要搞搞勞動競賽什麼的表示響應號召。

首先開個動員大會，要求人人鼓幹勁，個個爭上游。隊與隊，組與組，個人與個人，向對方提出挑戰應戰條件，像拍賣古董似的，你提二十二挑戰，我提二十五來反挑戰，最終由中隊長拍板，以完成每天每人三十立方的改造成績向ＸＸ節日或向毛主席獻禮。啪、啪、啪，鼓掌。

第二天競賽開始，人人有份，個個參加。每人一支鏟，一把鎬，還有一部膠輪車，給你劃出三米寬的泥口，叫你自己挖，自己往車裡裝，然後自己拉到幾十米外，倒掉再回來。三十立方的土方量就相當於一間三米高的樓底，兩米寬乘五米長的小住宅單位那麼大一塊的硬綁綁的黃土，算起重量來該有四五十噸。讓一個人挖下來、打碎、裝車、運往幾十米外，時間是九個多鐘頭，代價是三個九五麵饅頭，外加六分六厘人民幣（每個月兩元零花錢）。這邊的統計員拿起話筒漫山跑，在你耳邊不停喊加油；那邊的隊長逐個組去看進度，叫你連大小便都不敢去，生怕完不成任務回來說你借大小便來抵制毛主席號召，甚至可以上升到是破壞學大寨運動，讓你吃不完兜著走，至於算不算是反革命行爲，那就讓你自己去說。爲了配合勞動生產，每晚的大小批鬥會一定要搞得摩拳擦掌，殺氣騰騰。

於是，每個人掄鎬掄到虎口震開，裝車裝得你大腿紅腫，拉車拉得你頭上青筋暴現，空車回來連小跑步都嫌慢。這種「獻禮」往往要「獻」上一兩個禮拜才不算「失禮」，直到節日到來，才暫時告一段落，等找藉口下次再「獻」。

接下來便是公佈成績了。評比分優劣，處理分表揚與批評，有時還會有加減刑的「節目」。視其爲節目，只因爲勞改犯一般刑期都在十幾二十年，加減一兩年本來就沒啥意義，除非一減就能刑滿釋放。所以對於重刑犯如我，所謂加刑減刑，不管落在誰的身上都會視作等閒，一笑置之便是。

當然，受到減刑之後，感恩書還是要寫的；受到加刑的同樣要感謝共產黨和人民政府不殺之恩，給予自己繼續改造的機會。

要逃避只有自殘

說到挖土方這個活，其實，只有某人在某天，在某種特定的條件下，比如碰到沖積層，土又鬆又輕，運送距離又近的情況下，才勉強可以完成二三十方的任務。在正常條件下能完成的都很少。小組平均成績一般在二十立方左右，已經是連吃奶力都使出來了。不過，統計員收土方的時候，每每都盡量把線劃在完成任務以上，以示幹部教導有方，讓勞改政策放放光芒。至於中隊幹部如何再往上報就要看他們要的是怎樣的政績了。

在每天進行的超體力勞動過程中，常有一些催人淚下的小故事。

在這裡，每天或每週都會評出幾個任務不達要求的個人或者小組，擺在小組裡批，或者大會上鬥。至於怎樣才叫完成得好，那是沒有標準的。你今天完成了二十，他說爲什麼人家能夠完成二十五，等到你完成了二十五，他會拿出報紙來給你說，外面勞動人民能完成五十方。你們這些罪人只能完成二十五，這叫悔改，叫贖罪嗎？

在農場，有的犯人實在受不住永不到頭的煎熬，秋收時故意用鐮刀往小腿瓜劃上一刀，說是自己不小心滑倒碰到刀片的；還有更狠一點的咬咬牙揮刀往自己背後砍一下，說是本想伸手往背後趕蚊子，忘記手上握有鐮刀。其目的不過是想藉工傷留家躲幾天喘喘氣吧了。

在黃土坡，我親眼見過有人被塌方埋在土裡，雖說死不了，也已經已是斷腿爛胳膊了；那些連人帶車掉進溝裡的我都見過不下十次，這都不是故意的。不過也見過有人被洋鎬鋤掉腳趾頭或者被石頭砸斷了腳的，這就看得出來是故意製造的傷殘事故，目的不過是想留家養傷或者可以幹些輕活。更極端的還聽說過，有人故意衝出警戒線讓哨兵擊斃的。無論是工傷的，掉溝裏的，只要死不了，都會被冠以「破壞生產力」的罪名而上大會挨手銬，挨繩子的，甚至加刑的都有。

永不磨滅的印記

在一次坍方事故中，我被一塊一人高的土塊推倒，我當時是仰面倒下的。大土塊碎開，壓到我身上的只有幾塊籃球般大的土塊，這倒沒什麼，只是人在倒下時右手上臂正好擱在土塊上，另一塊又同時砸在前臂。當時我覺不到痛，只感到右手突然軟弱無力不聽使喚。

周圍的人趕快幫我搬走土塊，把我扶起來靠在小車旁。這時候我依然清醒，左手仍然握住受傷的右手不讓它垂掛下來。等到別人幫我脫下破衣服，這才發現手肘關節脫骹了，手肘彎還被削掉一塊肉，骹骨像個和尚頭似的從傷口露了出來一點。我這才痛出聲來。奇怪的是傷口是白色的，血很少。我下意識地用左手抓緊自己的右前臂使勁往前拉，想把和尚頭拉回去，其他人也幫忙扶住手肘，經過了幾次對接，總算幫我把骹位接上。骨頭收了回去，被戳破的皮肉才開始冒血，我幾乎痛昏了過去。

這時候，背著藥箱的大統計來了，他蝦腰看了一眼，「噢」的一聲蹲下來打開藥箱，翻了半天也不知道該拿些甚麼，實際上藥箱裡面除了止痛片、紅藥水之外，也不過是幾卷洗乾净了循環再用的舊紗布。不知道是誰往我淌血的傷口撒了把煙末，另外有人伸手在藥箱裡拿出來一卷紗布，七手八腳的有人幫我勒緊上臂來止血，有人幫我纏繃帶。最後不知誰喊了聲：

「拿水來，給他一把止痛片。」我明明聽到是「一把」，不知爲什麼放到我嘴裡的只有兩片。

今天是指導員帶的工，他從老遠就看到這邊聚了一堆人，他走過來了。這時我已經從小車旁被扶到沒動工的土坡下，其他人回去開工去了，只有值星員在幫我用包頭布把受傷的手掛在胸前。

指導員走近了，值星員向他報告了剛才發生的事，指導員站在幾米外望了我一眼。

先是「唔」了一聲，然後頗認真地對值星員說：

「不是每天都跟你們說了嗎，安全是第一位的，生產任務不過是第二嘛，你看你看，你們……。」

聽到指導員這句話我才恍然大悟，原來天天講日日追的生產任務，在政府幹部眼中只不過是擺在第二位，反而從來提也沒提到過的安全生產才是第一位，爲什麼我們犯人總是沒有領會到？

指導員走了兩步，又回頭對值星員說：「下午他就不幹活了，這兩天你看看，安排他到泥口幫忙推推車算了，他左手沒事，對吧。」

每當發生這樣的事故之後，幹部總是抱著「冷處理」的態度。這是因爲幹部一旦表現出悲天憫人或者重視的態度，這首先是階級立場問題，違背了共產黨員「對敵人仁慈就是對自己殘忍」的原則，這是毛主席說的。其次是管理問題，兩個中隊幾百人一年到頭幹著開山劈石的活，哪天沒有這樣那樣的工傷事故；哪個犯人沒有筋骨勞損的病患，關心得過來嗎？你一關心就難免要給他休息養傷，就要給他藥物治療，甚至要給他營養補充，這些都叫誰來付出？又叫誰來幹活？他能辦得到嗎？

所以，犯醫給病號開假條都有個限制：小病不休息，大病開兩天。需要休息三天以上像我這樣的就乾脆不要開假條了。休不休息，休息幾天就留給幹部自行決定。至於幹部作何定奪，那就要看當時的生產任務是鬆還是緊，還要看當時的政治形勢有沒有強調「狠抓階級鬥爭」？有沒有強調「清理幹部的階級隊伍」等等。寫到這裏，我好像對共產黨幹部有了些許的同情。真難爲了他們了。假如這樣的幹部讓我來當，我又將如何？

因此，每當事情發生了，幹部照例都會在中隊大會上或者值星員會議上，理直氣壯地引用毛主席的話：

「在人類社會發展的過程中，在與天鬥與地鬥的過程中，傷亡總是難免的。」

一個勞改犯的傷亡當然感動不了「用特殊材料造成」的共產黨幹部，在他們眼中，犯人早被物化爲「勞動力」，簡稱爲「勞力」，在他們眼中，「勞力」同「役畜」兩者的界線幾乎是不存在的。

最後，講講我的手，經過最少兩三個月，肘關節終於接好了，但傷口因爲當初沒有得到好好消毒，一開始就潰瘍發臭，也曾經癒合過，但很快又再發炎，經過幾次反覆，最後終於結了痂長出肉芽來。

四十年了吧，這塊肉芽還頑強地留在我的手肘彎，成爲永不磨滅的印記。

在現代科技面前

冬天還沒到來，這裡已經很冷。早上各人起來頭一件事是把前一晚放在屋子裡的水捧到院子外，用塑膠紙蒙起來綁好，讓它曬上一天，等到收工回來便有一盆暖水洗臉抹澡。早上洗臉刷牙的人不多，要等吃過飯，才拿開水濕濕毛巾擦一把。這裡沒有暖炕，晚上要生爐子，爐子裡燒的是煤炭，點火抽煙非常方便。外頭一聲下學習，爐頭上便有烤饅頭的，有燉開水的，還有燒稀飯的，爭爐子用的事經常都有，爐子給了勞改犯一個歡樂時光。

勞改隊的日子，每一天都難過，不過難是難，一年好像很快就過去。記不清楚是73年還是74年的某一天，全監開了個大會，這次是由監獄長來動員生產的事。大會完了到值星員會議時，小頭目們紛紛向幹部訴苦，各組的傷病員很多，工地又遇上了石礫層，人均完成不到十方，已經到了砍頭都淌不出血來的地步了。他們講的這些，帶隊幹部當然也知道。不過指導員說：

「你們這樣說是想加糧食嗎？是不是我給你們加了你們就能給我完成二十五的指標？」小頭目們頓時都啞了。指導員繼續說：

「我告訴你們，你們吃的三十八斤已經比外頭老百姓高了不少了。還鬧，鬧什麼你們鬧。」

值星員回來照原話傳達了。指導員最後那句話是我勞改以來所聽到過的唯一一句接近事實的話。的確，當時全國都實行糧食配給，城市標準由學生的十八斤到產業工人最高的三十二斤，一般居民只有二十多斤。億萬公社社員幹一天農活只值幾分錢的工分。全國十億農民裡面喝著稀粥學大寨的大有人在。指導員說我們的定量不低固然是事實，不過他沒說我們的三十八斤是玉米麵，而玉米麵只能算是雜糧。按照當時國務院定的標準，兩斤雜糧頂一斤主糧算，三十八斤雜糧不過是比學生標準多那麼一斤罷了。而我們幹的卻不是人幹的活。別看黨報天天吹噓社會上用毛澤東思想武裝起來的勞動人民，例如全國聞名的大寨人陳永貴、鐵姑娘郭鳳蓮，他們喝著稀粥憑雙手也能每日挖出上百立方的土，每天能造出幾畝大寨田來。你只可以把它當成當年畝產六萬斤的神話來看便對了。除非他們個個都是古代神話裡頭「精衛填海」的神仙。

不過，如果共產黨能如實告訴我們，在他們治下，每天餓死了多少人，勞役死的多少人，冤死的又有多少人，那我們這些勞改犯們說不定還會說一聲皇恩浩蕩。

自從這次值星員冒死向指導員陳情之後不到一個月，隊裡的工具房來了幾十包日本進口的化肥：

硝酸氨、硫酸氨和尿素之類的，還派了幾個當過藏兵的犯人到外地去學習。回來後便專門負責在工具房造土製炸藥。我們組還曾經被派去幫忙過。

然後每天都有幾個藏犯在各個小組的垉口上用空心炮釺往泥口打幾個一米多深的洞，裝上炸藥埋下雷管之後便拉上電線來引爆，每次都能炸出幾十方的土出來。這對犯人來說，省了挖土的工序無疑是十分受歡迎的事，不過因爲炸出來的砂礫土都是大塊頭，要鋤開它也很費勁，能搬得動的便由幾個人合力往小車上搬。這樣一來，砸壞了車子不算，各組都有砸傷了腳的。

好在的是，我們的隊長不愧爲用毛澤東思想武裝起來的共產黨員，馬上就能想出個解決辦法：他立即命令工具房犯人造了十幾輛大型人力膠輪車，一塊三四個人才能搬得動的大土塊，這些車子都能裝下幾塊。不過這樣一來，六七百斤的車子走在剛塡上虛土的工地上，輪子就深深陷在鬆土裡，拉起來就好像你在電影上看到過的，古埃及人建造金字塔時搬運大石塊一樣的艱難。等到虛土都給壓成硬地了，這六七百斤重的車子就由一個人拉出去了。而且任務由原來要求的每人二十立方增加到了二十五立方。

在科技面前，犯人需要付出的體力不是少了，反而是更多了。有了科技，就連什麼「匯報」什麼「獻禮」的藉口都不需要了，任務照樣可以壓下來，夠諷刺了嗎？

第十五章 由我來宣傳毛澤東思想

毛主席說過：「幹革命總會有犧牲的。」勞動改造也不例外。隊裡原來有個教唱「革命歌曲」姓廖的犯人，被大土塊砸斷了腿被送到不知什麼地方去養傷去了。

基於犯人思想改造的需要，每逢大會，小會都需要有個犯人站出來給大家領唱「革命歌曲」和「毛主席語錄歌」的。也許是管教員從我的檔案裡看到過我在農場有過唱外國歌曲的「案底」。於是把我叫了過去，問我能不能在隊裡教犯人唱「革命歌曲」。

我本來只喜歡唱五十年代的歐西流行歌曲，對這些所謂「革命歌曲」的簡譜當然一看就懂，一哼就會，何況我又怎能放過這次「出人頭地」的機會。我馬上就答應了，同時還當面感謝人民政府給了我立功贖罪的機會。

從此，我從昔日的反毛澤東思想的「老運動員」，搖身一變成爲今天宣傳毛澤東思想的「文藝工作者」了。雖然仍然是個光頭的勞改犯。

有了這個身份的好處就是，只要從報上找到最新發表的「毛主席語錄歌」或者「革命歌曲」，便圈下來拿去請幹部審批是否適合犯人去唱。等到批了下來之後，便可以有一天留家的機會，把這首歌抄個十來張，每小組給發一張，並且抄在大黑板上。星期六晚上不用學習，便把大家集合到院子外來，搬出黑板，站到前面，由我來教唱歌頌毛主席，讚美共產黨的新歌，讓大家藉著唱毛主席語錄歌的機會，把毛主席的親切教導深深地銘記在心底裡。

每逢中隊開會或者大隊集合，也少不得由我站到前面去領唱幾首革命歌曲或者唱幾首語錄歌來代替背誦《毛主席語錄》。雖然來來去去唱的不外乎是〈東方紅〉、〈大海航行靠舵手〉、〈歌唱祖國〉〈沒有共產黨就沒有新中國〉這些洗腦歌，和拿毛澤東的講話硬編出來的語錄歌，不過都是不可或缺的過程。等我把歌唱夠了，才輪到幹部出來講話。還有，每逢大會批鬥壞人壞事（只要這次大會批鬥的不是我），也是由我來領口號去打倒他，批臭他。這都顯示了我今非昔比的「權威地位」，擔任了「公職」之後，自我感覺良好，好像看到了前途了，人也輕鬆了些。

一九七六年初，周恩來死掉，指導員給我拿來兩首叫〈永遠懷念周總理〉的新歌。在當時來說，這是首絕無僅有的抒情曲子，他叫我趕快教大家學會它。

第二天，我照例留家把它複寫出來發給每小組一張，還假傳「聖旨」說指導員交代了，叫每人都要抄一份。還嚇唬人說這是一次「政治任務」，因爲這是指導員親自交代的。

下一天恰逢是星期六，收工稍早一些，飯後由我親自到院子裏咋呼：「集合唱歌囉。」大家都知道這次教唱的是指導員親自拿來的歌曲，誰也不敢怠慢，紛紛放下手頭上的活到院子外集合，我唱一句他們跟著唱一句，一直唱到天黑看不見爲止，對這種史無前例的做法，不滿意的肯定會有，不過誰敢報告隊長去。

第二天大禮拜不開工，下午又把人集合起來教了兩小時，最後是全隊合唱，會唱的大聲唱，不會的也張嘴跟著唱，勉勉強強地算是教會了。晚上指導員點名，我就出來領唱這首歌，指導員很高興，還第一次提到我名字，表揚了我，我也很高興。

過了幾天，在全監的大會上，在監獄長、教導員在場的情況下，我有機會把這首歌拿出來唱了兩遍。雖然沒有掌聲，但從犯人和幹部的表情看得出來很受歡迎。一貫以來聽慣了吼叫式的語錄歌，突然冒出來這首軟綿綿的抒情歌曲，確實很能感動人。這次因爲是我讓指導員在一眾幹部面前出了風頭，我也「紅」了。也許來年中隊在審批我的提前釋放條件時，會有這一條。雖然我現在還是無期。

謊話說得好聽就能得到獎賞

每逢五一、十一、春節，監獄都會在犯人中搞個晚會，這絕不能看成是犯人的文娛生活。這只是一堂化了妝的「政治課」。正如在社會上，無論是歌曲，電影，電視還是任何文娛節目，無一不是摻和了政治宣傳的文藝表演，文藝表演是手段，政治宣傳才是目的。

在節日前一個月，管教員就會通知我作晚會的準備，在沒有選定表演形式之前，就已經預先確定其內容必須要配合國內外的政治形勢。例如社會上開展批判蘇修美帝的政治運動，我們便要宣傳革命形勢大好，鼓吹「東風繼續壓倒西風」；極力醜化美帝蘇修，宣傳毛主席的話：「敵人一天天爛下去，我們一天天好起來」；「林彪事件」之後便要狠批孔老二的「克己復禮」，和林彪的「五七一工程紀要」，雖然犯人們誰都不知道「五七一工程紀要」是些啥玩意。在肯定「批林批孔」的偉大勝利的同時還不能漏掉歌頌毛澤東思想大放光茫；在列舉「農業學大寨」的偉大成就時，就要讓人們相信全國人民豐衣足食，歌舞昇平；國民經濟形勢是：「既無外債，又無內債，市場繁榮，物價穩定。」我們作爲犯人的就要擁護共產黨和人民政府，同聲祝願無產階級江山千秋萬代，永遠永遠專我們的政；同時，字裡行間還要對犯人中的反改造行爲敲敲打打。等等。這才叫作有的放矢、結合實際。

指導員會交給我一大堆雜誌報刊，叫我從中找材料，其實這都是多餘的，學習會上我不就是不斷重複著這些謊言嗎？

我欣然接受這個任務，是因爲我起碼有一個月不用出去「學大寨」，而是在家裡編寫叫人家去「學大寨」的鬼話。我通過各組值星員找出一些能唱會跳的出來，這幫被共產黨稱作剝削階級的傢伙，人才可真不少，二三十個都有些小本事。按他們的擅長，訂下節目形式提交隊部，批下來結果是：「東北二人轉」、「河南梆子」、「山東大鼓」、「上海評彈」甚至「粵曲」、「京劇」、「帝王將相」、「才子佳人」等全部都在被禁之列，一律不能演，剩下的只有十來二十人，演的是廣東音樂、客家山歌、藏舞、雙簧、相聲、快板、活報劇這些，所有歌詞和節目內容無非是吹捧社會主義共產黨，和醜化資本主義帝修反兩個主調。吹捧自己方面不妨大話連篇，醜化敵人方面可以不講事實，也不怕你荒腔走板，能惹笑就行。

本人到底是半個大學生，又有大量書刊可抄，編這些本來就很熟識的劇本並不困難，只要湊夠字數，押押韻就行，難就難在審批過程中，要求字字正確，句句有力，還要謊話裡面有笑話。笑話裏面帶謊話，這就要求作爲編者的我臉皮夠厚，寫出來的東西夠肉麻才行。

請看。我在廣東音樂合奏之前先由「樂師」們站起來輪流高聲朗誦一段《毛主席語錄》，營造出改造氣氛，然後把廣東音樂〈賽龍奪錦〉改名爲〈大寨戰鼓震山河〉，〈雨打芭蕉〉改名爲〈毛澤東思想的雨露滋潤神州大地〉。曲名是長了點，肉麻是肉麻了點，但幹部和他們的家屬們都很受落。至於「快板群」就好辦了，六副竹板一齊響，句句口號輪著喊，演員們穿過來插過去，場面剎是熱鬧。我又把老藏民原來抱著麥穗慶豐收的藏舞，改編爲舉起鋤頭開山劈石的〈大寨舞〉，呵呵呵！終於，幾乎全部劇本都通過了。

還有相聲，其中一段連幹部家屬來看了都笑翻了天，這段我是這樣寫的：

甲：「哎！夥計呀，我國鋼產量早就達到五百萬噸了，這是三面紅旗的偉大勝利！」

乙：「我說呢，不能自滿，人家美帝差一點點就要趕上來了。」

甲：「差一點？差多少？」

乙：「差四百多萬噸。」

哄堂大笑。

在這個充滿謊言的國度裡，人人都在自欺欺人，人人都在謊言中享受著自我陶醉。只有犯人看了當作笑話一樁；不會因而由衷喊出「共產黨萬歲」。

從幹部院子借來了樂器道具和油彩。只要我把「演員」一召集，他們就有十天八天的晚上免學習，還有些正在組裡受「幫助」的都可以暫停接受「挽救」。臨演出前還有三天五天不用出工，排戲排到深夜的還能加饃一個。皆大歡喜。

還有個小節目成功得出乎我意料之外。連幹部都説要拿去作「參考」。

自從蘇聯屠夫史達林一九五三年死掉之後，毛澤東一直想取代其國際共產主義運動的盟主地位，最後演變成爲中蘇交惡。及至蘇聯新領導赫魯曉夫上臺，徹底摒除了史達林路線並將其鞭屍，推行「三和兩全」政策，務求結束冷戰和同美國和平共處。此舉大大觸怒了毛澤東，多年來不斷發動鋪天蓋地的文山牘海去批判蘇修美帝。

我在一個雙簧節目中，前面是蘇修坐在椅子上做動作，蹲在他後面的美帝就大講美蘇今後如何合作主宰世界，如何合謀瓦解共產主義陣營的陰謀詭計。接著他倆互換位置，由美帝在前面做動作，蘇修在後面訴說自已慘被中共批判得體無完膚，導致修正主義一敗塗地。然後他們再換位置，由美帝向難兄難弟哭訴其侵略政策到處碰壁，被風起雲湧的民族解放運動打得頭破血流。

最後，在一片毛主席語錄歌：「東風吹，戰鼓擂，今天世界上究竟誰怕誰，不是人民怕美帝，而是美帝怕人民……」聲中，幾支紅旗從旁邊伸出來揮動，（勞改犯不能舉著紅旗出場）蘇修美帝倒地痙攣而死。背景響起〈東方紅〉歌聲。

是不是很幼稚？很肉麻？不過這種「大長人民志氣，大滅敵人威風」的節目，不管你持什麼政治立場，也不管你身處什麼位置，都不容你不鼓掌，更不容你不叫好。除非你不想活了。

第二天，管教員居然把劇本要去，說是給人家「參考」云云。

這些小節目到時侯除了在中隊演，到別的隊演，還請了幹部家屬扶老攜幼來湊熱鬧。他們看得過癮，笑得開心。他們說比看那些已經看了十遍八遍的《地道戰》、《上甘嶺》、《青春之歌》還要過癮。

好比假藥，我願意賣，你願意買，只要你信，假藥也能起到精神治療的作用，特別是在生活極端困難的年代裏。後來就憑我這些連篇謊話，到一九七七年十月，跨過了無期改二十的慣例，直接把我改判爲十九年，等於減刑一年。刑期由一九七七十月改判當日算起，要等到一九九六年十月才算刑滿。如果不死的話。總共要服刑三十八年。（請參閱第二十頁判決書原件及繁體字騰本）

你看，只要謊言說得好聽都能得到獎賞，這個世界就是這麼荒唐。

不許笑——毛澤東死了

好在，世界上只有萬歲的人民，沒有萬歲的獨裁者。

一九七六年九月份的一天，下午提前收工，經過幹部院子，見大門外掛上了兩個像超巨型避孕套似的黃色長燈籠，這是當地人家辦喪事用的，我們當然不懂。有個「老廣」開玩笑地說了句：「乜事咁高興張燈結綵呀？」（廣東話：什麼事那麼高興……）一句話引來一陣笑聲。

晚上照常學習，照常抽煙，照常唸毛主席語錄。照常恭祝毛主席萬壽無疆。

第二天早上，吃過飯，值星員開會回來宣佈不出工了，準備集合聽報告。

很快，各小組集合到院子裡，由於大家都覺得早上突然宣佈不出工未免太不尋常，所以每個人都表情嚴肅，除了點火抽煙，沒有說話的，只要有誰在這時候偷偷放個屁，全院子一百多人都一定能聽得到。

隊上的幹部上至指導員、隊長，下至管教員全來了。

指導員首先宣佈：等下聽廣播，不準紀錄、不準講話、不準走動、不準抽煙。氣氛一片肅穆。

等了好一會，廣播喇叭忽然響起了節奏很慢很慢的，很長又很低沉的哀樂。我們初以爲又是那一個「傑出的無產階級革命家」死了。

等哀樂哀夠了，播音員才用他的喉嚨發出既沉且慢的腔調宣佈，聽起來像是這位垂死的播音員在宣讀他自己的臨終遺言：

「我們的偉大領袖，偉大導師，偉大……」，一聽到這裡，下面每個人的心都一下子繃緊了，全部人都像冰塊一樣凝固住，連呼吸都幾乎停頓下來。

經過了很長時間才唸完他那篇以中共中央，人大常委會，國務院名義發表的叫作告全國各族人民的〈訃告〉。

大塊文章唸完了，哀樂還在哀下去，誰都沒敢動一下。

犯人們只有沉默，絕對沒有「哀」的意思。各自都在盤算著，毛澤東死了，是好事還是壞事，形勢會有什麼變化？每個人都有自己的想法：

被共產黨害得家破人亡的人咬牙切齒：

「你、你、你、你終於死了。」

有人希望他死了以後，中國也會出一個像赫魯曉夫的人物，鞭毛澤東的屍。

有比較冷靜的人卻擔心毛頭死了之後，共產黨內部又會出現新一輪腥風血雨的內鬥，全國很快也就會有新一輪所謂的「兩個階級，兩條路線」的政治運動了。到時候我們隊裡不知道又會有幾個死刑加刑的配額？

哀樂還是哀個不停，終於，指導員向前走一步宣佈：

「不用討論，回去唸毛主席語錄。」犯人們才輕輕地起來，連平時散會時響起的板凳聲都沒有，也沒人上廁所，都像小偷似的悄悄地閃進屋裡，靜靜地坐在自己的位置上，連呼吸都盡量輕一點，慢一點，把頭低下，生怕別人注意到自己。希望外面快點喊「開始學習。」

毛死了，由比他早死的林彪所編的《毛主席語錄》還盤踞在我們的生活中。

值星員拿起毛語錄，在這非常時期正不知該從何處唸起，考慮一番之後決定，最保險是由第一頁起順序唸下去，這樣肯定不會被指刻意唸些不合時宜的段落。

他用又慢又沉重的聲音小心翼翼地唸：「領導我們事業的核心力量是中國共產黨，指導我們思想的理論基礎是馬克思列寧主義……。」連標點符號都不敢錯。

氣氛開始有點舒緩下來。有人拿出煙來，左看看，右看看，觀察一下環境。

指導員無聲無息地進來了。

「你，幹什麼的，還抽煙。」手拿著煙的那位一個勁地發抖，煙掉落了。指導員銳利的目光掃過每一個人，再沒說什麼，擰頭出去了。在這非常時期，還有其他小組等著他去「指導」呢。

快要下學習了，指導員把值星員全召到會議室去匯報去了。

待值星員回來，那位在收工路上說過：「乜事咁高興張燈結綵呀」的「老廣」被指導員叫去了，這一夜他沒回來，從此再也沒見他回來。

中午吃過飯，也沒叫開工，全部回小組唸《毛選》：是指導員指定的幾篇文章：〈敦促杜聿明等投降書〉、〈別了，司徒雷登〉、〈論人民民主專政〉、〈關於重慶談判〉等這些既針對勞改犯，又兼有震懾作用的文章。氣氛依然凝重，個個坐著就像一尊尊泥菩薩一樣，一動不動。誰也不想在這節骨眼上冒出個頭來。晚上，傳過來一份頭版有毛澤東〈訃告〉的《青海日報》。要求唸過之後談談這位「各族人民大救星」的「豐功偉績」。

這本來是最好發揮的話題，要在平時，任誰連想都不要想便可以吹他半個小時。奇怪的是，今晚人人的發言都只是三言兩語，這不是因爲沒話可談，而是怕說漏了嘴，講錯了，又或者用錯一個字，發錯一個音就說不定都會惹來殺身之禍。不到半個小時全都談遍了，值星員問過，都沒補充。只好再唸《毛選》。

值星員又被召去匯報去了，全組靜了下來，不知道又有什麼事，誰也不敢拿起《毛選》接著唸，沒人敢打瞌睡，沒人敢抽煙，連去廁所的都沒有。你看著我，我也看著你，大家靜靜地等，等值員回來傳達，等下學習。

第二天，照常開工，工地上整天沒人講過一句話，那怕是工作上的，也只是打個手勢，帶上一聲短句，靜悄悄地埋頭幹活。炮眼不打了，炮也不放了，不知是不是怕人家說你這是放炮慶祝。到處是一片挖土聲，裝土聲，再就是：「走」、「來」的吆喝聲。只因爲說話怕分析，在這緊要關頭上，只要人家把你的話一分析，什麼話都可以「上綱上線」，都可以教你萬劫不復。這時期的一支煙，一個笑容，那怕不置你於死地，也要你寫個沒完沒了的檢查。

這絕不是危言聳聽。後來聽新來的犯人說：這期間全國各地都停止了一切的娛樂活動，連音樂都不許播放。在上海，那怕只偷了人家一包三角錢的香煙，便可以就地槍決，勞改犯的謹慎是完全必要的。憂慮是有道理的。

過了沒幾天，大量新的學習材料來了。不知打那裡來了個叫華國鋒的，就憑老毛一句話：「你辦事，我放心」便登上了統治十億人口的寶座，老毛的御用吹鼓手繼續爲新老闆鳴鑼開道，〈按既定方針辦〉，〈繼續鬥私批修〉〈堅決沿著毛主席指引的 道路前進〉的社論。一篇接一篇，每篇都佔兩大版篇幅，還有一篇接一篇《紅旗》，「梁效」的文章，成版成版的〈堅決擁護華國鋒同志作爲毛主席的接班人〉、〈毛主席的革命路線後繼有人〉的大塊文章。千言萬語一句話就是肯定華國鋒是毛澤東的接班人，要把毛主席發動和領導的無產階級文化大革命進行到底。此外還要通過學習，認識江青、姚文元、張春橋、王洪文他們在捍衛毛主席革命路線的偉大貢獻。作爲改造中的罪犯，一定要在毛主席指引的「農業學大寨」的金光大道上努力改造自己。也只有到了這個學文件的時候，犯人們又可以誇誇其談地談認識，講理論，吹吹牛皮，最後，人人發個誓，個個下保證，自己在改造中要那般那般，如何如何。彷彿只要通過學習，人人都可以由一個罪犯變成爲一個理論滔滔的馬列主義者了。

青海煙又開始點著了，起先是個別大膽的在工地休息時間點，見幹部走過都沒說什麼，「有煙抽煙，無煙望天」的景象重現，工地又回復昔日的熱鬧，把偉大領袖毛主席到了那裡去這件事全忘了。日子好像恢復了正常，不過，正常不了多久，一個極大的變化突然又到來了。

第六十章 一舉粉碎「四人幫」

監獄裡對於「一舉粉碎『四人幫』」的宣佈遠沒有宣佈毛澤東死訊那麼緊張。我們不知道電台是什麼時候公佈這件事的，我只記得那是個晚上，飯後集合點名，歌也沒唱。中隊幹部全來了，指導員站在犯人前面宣讀一個很簡短的消息，大意是說：

「某月某日，在以葉劍英、華國鋒爲首的無產階級革命家的領導下，一舉粉碎了，王洪文、張春橋、江青、姚文元『四人幫』，毛主席的無產階級革命路線重新回到正確的軌道上來……。」

讀罷，幾位幹部都同時望住下面的犯人，觀察犯人對這突如其來的消息有什麼反應。靜寂了有半分鐘，宣佈解散。跟往常不同，這次沒有佈置學習內容，即是由各組自已去掌握。

久經風浪的勞改犯在幹部面前當然不會隨便作出什麼反應。爲「四人幫」惋惜固然不合時宜，慶幸「四人幫」垮臺也不到時候，看幹部今天的神態就知道。因爲大家都不知道剛才宣佈的是不是真的，那怕現在是真的，誰知道過幾天「四人幫」又來個反伐一擊，捲土重來怎麼辦。也夠奇怪的，江青明明是毛主席的老婆，王洪文又是毛主席一手提拔的中共中央副主席，張春橋姚文元更是中共的文膽，是姚文元的一篇〈評海瑞罷官〉才吹響了文化大革命的號角。這些明明都是毛主席身邊的大紅人，怎麼一下子就被「一舉粉碎」了呢。什麼叫「一舉」，「粉碎」又是什麼意思，就連「四人幫」這三個字也只是頭一回聽到。

這一切來得太突然了，不明白的事也太多了，誰都這樣想，不過誰也沒敢在私下或者公開講出來。那麼幹部呢。剛宣佈了這麼大一件事情，連值星員會議也不開，是不是因爲以前吹捧過「四人幫」，一下子不知該如何自我否定，又怕值星員當面提問題不知怎麼回答。又或者是他們也怕形勢會有反覆而不敢多講，講多了又怕犯人消化不了。不過只要看看幹部在宣佈這件事的時候，那副嚴肅的表情，就知道他們的心情有多複雜。

回到組裡，上廁所的還沒回來，老吳就來了，把早前發到組裡的報紙和學習文件全收走。臨走還交帶值星員告訴大家，把所有舊報紙和學習材料，凡是有文字的紙張都要交出來，集中送到隊部去。人齊了，開始學習，永遠正確的方法就是唸《毛選》，讀《語錄》，一個晚上就這樣過了，在奇怪和疑惑的氣氛中靜靜地過了。

幾天下來，都沒叫值導員去開會，也沒佈置學習，好像什麼事都沒發生過似的。終於，《人民日報》出了社論。這是中共中央的態度，說明大局已定。

監獄裏面可以隱約聽到外頭傳來敲鑼打鼓的聲音。幹部把社論讓犯人在小組唸，但仍然沒有叫討論，因爲從擁護到反對，一時間誰都轉不過彎來，那怕是放在組裡討論，相信也沒有人敢發言。

以前說擁護江青領導的「中央文革小組」就等於是擁護毛主席，擁護文化大革命。那麼，今天說擁護粉碎「四人幫」能不能說是等於反對毛主席，反對毛主席發動的文化大革命呢？這是個大到不得了的大問題。以前說過「四人幫」壞話的，都死無葬身之地。那麼說過「四人幫」好話的，現在開始擔心被翻舊賬了。所有我們這些犯人，誰沒當過「四人幫」的「應聲蟲」，於是人人自危，將來運動來了，看誰又該倒楣了。連續個多禮拜的學習，不管學習什麼都抱著不講爲妙，值星員也不勉強，也不匯報。

這情況一直維持到「四人幫」的「罪行」逐步揭露了出來，幹部講話也只是提到粉碎「四人幫」的新聞，沒有一個幹部提到過「四人幫」以前的事，不管好事或者壞事。

也許他們同我們一樣，怎樣把以前都認爲是他們忠於毛主席的好事，現在理解成爲反毛主席的壞事呢。以前他們對犯人講過的話，今天又怎樣在犯人面前倒過來說呢？當個幹部也真難啊！怕只怕不知那一天，突然宣佈「四人幫」反過來「一舉粉碎」了葉劍英、華國鋒、汪東興的「三人幫」，到時又怎麼辦。以前劉少奇，林彪的事情早就有過教訓。

所以，在整個批判「四人幫」的過程中，遠沒有以往批判劉少奇，林彪般的大張旗鼓。幹部發動批判「四人幫」的學習也不多。也許是先入爲主，又或者是以前幹部的教育深入人心，在犯人的心目中，實在也找不出「四人幫」幹過那些壞事，我們學習到的都是他們無限忠於毛主席，按照毛主席的指示去推動文化大革命運動。現在說他們的做法「過左」，這不是等於說毛主席也有錯，誰敢？

如果說他們打倒了大批的共產黨幹部，這同我們犯人又有什麼關係，他們只不過自己人打自己人罷了，犯人感興趣的反而是報紙上說的江青，王洪文的私生活有多糜爛，想知道所謂無私的共產黨員的真面目。

共產黨要搞垮一個人，往往先在輿論上搞臭他的私生活，激發起人民的妒恨心理，然後再談其他問題。當年也曾先在林立果「選妃」問題上大做文章，然後才將矛頭指向他爹林彪頭上；今天同樣的，中共要搞掉那一個就首先說他有幾個二奶，幾套房子，貪了多少錢。搞垮了他的名聲之後才理直氣壯地收回他的權力，然後再賜予自巳親信，這樣才能鞏固自己的權力地位。這就是中共每一次所謂路線鬥爭或者更換領導人之後，必然出現的腥風血雨場面。

聞聞很臭，吃起來很香

標題這句話是《人民日報》登出來的，說是江青私底下用形容臭豆腐的這句話來形容資本主義制度的。如果這是真的話，而且又出自所謂「毛主席最親密戰友」、「毛澤東思想最忠實的執行者」的江青口中，那麼，她這一句話足以令到以往批判「萬惡的資本主義」的萬卷鴻文立刻變成廢紙。每逢讀報讀到這裡，人人都會作會心微笑，至於他們怎樣反毛主席，爲什麼要反對毛主席，說實話，我到今天仍然弄不明白。

過了不久，新的困擾又來了：被打倒的鄧小平又重新回到中央工作了。早在一九七三年，鄧小平就試過一次被打倒後又重回到中央工作，那時毛主席還說鄧小平「人材難得，可以回來當黨中央副主席」，沒想到，一九七六年周恩來死後，四月五號的「天安門事件」一發生，又刮起了「抓小平頭」、「反擊右傾翻案風」的風暴，所謂「人材難得」的鄧小平又下臺了。

因此，在勞改隊裡，連政府幹部對鄧小平的復出都很少主動去提及過，是不是生怕不知那一天中央又會發出追捕「小平頭」的通緝令就不曉得了。

除了讀報時會讀出鄧小平三個字之外，平時的學習發言中，幾乎都忽略了鄧小平的名字。與此同時，由於《毛主席語錄》是林彪的產物，逐漸也被擱一邊了。那很好，往後飯來就開飯，再沒有先唸幾段語錄的傻事了

形勢在不知不覺中變化

「四人幫」下去了，華國鋒單憑毛澤東一句所謂的臨終囑咐：「你辦事、我放心」便粉墨登場了。「文化大革命」和「農業學大寨」這些提法在報紙上不知不覺中淡化了。這時候，報紙上的重點反而糾纏在毛主席到底是講過「按既定方針辦」，還是講過「照過去方針辦」。照我們一般凡夫俗子看來，實在看不出這兩句話有什麼不同，但這兩句話居然會成為誰是毛澤東的正統接班人的籌碼。共產黨內部這些「狗咬狗，一嘴毛」的鬧劇，在共黨史上已經上演過無數次，作為階下囚，只求這次別再殃及池魚便阿彌陀佛了。

總的來說，自從林彪和毛澤東相繼去了見馬克斯，又「一舉粉碎」了「四人幫」之後，監獄裡的學習沒以前那麼緊張了；批鬥犯人的次數少了，規模也小了；幹部點犯人名字也不多見。管教員在犯人季度評審和年終鑑定開展時，還特別強調要充份肯定人家的優點，有缺點錯誤的也不能把人家一棍子打死；同時每次提到「接受改造從寬，抗拒改造從嚴」的政策時，總是加上所謂「給出路」的政策。這「給出路」三個字是最新加上去的，以前從來沒有正式提過。

形勢在變，政策也在悄悄地變，這點犯人也能感覺到，但真正看得出來的重大改變是在一九七九年的年中。

甘都監獄本來是專門關押重刑犯和政治犯的監獄，所有新老反革命犯的家人從來都不知道他們的親人長期被關押在這裡，因為這裡的犯人同家裡的通信都受到嚴格審查，絕不能透露自己的所在地，連暗示這裡的環境都不可以。通信是用郵箱號碼。更從來沒有接見探監這回事。但從七九年開始，我甚至被允許從監獄直接給加拿大的妹妹寫信，要知道，這本來是「裡通外國」的死罪。這次是因爲管教員口頭告訴我，我妹妹秀瓊由加拿大來到北京，向公安部查詢我的情況，公安部又向監獄調我的檔案，才告訴我可以寫封信給她，告訴她我在這裡一切很好，其他就不必多寫了。即便如此，這也是個極大的改變。在以前，連我父母去世的事都沒讓我知道，是我出獄以後才知道的。

這個罐頭被撬開了一條縫

還有一個非比尋常的改變，而且這個改變好比在一個密封的罐頭上面撬開了一條縫，光線進來了，空氣也進來了，使得所有老犯人所受到過的封閉式洗腦教育便立刻付諸東流。所有一面之詞的謊言都真相大白。

這就是調進來了一批爲數不少的年輕犯人，這是一群被稱爲「生在新社會，長在紅旗下」、「喝共產黨奶水長大」的年輕人，這些年輕人，個個都只有二十歲上下。我們小組就插進來兩個，本來很擠逼的炕就更不堪了。

晚上學習了，他們三三兩兩在院子外面彈吉他，哼些不知名的歌曲。完了還把鋪蓋搬到院子外去睡覺，還生了一堆火。「哎……到處流浪……哎……到處流浪……我天生酷愛……哎哎……自由天地……」地唱了一夜。幹部進來了，看一眼就走，什麼都沒說。

第二天，我們出工了，他們當然沒有去，在家裡幹了些什麼我們不知道，收工回來只見他們坐在院子裡抽起香煙來了，據老吳說是隊長幫他們去買的，他們說有香煙抽才會出工。沾了他們的光，晚上吃九五麵饅頭。

這晚沒有集合點名，學習是由值星員自由掌握。稍後，傳召值星員開會，會後值星員回來傳達指導員的話說，老犯人都是受過人民政府長期教育的，新來犯人的不規矩表現只是暫時的，不能學他們，不能同他們講話，不能向他們打聽外面的情況。指導員還說：

「你們老犯人犯的是反革命罪，是敵我矛盾問題；而他們只是年輕人犯錯誤，是人民內部矛盾問題。你們是強逼改造，他們進來是受教育的，性質完全兩樣，不能有任何不切實際的幻想。他們有什麼可以向政府匯報，由政府對他們教育，值星員不必去管他們。」

無序的局面過了幾天，情況開始有了些變化。他們出工了。

本來全隊出工的隊伍有一百多人，分成三行緊靠著走，前面是班長，後面是帶隊幹部，但今天不一樣，在前面是兩個穿便服的年輕人同班長並排走，帶講帶笑，其餘十幾個在後頭同幹部走在一起，還有人將手搭在幹部肩上的。

到了工地，我們每個人報個數便蹲下，他們始終站著。開工了，他們不在組裡，三三兩兩到處逛，有時幫藏民抱住鐵桿往泥口打炮眼，還想幫忙裝炸藥，但被老藏民狠狠地哄走，這是他們來了以後，頭一次有人敢哄他們。還有幾個，坐在警戒旗旁邊，同哨兵談得挺歡，還站起來舞手動腳，似乎在向年輕班長示範新舞步。這樣又過了幾天。

直到有一天，工地來了一輛吉普車，載來三個穿舊軍裝的幹部，有人認得出其中一個是監獄長，一個聽說是勞改局的，還有一個不知道。他們把所有年輕人都叫過去，就地坐在車旁談了老半天，有個幹部還向這些小夥子派香煙。吉普車走了以後，看太陽快到收工時間了，帶隊幹部又同他們談了一會，才喊收工。

第二天到了工地，情況有所改變，他們沒有散開而是留在自己小組的泥口，隨便拿起鐵鍬幫忙往車上裝土。從他們的把式看得出來，他們是幹過活的，會幹而且有力氣，只是動作稍爲慢了點。

值星員很高興，因爲大統計講了，他們是不算工效的，讓我們撿個便宜。

他們到來的時間雖然不長，但他們的一舉一動給我們大開眼界。毛主席說過，今天的年輕人就像早上八九點鐘的太陽，充滿朝氣的，中國的前途是他們的；又說他們都是無產階級革命事業的接班人。但現在看來，怎麼看都只像個憤世嫉俗的頹廢年輕人。

老犯人看在眼裡，問號打在心裡，誰都不敢問個爲什麼。

還沒到中午，他們撂下鐵鍬走了，有的找個地方躺下曬太陽，有的找班長吹牛去。下午有的沒回來，回來的到填土的溝邊幫忙推推車子。

晚上收工回來，他們都沒有盆子，只站著看人家洗臉抹澡，值星員把自己曬好的暖水給他們，還額外加了半瓶熱開水，他們也會說聲「謝謝」，挺新鮮的。

他們都聽了毛主席的話

晚上，外面刮起大風，他們都沒出去，擠在我們中間參加學習來了，由於沒有安排學習內容，值星員想找個人給大家讀報。小夥子不知是悶得慌還是什麼，主動請纓代勞，但他讀的不是社論，也不是頭版頭條，他拿起《人民日報》翻到第三版去找些花絮小品，好人好事，壞人壞事什麼的，這些我們平時都不會讀的小文章。讀了幾段，輕輕嘟囔一句「媽的，騙人的。」不讀了，放下報紙向我們要了點青海煙葉，吸一口，嗆得不行，還給了人家，站起來想撕開蒙住窗口的塑膠紙，被大家擋住，他才又坐下來，到外面去吐口痰回來，一坐下就問值星員：

「喂，你犯了什麼罪，關了你幾年了？」

值星員搖搖頭告訴他：「我們這裡不能談這些。」

他以爲他不說是因爲他是值星員，便用手肘碰碰旁邊的一個，旁的一個也是笑而不答，自顧自的捲煙捲。小夥子感到怪異：

「哈，這算什麼了嘛，犯罪你們就敢，說句話就不敢。」他自告奮勇：

「好，你們不說我來說……」值星員沒有制止他，也許他也想知道這些人的來頭。

小夥子見大家都用期待的眼光注視著他，他來勁了：

「我們都是上海知青，被騙到青海格爾木來支邊的，「支邊」你們懂不懂，就是支援邊疆建設囉。毛主席說了，農村是個廣闊天地，到那裡去大有作爲嘛。我們看過新聞片，馬群在邊疆草原上奔馳，要多豪邁有多豪邁，便報名來了，誰知道他把我們弄到這裡的格爾木建設兵團。好吧！兵團就兵團吧，當兵也很好。誰知道開操的時候給我們發的是木頭造的槍，三個人才一根的木頭槍，幹的是開荒修水利的活，男男女女還分開得遠遠的，成年在荒灘上不是風就是雪，誰受得了嘛……。」

一口氣像一個老貧農在「憶苦思甜」大會上控訴舊社會似的。說到這裡他停下來，左右掃了一眼，從口裹袋掏出包香煙來，抽出一根點著，把餘下的多半包撂到值星員面前，下炕走了，走到倉門口想出去又停了下來，轉過頭繼續說：

「媽的，吃又吃不好，打報告要回去又不批，不批我們就自己跑……管他娘，到這裏我還要跑。」還握拳做了個表示決心的手勢。

他真的出去了。值星員撿起剛才他撂下的煙包放回他舖位。望著他出去，我們都呆住了，忽然有個老犯人說：

「你說嘛，我早就估計到這些是知青……。」

「別說了，我們同人家不一樣。」值星員制止他。

這晚上餘下的時間就沒有正經地學習下去。

第二天到了工地，同別的組談起昨晚的事，原來這情況在其他小組也有，不過故事稍有不同，有的還更豐富。這些來時才十五六歲的大孩子，從來沒離開過家，受不住這裡軍隊式的管理，勞改式的生活，於是有偷竊的；有逃跑的；有跑去女兵團那邊去亂搞的；也有因爲鬧回流而搞對抗的；甚至還有自殺的。這次就有兩個本來已經逃回到上海的，只因家人怕受牽連而把人送回來的。

他們同我們一樣，每個人都有自己一個故事。他們都擁護過毛主席，熱愛過祖國，憧憬過共產主義。他們當過紅衛兵，造過反，他們今天的怨氣是感到被利用完了又被騙到這裏來，怨氣自然就大；反而我們這些被指爲「反革命」的，對自己的反共歷史從來都沒有真正後悔過。知青們今天的反叛，正好說明他們對曾經深信過的教義如今徹底破了產。信仰的真空，再加上前途的茫然。頓時化成一種醒悟。他們雖不能代表全國所有人，但至少代表了他們的這一代人，以及歷次政治運動中受過傷害的人。

全國有幾千萬這樣的青年，他們的青春被棄置在無數個格爾木，他們的這一段歷史，將成爲他們終生的烙印。沒有信仰，沒有道德約束，他們的前景一片空白。從此，他們當中有些人學會了一切都只爲眼前，爲了眼前可以無法無天爲所欲爲，可以不擇手段傷天害理。這正是我們今天所看到的。

年輕人的夢和我們的夢

試過有一個晚上，也是學習時間，值星員簡單地談了談一天的勞動以後，見沒有什麼別的事便想拿出《毛選》來讀〈老三篇〉，這絕對是正確的學習內容，但這位年輕人卻有他的主意，他從褙包裡拿出來一本手抄的小本子說：

「我來，我來給你們講故事……，這本是《我的愛國心》，是我抄來的。愛國，不錯吧……。」

值星員趕快擺擺手示意不可以。他不理，說：

「不好？那，換一本，也是抄來的，叫……《第二種忠誠》，忠誠，沒問題了吧。還有《薔薇花》。你們看先唸哪本，……不、不、不，不如先唸《在太陽落下的地方》，講西方的……。」他隨手把本子撂炕上：

「不唸就算，你們自已拿去看，全是抄來的。」值星員叫他收起來。這回我發現了，值星員每次總是等他把話說完了才制止的，他有沒有向指導員匯報我不知道，不過我看得出來他本來就很想從人家嘴裡聽出些什麼來。

他終於聽出來了。因爲有一次，年輕人又想給大家讀他的手抄本，值星員無論如何都不準，說今晚是指導員值班。年輕人火了：

「現在都什麼時候了，四人幫垮了，到處都在搞平反，那天教導員還說呢，如果我們不鬧事，很快也都會回上海去的，難道你們就不會特赦了嗎？還怕什麼嘛。」

「特赦」這兩個字簡直是個重磅炸彈，炸得每個老犯人整晚都沒睡好覺。「特赦」這件事作爲統戰工具，以前在國民黨高級戰犯身上用過幾次，這我們知道；而平反冤假錯案是對共產黨內部而言，這次居然聽到特赦勞改犯的消息，難道會是真的？對經過長期關押又看不到前途的老犯人來說，這不能不說是個極大的震撼。平時，勞改犯對「特赦」兩字是極為忌諱的，連想都不敢想，更不能講，怕做夢說了出來就是「不認罪服法」、「不安心改造」，是想「逃避罪責」，其後果是不言而喻的。現在居然由掛著免死金牌的人嘴裡說出來，而且還很可能是真的。誰還能睡得著覺。

很快，「特赦」這兩個字在犯人中間就暗地裡傳開了，當然也有人很快地把這「嚴重事件」報了給隊部。按常理，像這樣的「嚴重事件」，隊上本應很快就會點名消毒的，但這次沒有，只等過了不知幾天，管教員在中隊會上講完了其他事情之後，才略為提了一下犯人中流傳著特赦的說法，奇怪的是管教員沒說對還是不對，他只是說：

「有這種想法對改造沒好處。只要改造好了，隨時都可以得到寬大處理；改造不好，就是有特赦也赦不到你。」

管教員講的前頭一句是老生常談，最重要的是後頭說的「就是有特赦」這五個字，犯人最善於從報紙上的字裡行間，或者幹部嘴裡吐出的一言半語裏頭發掘真相的。

自從這批新人來了以後，監規逐漸鬆弛了，學習散漫了，學大寨的動員少了，批鬥大會也很久沒開了；每次小組鑑定都過得很快，大家都覺得鬆了口氣，都暗叫一聲：「形勢大好，而且越來越好。」

我發明的新名詞

日子一天天的過，但從來沒有過得像最近那麼精彩過，因為從新犯人的口中，幾乎每天都能聽到一些同我們在報紙上看到的大不相同的新鮮事。例如：原來一向被嚴厲打擊的所謂「投機倒把」和「地下市集」已經半公開化了；有人偷聽「敵台」廣播而居然沒被抓去；連港澳臺的靡靡之音，也偷運進來了，有不少人甚至知道羅文、鄧麗君的名字和愛聽他們的歌。他們這些新犯人聯結他都可以帶進監獄來，社會上的普及程度就可想而知了。要知道，吉他這種西洋樂器是絕對彈不出慷慨激昂的革命歌曲來的。

這一切都讓老犯人隱約地感覺到，周恩來死了、毛澤東死了、林彪死了，四人幫也被一舉粉碎了，世界也該變了。曾經被指稱反黨、反毛、反社會主義的老幹部都可以平反，難道犯人就不可以特赦嗎？對於特赦這個敏感詞，犯人講它，是因爲有期待，幹部講它，是叫犯人創造條件。我還發明了一個新名詞：「一腳踢」。這新名詞不但廣爲流傳，連幹部都拿來引用。

「一腳踢」本來是香港一個工種的叫法。早在五十年代初，戰後的香港仍處於艱難時期，人浮於事，就業困難，老闆請人都要求僱員除了完成指定工作之外，還要包攬所有雜務，看到什麼就要幹什麼，這種職位在當時就叫作「一腳踢」。我希望如果真有特赦，最好能包括不用留場就業；恢復政治權利；給足路費回家；並在城裏報戶口和安排工作；未婚或者已經離婚的，由組織介紹對象重新組織家庭；當然最好還能回香港……等等。這種能滿足一攬子願望的特赦，我把它叫作：「一腳踢」。當然這只是在閒談中聊搏一笑的話題而已，沒想到這種不切實際的奢望竟在犯人中傳開了，連管教員在大會上都說：

「你們有的人希望政府有一天把你一腳踢走……。」下面沒有批判，也沒有找散佈幻想的源頭，說時還帶幾分得意的微笑。很明顯，把犯人像癩皮狗一樣一腳踢出去，完全滿足了共產黨的權威性和自大狂的心理。

共產黨自建政以來長期關押了大量的勞改犯，除了階級報復之外，更重要的是中共自知作惡多端，國內外黨內外都危機四伏，尤其認定國民黨的人不甘失敗，總想奪回失去的政權。但經過幾十年以來黨內三番四次的所謂的路線鬥爭之後才發現，連他自己親手培養出來的一代人都不聽話了，共產黨真正的致命威脅，實際上是來自黨內和全國人民。反而關在甘都監獄裏的上千名犯人當中，有相當一部份是在一九四九年以前便被關押到現在的所謂老反革命，他們由青春壯年關到現在，已經死去了不少，今天剩下來的都成了老弱病殘了。他們不但不是個威脅，反而是個負擔。

共產黨終於明白了。為了救亡，除了政權上寸步不讓之外，不妨給民眾一點喘息空間。於是，經濟上開始有了些寬鬆。對於那些早已繳械的所謂階級敵人，是時候考慮怎樣放下這個包袱了。

第七十章 我出來了（一九八〇年十月卅日）

幾十年來，勞改犯過的是刻板式的生活，今天幹活回來，明天還有永遠幹不完的活。今天吃了這個饃，明天還是這個饃。幹不完的活，吃不完的饃，每天生活在恐懼當中，每到集合點名就不知該誰倒的霉，每個人心中希望的只是點名點不到自己；小組生活檢討會上，沒人突然揭發自己什麼；在季度評審，年終總結上，自己的檢查快些通過，少寫一點檢查，少受一點批判，最好不要上銬子、挨繩子，那就諸事大吉、天下太平了。

而現在呢，好像都有了些盼頭了，都活得輕鬆愉快，話聲笑聲都多了。半夜裡，有人睡著了還會笑出聲來，同個炕睡不著的不只一個兩個。半夜跑廁所的也多了。兩個人蹲在裏面悄悄講自己今後的打算，在以往，這叫策劃逃跑，是殺頭的事。

我妹秀瓊到過公安部，她打聽到些什麼我不知道。她冒險跑到這個以爲所有外國人都是間諜的專制政權的心臟地帶，去爲一個臺灣特務說事，少點勇氣都不行，我慶幸有這樣一個妹妹，我曾經幾次直接寫信到加拿大，不知她收到沒有，反正幹部是把信接過去了，曾經收到過鄉下轉來她的信，在信裡，她說：「形勢大好，安心改造。」我回信說「身體很好，希望能回家團敘。」希望在人間，不過，等待是最折磨人的，我開始體會到什麼是度日如年了。怪不得有人說，「監頭」、「監尾」最難熬。

這是一九八〇年的國慶節，犯人搞的兩小時的國慶節目，照例是歌頌大好形勢，歡呼粉碎王、張、江、姚「四人幫」；相聲「一腳踼」諷刺犯人等待特赦出的洋相；活報、快板，幾乎都是抄去年春節的，只是字眼節奏上稍改一點，從新犯人那裡聽來另一種的「大好形勢」當然不會擺進去，抄《人民日報》就一定不會錯。不過，指導員交待了，廣東音樂獨奏用原來曲名，音樂合奏可以演例如：〈洪湖水，浪打浪〉，〈敖包相會〉等這些文革時的「毒草」，爲了節奏明快，每個節目表演之前都不需要朗誦毛語錄了。誰都看得出這也是階級鬥爭這根弦開始鬆弛的一個信號吧！

一九八〇年十月卅號，正如一九五八年六月廿八號一樣，是我終生難忘的日子，將近二十三年的牢獄生涯終告結束了，我是我們隊得到釋放的第一人，按刑期我還差十六年，還沒算剝奪政治權利九年呢。

那天早上，照常集合準備出工，還沒報數，指導員走進來喊：「鍾耀南，留下。」我以爲又要輸血了，如果是真的話這是第六次還是第幾次了。

回到倉裡，把早上捨不得食的半個饃吃了。一直等到十點多，他又進來叫我打包行李，然後帶我出去，走到幹部院子，在一個亂七八糟的雜物房裡叫我先等一下，我仍然不知道這是爲什麼，直到他拿來犯人賬本，讓我蓋了指印，交給我一個盛著我餘款的黃皮信封，叫我點清楚，我這才意識到這回是真的，我被釋放了。

指導員走了，過一會管教員又來了，交給我一包舊衣服，幾封拆開過的信，還有幾瓶有英文字的維生素之類的藥品，不過都已經過了期的。

這些手續辦完了之後，又帶我到院子外面，交待趕馬車的職工帶我去甘都農場的場部。馬車剛要起步，指導員趕過來攔住馬頭說：「給，打個指印。」我接過來一看，是半張十六開紙大小，頂頭有三個紅字「釋放証」。看，這麼重要的法律手續，作爲一個政工幹部都可以幾乎忘掉。我還能說什麼呢。

〈釋放証〉的簽發的日期是十月十號，簽發機關再不是什麼「公検法」，而是「青海省高級人民法院」了。指印打完了指導員又遞給我三十塊錢，說是回家路費，現在對我來說這都已經不重要了。我簽收如儀。

馬車起步了，我攤開〈釋放証〉看我的命運。上面寫著：「今有勞改釋放人員鍾耀南到廣東省廣州市有關單位辦理戶口手續，請有關單位協助辦理……。」上面沒有釋放理由。我琢磨一下，發現這與其說是張釋放証，不如說這是辦理戶口的介紹信。不過雖如此，不用留場，沒講剝奪政治權利，又可以到城市報戶口，還有路費，這已經很接近「一腳踢」了。我放好了釋放証和裝了錢的信封，心裡有個很奇妙的感覺：我剛才居然坐在馬車上同站在我前面的指導員說話，似乎有些不敬。有這種想法只因我當犯人當太久了，才剛出來，心理上還像個勞改犯，不過這樣子就算完成了改變我命運的最後手續，似乎又過於兒戲了。

馬車的的得得地走，我還不時回過頭看看後面有沒有跟著幹部或者班長。經過的人都好像多看我一眼，他們應該看得出我不像個逃犯。

一席心酸的話

趕車的職工原來是認識的，他也是由德令哈調過來的，他刑滿了，也釋放了，不過是個還沒有恢復政治權利的所謂「留場就業職工」。他們的工資統一是二十八塊，按當時國務院的規定，高原地區的工資，因應物價指數的差異再加高原補貼，應該比內地的工資增加三成，那麼，他們的工資實際只相當於內地的二十一塊，同內地平均工資三十塊來比少得可憐，僅比勞改局發下給勞改犯的生活費多幾塊錢而已，這就是每一個勞改犯的所謂「前途」和「出路」。

在德令哈他已經留場好幾年了，前年娶了個翻身農奴的姑娘做老婆。起初場部不肯批，一個好好的，根正苗紅的姑娘，怎麼能同一個連政治權利都沒有的勞改釋放人員結合在一起呢？那太荒謬了。不過由於姑娘的堅持，藏民家族也認爲：「甭管他是誰，不是共產黨就行。」礙於民族政策，場部無奈也答應了，還把這個新生犯人從集體宿舍安置到馬廐旁的一間破房子裡。

他們幾個職工比我們早一年調來的，他夫妻倆被編到甘都農場 負責餵馬趕車，去年還養了個娃。一個辛苦爭得來的幸福小家庭。

趕車的這人三十來快四十歲了，姓什麼我一直都沒問。以前在農場，我們出零工，請過他幫我們買過打火機，打火石、火柴，還問他要過幾塊碎羊皮什麼的。而我們也會給回他一些偷來的小麥或者家裡寄來的又不准穿的舊衣服。有時候有些我們不能越界而又必須要幹的活，都會請他幫幫忙，他都很樂意。

今天又在這裡見面了，大家都很高興，由於我的身份變了，以前大家不方便講的話都可以講了。越走離開甘都監獄越遠。是我先開的口的，我問他爲什麼會專程叫他來送我去場部。他告訴我，由於我不是公開宣佈釋放的，所以就不能讓其他犯人知道，所以要盡快把我送走。在此之前，其他隊也陸續放了一些人，也是這樣給送走的。

我問他想不想回內地去，他說以前想過，現在不想了，家裏人死的死、關的關、逃的逃，都沒人了。在這裏好歹總算有個家，如果在內地，像他這樣的成份就永遠別想成家了。我始終沒問他犯的什麼罪。只知道他原是個教師，那就八九不離十是同政治有關了。

馬車走在黃土高原上，上坡又下坡。荒野上本來就沒有路，路是車走出來的。老遠有一大片綠油油的，是秋收後才種下的油菜。趕車的回頭問我冷不冷，叫我披上他的老羊皮襖。我問他右轉的哪條路去那兒的，他說也是送犯人去的，不過去是仨，回來是倆。他回過頭來苦笑一下。

沉默了一會，他問我是那年到青海來的，我說六五年。他說年年有人來，算六五年那一批來的最多，死的也最多。經過了三年「自然災害」，人的底子薄，一下子來到高原，氣候又冷，不少人很快就沒了，尤其是年紀大一點，帶老毛病的。

又沉默了一會，他繼續說：

「我聽以前的職工講，你們那一批總共來了一千六，現在剩下的頂多是個整數，三分之一沒了。」他停一下繼續說：

「在德令哈，一車四五個五六個這樣送走的常有，連坑都挖不過來，特別是四大隊五大隊的煤礦、石墨礦、黃鐵礦什麼的，還有磚瓦窯意外特別多，一車拉十個八個都試過。」

「冬天，土都上凍了，就憑一把鑵，怎麼挖，反正幹部又不管，幾把乾土撒過去就算。看起來農場可能好一些。」他很感慨地說。我問爲什麼，他說：

「農場的活，一年裡頭有鬆有緊，而他們礦場磚瓦窯的活天天一個樣，不是挖啦、掘啦，就是扛啦、抬啦，光掉肉就是不長肉。」

我說：「農場老人多，抗不住凍，也常死人。」

馬車過了個坡，他指指不遠處說：

「那邊有幾棵酸棗」，說著他「籲」一聲勒住馬頭，把馬車停下來，叫我等一下便自個向酸棗林那邊走了過去。

不到十幾分鐘，他的草帽便裝滿了一兜紫紅色的酸棗回來說：

「熟了，酸酸甜甜。」他叫我抓一把嚐嚐。

「架」的一聲繼續上路。我問他：

「你喜歡吃？」他沒答我。過一會他說：

「以前到處都長，這裏小孩就拿這個作零食，近年來的漢人多了，啥都給摘光了。聽說這還是中藥材，什麼用不知道。現在啥都沒了，連耗子都給抓光了。」

靜了好大一會兒，忽然，他輕輕說了句：

「她喜歡吃。」說時帶微笑，像自言自語，也像是對等著他回家的藏族媳婦說的。他陶醉於幸福之中，我什麼都沒說，我默默地祝福這位被剝奪政治權利的勞改釋放犯。

說著走著，到了農場場部，他叫我自己到收發室去報到，說那邊的人會安排的。

臨別時他掏出十塊錢來叫我到廣州給他買幾件娃娃衫，最好是香港人帶過來的那些。我說你娃多大了，他說快滿周歲了，我把錢還給他說，如果買得到就算是我送他的，他堅持不要。最後我把錢硬塞他口袋，他送我一件老羊皮褂子，並寫下了他媳婦娘家的地址。他回去蹓馬去了。

這裡順帶講一句，羊皮褂子在回廣東的火車上被擠得不見了。娃娃衫我寄了，不過不是香港貨。

遲來的死訊

到了場部收發室，出示了〈釋放証〉，收發室的老頭帶我到院子後頭的招待所，所謂招待所不過同犯人倉差不多，不同的是多抹了一把泥，刷了一遍灰，間隔小一點，兩個單人炕中間砌了個爐子而已。他臨走告訴我明天有車去西寧，天氣好早上就開，不要錢的，自己上上心，看看去，到那邊可以暫時住在勞改局的招待所。他講得像背書似的，看來這是標準流程吧，最近釋放的人一定不少。

十月底，入冬了，天黑得早，大隊該收工到家了，大伙房的飯早就擺在院子裡。不過，現在我得自己去找吃的。帶了盆子缸子走出所謂招待所，遠看有個大煙囪在冒白煙，就朝大煙囪走去。果然是個飯堂。進進出出的職工、幹部，還有他們的家屬，大多是來買飯回家吃的。

走到飯堂門口，不知爲什麼好像有點閃縮，像是來偷東西似的。如果見了幹部，不知道要不要：「報告隊長」，不的話會不會說我：「勞改屎都沒拉乾淨就翹尾巴了。」，這是幹部經常拿來訓斥就業職工的話。

食堂裡面人不多，獨個兒吃飯的沒幾個。聽說外頭吃飯要糧票，希望這裡不用糧票。幾十年了，這是我頭一回要花錢才有飯吃，掏錢的時候手有點發抖，飯堂外面沒有燈，又認不出那一張是多少錢，進去後乾脆給他一張最大張的，讓他去找回來。

這回我買了三個九五饃，一個大概二兩吧，還要了一盆帶湯的洋芋片，他沒問我要糧票。整個大飯堂只掛了四個黃燈泡，陰陽怪氣的。我端著飯找個人少的角落坐下來，享用我用自己錢買的飯。洋芋湯面上有幾點油星，還飄著幾顆蔥花。

也不知道吃飽了沒有，洋芋片是什麼味道完全沒在意。此時我心裡想的倒不是吃的問題，而是前面將是怎樣的路。

飯吃罷了返回招待所，剛躺下又翻身起來，拿出那幾封不知道在隊部抽屜裏扣押了多久的家書，抽出信箋在臘黃的燈光下吃力地看：一封是一九六九年鄉下轉來香港的信，四姐告訴我，我媽在家裡的樓梯摔倒不幸去世了；還有一封是一九七六年，也是鄉下轉來大哥的信，告訴我爸在八月胃癌不治。

都已經這麼些年了，我捧著信只呆了好一會，不覺得特別悲傷，反而想起那次九姐帶著爸媽來到韶關二監，隔著桌子凝望著我那幾分鐘的一幕：是爸先說了一句話，然後媽也說了一句，之後就都沒話可說了，這就是我記憶中，爸媽倆最後的兩句話在我心裡凝固著直到現在。

是殘酷的，不過我不埋怨，如果我在臺灣當了懲治單位的幹部，匪諜被我抓到手，我不肯定我會怎樣對待他們，對待他們的人道主義絕不會加上「革命」二字，也不會試圖改造他們的思想。

我現在只有遺憾，因爲我，爸媽晚年一定都很難過，我受恩於父母，但從沒有給爸媽反哺過一口飯，到最後甚至沒有送他們一程，給他們上過一炷香。

從甘都到西寧

在場部過了一夜，這一夜完全沒闔眼，變化來得太突然了，昨晚才六七個人擠一個炕，現在一個人睡，擠左邊，沒靠的，轉右邊也是空的，好像很不踏實似的。一夜裡想得很多，家裡知道我出來了嗎？回到廣州我找誰去？有沒有人來接我？誰會來接我？久別重逢，會不會像電影鏡頭般擁抱痛哭？能回香港嗎？四十多歲的人了，還能幹什麼？會不會有自己的家？

天亮得遲，怕錯過了交通車，天濛亮就趕快起來到收發室去打聽，答覆是今天沒有車，原因是車壞了，等修理，明天看吧。

想到場部外頭走走，收發室老頭說：

「還是別出去了吧，碰見班長還好，碰到騎兵的話，言語不通你就很麻煩了。」這我才發覺自己仍是一身破爛的勞改衫袂。

趕緊回去換上家裏早前寄來的藍色青年裝，才到食堂去買吃的。不知道是全個青海的習慣，還是個巧合，這裡的早餐竟然同勞改隊一樣：麵糊和饃，不同的，一個是麥麵，要錢；一個是雜糧，不要錢。

吃完了乖乖地轉回去又躺下，不知什麼時候竟睡著了。到醒來時天麻黑，外面很靜，看遠處伙房，燈也滅了，只好把早上剩的半個饃就著涼開水吃了。

天開始冷，房間有爐子，但不知煤在那裡，算了吧，捲著被窩又睡了。燈沒開關，就讓它亮著。隱約聽到遠處傳來發電機的聲音。有節奏的「隆隆」聲催人入睡。不知道是睡多了，還是人家說的生來是「賤骨頭」，不過兩天不勞動便混身上下都痠痛。

夢一個接一個：鋤地、拉土、「預備、一、二、唱」，還喊出聲來。不過因爲凍，醒過來幾次，最後一次醒來是收發室的老頭把我推醒的，他告訴我，外面的交通車已經在「煨車頭」了，什麼時候走不知道，叫我還是早點出去等吧。

我一骨碌爬起來，收拾好東西走到大門口。外面風很大，老頭讓我進收發室待著，還給了我一缸子熱茶，到這時我才看清楚這位六十多歲的老頭，原來是位缺了一條胳膊的殘疾人士，像是個退伍軍人。床鋪都在收發室裡，他是單個人在這裡二十四小時「連軸轉」值班的。我什麼都沒說，也沒什麼可說的。我喝我的茶，他看他的報，外頭爾而有人走過。天大亮了。

老頭放下報紙，出去一會又回來說：

「走吧，我給司機打過招呼了，不用買票，上車就行。他會直接開到西寧勞改局的。」

我謝過老頭，走到大門口，已經有七八個人坐在自己的行李上等著，看得出有出差的幹部，也有請假回家的職工，這裡是不會有正式工人的。

汽車和人都在等，直到兩個司機吃飽了回來，叼著香煙揮揮手叫人上車。我自覺地跟在最後，上車後直走到後排沒人坐的位子。原來這二十多座位的小客車，車尾的玻璃缺了一大塊。

開車了，後面還有一輛解放牌卡車，開始還好，等到車子走在黃土路上，兩輛車捲起的黃土從破窗洞翻了進來，我用衣服把頭包起來才能喘口氣。破車子顛顛簸簸的一直走到下午，車沒停，也沒壞過。真神。

最大的政府機關是什麼？

小客車進入了西寧市區，沒有柏油路，路的兩旁是疏疏落落的土房子，穿藏服蒙服的路人比穿幹部服的多，穿幹部服的又比穿舊軍裝的多。後來我才知道，西寧市的政府幹部裡面，除了少數是省市機關的行政人員之外，差不多都同勞改局有關，勞改局才是西寧市最大的政府機關。

車子駛進了勞改局的大圍牆，在收發室旁停下，乘客下了車，有幾個人在收發室的小窗口辦手續。

我等人家都走光了才走過去，拿出我的〈釋放証〉，裡面的人連看都沒看，就走出來一個穿舊軍服的老人家，帶我走過兩排很整齊的紅磚房子，一邊是雙層的，是行政辦公樓，另一邊是單層的，看來像是住人家的。走過所有房子之後便是大伙房，伙房對面才是招待所，也是單層的紅磚房子。

老人家推開頭一個房間的門說：

「這房子有爐子，你就住這吧。」說罷，人走了。

裡面左右兩個單人坑，中間靠窗生著個爐子，上頭燉著個缸子，兩邊炕上都有被褥，綠色薄薄的，

看來是軍用品。一張被子掀開了，似乎有人睡過，炕上還有個帶五角星的帆布袴包。

我才放下包袱，門一推開，走進來個年輕人，很禮貌的向我點點頭，我看這人雖然穿著脫了色的幹部服，但沒有趾高氣揚的派頭，一點不像個幹部。我問：

「你也是剛出來的？」他愣住了，稍後才微笑地說：

「不，我不是，我是從內地來找我爹的，我爹在這裡工作。」

「道不同，不相爲謀。」我只是「哦」了一聲便自顧自解我的包袱。他說：

「還不快去買飯，現在人少，等下人多就要排隊了。」

我「唔」應了聲便翻出飯具跑過對面飯堂去。這裡買飯要收糧票，沒糧票的要貴一點。什麼貴不貴我沒這觀念。買了饃，還買了兩份菜，一個是炒土豆絲，菜單上特別註明是「青油炒」的。果然帶股油香，記不得是那年的春節改善生活吃過一回。

飯堂裡的人多了起來，還是自卑心作祟，我把飯帶回去吃。這一天我早上沒吃，中午沒吃，餓得慌，狼吞虎嚥地把飯菜全吃光，還用開水淌淌菜盆，把油花也喝了。坐在對面炕的年輕人全看在眼裏，但沒有笑話我的表示，倒是我有點難爲情。吃罷了，這才想起要抽支煙，但不好意思把監獄帶來的煙末拿出來捲，問他這裡有沒有小賣部，他說有，還主動要幫我去買香煙。

他去了，我繼續打點我的東西。我發現，這炕上的棉被缺少了我習慣的那股說不出來的氣味。

很快，年輕人回來了，還給我買來兩包香煙，一包火柴。他不抽煙，只是坐在炕上微笑地看著我抽煙。直到現在爲止他都沒問我是什麼人，也許他心目中早就估計到我是個什麼人了。

坐了一會，他往爐子上的開水缸子裡放了把茶葉，給我倒了半缸子茶水。我煙抽著、茶喝著，正苦苦思量該怎樣同這第一個「外面」的人打開話題。還好，是他先開了個頭，他告訴我，他是同他娘從內地爲他爹平反的事到這裡來的。他爹原來是個縣級幹部，文革時被打倒並下放到〈青海省勞改局〉來當個小文員，由於他一直不肯承認在文革中犯的錯誤，所以人家都平反了，他的問題至今還擱著。而他在這裡寫的材料，都沒能送到上面去，他和娘來這裡，是要把他爹的材料帶到北京去幫他爹搞平反的事。他娘和他爹現在住在幹部院裡，而他就被安排在招待所。我也告訴他我已經勞改二十多年了，剛獲釋放來這裡等著回廣東。我不知道他對服過刑的美蔣特務有什麼看法，才沒告訴他我犯的是什麼罪，他也沒問。

一提到回廣東，我還不知道該回到廣東什麼地方去，我突然想起了是不是可以先打個電話回鄉下去，如果能打到香港去當然最好。不過想想又覺得不對，鄉下有電話嗎？香港電話有沒有改不知道？還是發個電報吧，便問他能不能帶我去郵電局，他說郵電局早休息了，明天吧。

發電報總比寄信快

第二天早上我們走到郵電局，要等到九點半才開的門。只好等。

到十點多，門才開了。這裡有郵遞、電報和電話。但工作的只有一男一女兩個年輕人，而進去的也只有我們兩個。

我問能不能發個電報到香港去，答覆是要單位開証明；我說打電話呢，他說只能打到廣州；我說發個電報到廣東鄉下怎麼樣，他說要身份証明。我遞上我的身份証明──〈釋放証〉，他拿到手裡看了半天，交給他的同志，又看了半天，然後兩個人四隻眼睛一直打量我，彷彿想見証一下我這個人到底改造好了沒有。最後，他鄭重聲明：電報只能發到廣州，以後怎樣送到你鄉下他們就不管了。

陪我來的年輕人忍不住要問他個爲什麼，郵電員沒好氣地說：

「這裡是青海，青海就是青海，你知道嗎？」青海又怎樣，這個我們真的不知道，所以也答不上話來。我問：

「有沒有快一點的，比如，特急電報。」可能是「特急」兩個字惹得那個女同志哈哈大笑。等她笑夠了才說：

「你是省領導還是部隊首長？」她這句話問得多好。她一句話可以擋回一萬個他不想回答的問題。真的，這位同志很有智慧。

既然我什麼都不是，只好照他們的話辦了，發個電報總比寄信快。

電報發給鄉下，我在電文框框裡寫道：「我出來了。」

發電報按逐字收費，本來四個字就夠了，不過爲了好看一點，我忍痛加上：

「得到人民政府寬大，我新生了。」爲了更好看一點，我在最後還加了最重要的五個字：「感謝共產黨。」

我問郵電員他們什麼時候能收到。他說：

「如果沒問題，三天五天吧。」

陪我來的年輕人說，三五天可能還不行，因爲電報到了廣州，再由郵遞送到縣裡，然後到鄉，到大隊，最後才到你鄉下的生產隊，說不定生產隊的幹部，收下來之後放抽屜裡等有空才拿出來看，認為沒問題了，才到收報人手裡。發到廣州可能快一點，只要街道委員會看過就行。

他說得一點不錯，不過我沒有廣州親友地址。只能發到「廣東、四會縣、地豆公社、一大隊、一中隊、三分隊XXX收。」至於這封電報的命運如何，只好聽天由命了。

電報發出去四天了，我每天到收發室去打聽有我的電報沒有，答覆都一樣：沒有。到底是走還是等，不等的話到了廣州又怎麼辦。還是再等他兩天再看。我到過火車站看能不能買到南下的車票。一打聽，火車只能到河南鄭州，每天一班，不過要搶修路軌，明、後天都沒車。

沒辦法，「行不得也哥哥」，只好等。

第一張照片在「薩爾寺」

在西寧幾天沒事，來為他爹討公道的年輕人帶我到街上逛逛。

西寧市是青海省首府，省政府所在地，不知怎的路很窄，不像個城市，只像是廣東鄉下的小鎮。抬頭所見土房子多，瓦房子少，所謂大樓高不過四五層，那就是省人民政府的行政大樓了，圍牆上還留下以前省革委會寫下的文革口號和標語。所謂百貨公司，陰陰暗暗的，裡面沒幾個人，反而光顧路邊攤販的人還多得多，賣的都是皮毛製品和牧民用的盆盆罐罐的東西，還有一些土特產：羊毛、駝毛、枸杞子、磨菇，和一些藥材什麼的；還有賣羊肉乾、犛牛肉、酥油、青稞、炒麵、茯茶等牧民愛吃的東西。另外有一間百貨公司比較大，燈也比較亮，我們走進去看了一下，都是些茯茶、乾薑、辣椒麵、牙膏、牙刷、熱水瓶、棉毯子和當地人用來鋪炕用的羊毛毯子，還有幾雙解放鞋，用的都西多，能吃的東西卻沒有。

剛走出百貨公司，一個藏民走近我們，給我們看他手上兩個乒乓球大黑茸茸的東西，用勉強聽得懂的普通話說：

「麝喪（香），麝喪，積（一）百塊咋，到廣東，錢多著拉夥。」看他怪鬼祟的樣子，想必是不正經的東西，年輕人拽住我趕快走開。

有一天，我們到了藏傳佛教地位緊次於西藏布達拉宮的薩爾寺去參觀，這是藏民的第二聖地。這裡沒有門票，沒有「香油箱」，沒有看門的，也沒有賣香燭祭品的。在今天看來是不可思議的事，但當時確是如此。

除了我倆，一個遊人都沒有，大殿裡有十幾個藏民匍匐在佛像前喃喃誦經。偏殿裡頭擺滿點亮了的酥油燈花，有些燈花比張書桌還要大，用彩色酥油製成，刻工十分精細。這同人類歷史上所有偉大的藝術品都是宗教產物一樣，這裡每座酥油燈花都傾注了僧人對信仰的堅持和虔誠。我靜靜的參觀，輕輕的走過，不敢有絲毫褻瀆。

出了大殿，一個背著古老照相機的中年人走過來說要幫我們照相。我們照了。這是我幾十年來的第一次照相。

我說幾十年來第一次是真的，因爲無論是我被落案逮捕，起訴，法院判刑，入監勞改，死刑判決，陪斬，都未曾試過像香港的罪犯那樣，先要照個相打個指模來存檔。沒有，真的一次都沒有。

照了幾張「到此一遊」的黑白相，也付了錢，但沒有收據，只留下勞改局收發室的地址。到第二天居然收到了幾張黑白照片連底片。這樣的事情如果發生在今天的大陸，你一定會說是奇蹟。當年的純樸民風，恐怕永遠不復見了。

留在西寧有些日子了，我不想再等下去，便買了票準備先到廣州再想辦法同香港取得聯系。還好，臨走前一天收到了大哥從廣州發來的電報，大意是讓我到廣州自己先找個地方住下再聯絡。

到了出發的日子，告別了同住多天的年輕人。到了車站，只見車站裡裡外外一片人海，許多人都背著大包小包的藥材，這些人看來都不像是當地人，大概就是報上常說的「倒買倒賣」的「倒爺」了，也就是所謂搞長途販運「投機倒把」的犯罪份子了。

正是這些人才是中國市場經濟的拓荒者。他們在中國經濟起飛中居功至偉。

全因為一個腰包

我憑〈釋放證〉買了車票，原來這裡的車票不分等次，也沒有軟硬座之分，車票就是車票。儘管車站裡裡外外都擠滿了人，票還在賣，滿座不滿座都無所謂，票繼續賣。

我隨人潮擠進車站，把車票交給剪票的，票還沒拿回來便給後面的人把我擠了進去，連我想伸手取回車票的機會都不給我，我已經被擠進了月臺，而我的破包袱卻被擠沒了。

月臺裡，人多得水洩不通。不遠處，這邊三個那邊五個的，背著行李從外面翻過圍牆進入月臺，前仆後繼源源不絕的不速之客，使得月臺人更多也更擠了。等了差不多一個小時，火車才緩緩進站，車都還沒停下來，乘客就一擁而上，由於上車的梯口很窄，併排兩個人都擠不進去。好在車窗有的是，他們就憑互助精神，上爬下頂，從每個車廂的每個窗口爬了進去。我好不容易也擠進了車廂。原來，這種客車是沒有座位的，也可能原來是有，爲了能多載一些乘客，把座位全拆了，整個車廂就像塞滿了牙籤的牙籤筒一樣。一個個乘客站在裡面，擠在裡面。誰也別想動一動。

今時今日大陸的所謂「春運」場面，原來早在改革開放初期就有了，而且有過之而無不及。

火車終於開動了，還有人身在車廂裡，兩條腿還搭在車窗外。

這是蒸氣機車，「噗哧、噗哧」地很吃力地慢慢起動。車廂一晃動，有些原來頂在頭頂上的包包一下子就脫了手滾到人家頭頂上，叫罵聲夾著機車聲亂成一片。

沿途車站很多，火車走走停停的。半夜裡，到了蘭州，開始有人下車，幾乎都是從車窗跳出去的。上來的人也不少，擠還是一樣地擠，我的全部家當都在身上，比較方便，等有人下車，便努力擠到車廂後頭的廁所門口，廁所裡面早站滿了人，前後兩個車廂之間的連接處，除了掛鉤上面有塊踏板之外，兩邊各有兩條鐵鏈攔住，這裡也站滿了人，他們雙手死死抓住鐵鏈，不給自己掉到車外去。

車廂裡的屁味、汗味、藥材味和呼吸出來的大蒜味都從這裡散去。這裡風很大，但空氣比較好。最讓你意想不到的是，在這樣的環境下居然還有查票這回事。一個二十多歲的女乘務員，不知道她是怎樣做到的，她從前面車廂一路喊著「查票」一路擠過來，不過誰也無法從口袋裡掏出車票來。有人嘴巴叼著車票，不過乘務員沒拿去剪，因爲她的手實在伸不過去。她雖然沒有成功剪過一張票，「查票」聲依然斷斷續續地喊出來。我敢斷定，她是個很負責任的乘務員。

女乘務員艱難地從前面車廂擠到連接兩個車廂的踏板，正想從三個高鼻子綠眼睛的小夥子中間擠過去時，不知她看到了什麼，突然喊了一聲：「大娘，你的腰包……。」她話音剛落，火車恰好鑽進了山洞，蒸氣車頭噴出的黑煙帶著一陣刺鼻的熱氣撲面而來，車廂裏頭漆黑一片，此起彼落的咳嗽聲不斷，「轟隆」聲更響了。黑暗中，突然，隨著我周圍的一陣激烈騷動，一聲長長的撕心裂肺的尖叫聲劃破了火車悶人的「轟隆」聲，格外刺耳。

火車再走了不到一分鐘，總算鑽出了山洞，繼續爬行在黃河上頭的鐵路橋上。整個車廂一片明亮。我用肩頭擦擦眼睛上的煤灰，張眼看看。三個高人半頭的小夥子還在，不過原來擠在他們中間的乘務員姑娘不見了。我無需回轉頭來看。反正「查票」的喊聲再也聽不到了，周圍的人若無其事，有的仰望車頂，有的看著人家後腦杓，還有低著頭的。站在兩個車廂中間那幾個，雙手死命抓住不停搖晃的鐵鏈，神情顯得格外緊張。廁所門口那兩個老藏民不停撥動手上的念珠，低頭喃喃唸經。還有個老婆婆靠著廁所門旁雙手合十，眼睛睜得大大的，像驚呆了一樣。除了「轟隆」聲和咳嗽聲，全車都靜得出奇。所有人心中都明白：姑娘「下車」了。列車繼續在斷續的氣笛聲中呼嘯前行。

這樣的事情，在大陸的今天，不也是時有所聞嗎？這是文革的產物，到今天仍在不斷變種，不斷「發揚光大」。還不就因爲一個腰包嗎？

火車搖晃了三天，人也站了三天。每次趁有人下車，我便可以擠到車窗前伸手出外買點烙餅、烤洋芋充充饑，只要有可能就下去月臺往路軌上撒泡尿。

終於抵達列車的終點鄭州站了。乘客下了車，各自走向自己的目的地，火車上曾經發生過什麼事情大家早忘了。

姑娘短短的頭髮，白皙的皮膚和她胖胖的臉，一直縈繞在我腦海裡。但願我上面寫的只是我杜撰出來的故事。

不用肉票的肉

出了車站，趕緊去售票處買張到廣州的車票。車票是有的，不過是後天的，硬臥沒有，怎麼等都沒有，只有站票。也好，站就站，後天就後天，買一張。售票員好心告訴我，等有人下了車，可以補票佔座位。

車站前面是廣場，對面遠處有〈大眾招待所〉的大字招牌，沒有行人路，好在也沒有什麼車經過。

等我走到招待所一打聽，原來這裡是沒有房間的，全是四人式的統鋪，每兩個統鋪中間有一面矮牆間隔開。照例要憑介紹信登記。我給他的是我的〈釋放証〉，他上下打量我一下，收了我五角錢，登記過便帶我進裡面一個間隔，指指炕中間一個空位，一聲不響轉身走了。

可能是煨了炕，很暖和的，兩邊靠牆都有人在睡覺。我把炕上的被頭打開，好讓人知道「此鋪位有人」，然後到後面的洗漱間洗個臉，抹個澡，大個便。由於臉上被煤煙燻得烏黑，又沒有肥皂，洗了兩三盆水才算清爽過來，臉皮都幾乎擦破。

混身舒服之後，才走出門外去找點吃的。離招待所旁邊不遠處有個賣玉米烙餅的，巴掌大的烙餅又乾又硬又冰冷，好在不用糧票，一毛五分一個買了五個，吃不完準備留在路上作乾糧。

回到招待所，就著開水三個烙餅全啃了，和衣倒在炕上，一閉眼就到天亮。一爬起來，先到櫃檯再交一天的留宿費，便乘三輪車到郵電局，按照大哥電報上寫的廣州地址發了封電報，告訴他們我火車的車次和到廣州的大約時間。然後胡亂在路邊吃了碗掛麵，便趕緊乘三輪車回去招待所。還好，給了錢的舖位沒人動過，還是我起床時的樣子，兩邊舖位的舖蓋早給拿走了。現在整個炕是我一個的了。捱了幾天火車，睡了一夜還想睡，雖然現在是白天，還生怕睡死了睡過了頭，便又起來請服務員明天九點鐘一定要把我叫醒。她不屑地說：

「你甭說我也會叫你的，過了九點就算第二天了，你得另交費。」這種負責任的態度實在沒說的。佩服。

不到九點鐘我自己就醒過來了，車票上寫的是十點鐘開的車，我希望早到車站早上車，好佔個有利位置。以我從西寧乘火車來的經驗，最好是佔進洗手間，裡面三面是牆，還有個小窗口。不過到了火車站一看，原來我幾乎是最後到來的一個。一大堆人擠在閘口，車站從來就沒有排隊這回事，人人都像逃命似的拼命往前擠。好不容易才擠進了閘口，實際上是給後面的人擁進去的。月臺上的行李遠比候車的人頭還要多，這意味著「跑單幫」的「走資派」已經不是偷偷摸摸的了。

上了車，原來其他人都是買站票的，火車不知是打那裡開過來的，座位早有人佔了。剛上車的把行李放在通道上，人坐在上面或者站在行李上，既可以護住貨物也算有個位置。而我的目標是洗手間，對不起，門鎖了，等開車以後才開門，門上貼有告示說裡面不許站人。這告示打破了我的計劃，但也說明這裡比較文明，可以讓人有廁所可用。幸虧乘客遠沒有上次火車那麼擁擠，還有我的立足之地。經過大站，還可以輕易地買到山藥、番薯和碗茶。

火車走得很慢，停站不多，不過停的時間長。一站又一站的走走停停，停停又走走，也記不起走了幾天了。我在西寧到蘭州途中早就學會了站著睡覺。現在又學會了蹲著睡。關於睡覺這方面，我的適應性已經相當全面了。

終於到了韶關，進入廣東了。韶關是廣東的大站，有大量乘客下車，包括原來買了坐票的。乘務員過來兜售補票，我補了張韶關到廣州的臥席票，總算能直直地躺了幾個鐘頭。

已經快到廣州了。廣州是列車的終點站，但不是我的最終目的地，不過愈是靠近廣州我愈是思潮起伏：我發的電報他們收到了沒有？到了廣州我首先會見到什麼人？闊別幾十年了，會不會像電影情節般，親人們伸出雙手，打老遠就跑過來，把我緊緊擁抱喜極而泣？我第一句話該說什麼？他們呢？如果我媽還在的話，她一定會摸摸我的臉說：「細B，你瘦咗。」在媽的心中，我永遠是個孩子。

晚上到廣州了，車站的大鐘都快十一點了。南方的天氣比較暖和，我脫下破棉襖挽在手上，踏上月臺，我故意走得特別的慢，希望能在人群散去之後，接我的人容易看得到我。雖然隔別幾十年了，那怕他們認不出我，我應該還能認得出他們來。

差不多走在最後才出閘的我，目光掃遍了所有人，都沒有一張熟識的或者能依稀認得出的面孔。也許他們收不到我的電報，也許是來不及趕回來，又或者是他們一點也不緊張我的回來。人都散了，我孤零零地站在車站外，除了幾輛等客的三輪車，幾乎已經沒有什麼人了。很疏落的幾柱路燈，比西寧市好不了多少。

人生地不熟，只好登上一輛三輪車，告訴工友，帶我去找一間便宜的招待所。三輪車在一陣亮一陣暗的馬路上走了有十多分鐘，然後在一間叫〈群眾招待所〉的門前停了下來，車資一塊錢。

這裡也是統舖式的招待所，六角錢一個舖位，比鄭州貴一角，不過再不是炕而是木板床了。服務員看過了〈釋放証〉，也沒多問就辦了登記。同鄭州的區別在於他沒有多看我一眼。這說明這裡比內陸城市更加開明。

洗過臉之後，照樣把被頭攤開以「宣示主權」，便走出去找吃的。出了招待所，抬頭環顧四周，前面是個廣場，廣場那頭的一棟建築物頂上，大燈泡清清楚楚地照射著〈廣州站〉三個大字，那不就是我坐上三輪車的地方嗎？步行過來也許不要三分鐘，但是三輪車就走了十多分鐘。算了吧，坐車總比走路舒服，何況他也付出了勞力，就讓他賺點吧，還是找吃的要緊。

看看左邊不遠處，有架冒著熱氣的木頭車，周邊幾張凳子坐著兩個人，像在埋頭吃東西，那准是賣熟食的。走靠近一點，一陣既熟識又陌生的肉香撲鼻而來，木頭車上面掛有個大紙牌，明明白白的兩個大字：「香肉」。香肉不就是狗肉嗎？好吧，誰說狗肉不是肉。過去問個價，一斤五塊錢，不便宜，不過還帶白飯一大碗。我問他要不要肉票。他輕蔑地地瞄了我一眼，帶笑的說：

「唔通（難道）狗肉都要統購統銷咩？」坐著吃的兩個也停下筷子哈哈大笑兩聲說：

「蓟佬（鄉下人）。」

給過錢，「香肉」擺在面前就更香了。吃上一口，就同幾十年前，在香港吃的「柱候牛腩」沒兩樣，只是牛腩不帶皮，這個帶皮。這是在勞改隊裡回味過無數次的美味食譜之一，吹牛是吹過，不過從來沒吃過，今天居然能吃到嘴裡，那個香呀真個無法形容。我幾十年來頭一回能痛快地享用的肉居然是成斤的狗肉，當然還有那碗也是頭一回吃到的白米飯。

現在我身邊有條收養回來的唐狗Mimi，牠朝夕相隨，陪伴著我的晚年生活，每次想起當年吃「香肉」的一幕，都不敢正面看著牠，好像當年吃的是牠身上的肉一樣。但在當時，我也不知道該怎麼說，就算是饑不擇食吧！說實話，假如再有一次二十年不知肉味，我會不會接受另一碗狗肉呢？實在很難說。

是誰在教訓誰

吃飽了之後就想到電訊局去給香港發個電報，把經過的三輪車截住，告訴他我要到電訊局，他說電訊局早休息了。講完就走了，這位工友真好，他沒有把我拉到電訊局才告訴我。

第二天早上起來，先到櫃檯交錢把舖位訂下，再到電訊局。原來這裡不但可以往海外發電報，還可以往外面打長途電話。只需登記個人資料，並在表格上寫下你要在電話裡講些什麼就行。只可惜我還沒有香港的電話號碼，結果還是發電報，告訴他們我已經到了廣州和現在的住處。不過就這麼一封電報，連排隊帶辦手續，也費了一個多小時。

在招待所待了兩天，因爲怕被截查，就那裡都沒去，我既無單位也無戶口，畢竟〈勞改釋放証〉不是〈勞動模範証〉。睡也睡夠了，閒著無事，到門口站站。

離招待所不遠處聚了一大堆人，他們都往屋裡面看什麼。

這是一家小酒店，這裡叫旅店，我走過去擠了半天才擠了進去，誰知道只看一眼便讓我大開眼界。裡面一個高高掛起的箱子在放電影，雖然只像五十年代粵語片般只有黑白兩色，這卻是我生平第一次看到叫「電視機」的東西，這玩意兒以前在報紙上看到過，不過西寧沒有，鄭州也沒有。這回總算給我看到了。

電視機很小，又離得遠，由於畫面裡長時間不動，好像有個人在不停講話。有人說這是個法庭的場面，因爲隔著一道玻璃門，聽不見電視裡講什麼，像看默片一樣。再看看清楚，站在畫面中間講話的是一個女的，憑他的哨牙和掃把頭，我已經認得出她就是毛澤東的小老婆江青，她伸手指著坐得比較高的法官模樣的人在吼叫，鏡頭有時也看到法官也用手指著她插嘴說兩句。不過還是讓江青頂了回去。站在外頭的人，雖然聽不見裏面的聲音，但好像都懂唇語，七嘴八舌地解讀電視畫面的內容，連江青怎樣教訓法官，說法官背叛了毛主席他們都「聽」得出來，他們甚至「聽」得出法官指江青才是歪曲了毛主席的革命路線。人堆裡面，又有人在補充「解畫」：原來是法官在盤問江青，江青拍拍胸膛反駁法官：

「都是毛主席叫我做的，你敢反對毛主席？」

我站了半天都沒看出個名堂來，只見江青和法官嘴來嘴往，場面火爆，不知道是法官在審江青，還是江青在教訓法官。

不過，說實話。這場法庭鬧劇不過是文革這個荒唐故事的「後記」而已。

文革對全國來說是一場災難，但對勞改犯人來說，最多不過是多開幾次批鬥會，多殺幾個人，其對勞改犯的影響及禍害遠不及在社會上對知識份子那般嚴重。

當其時，如果我們這些美蔣特務，新老反革命份子，地富反壞右份子分散地生活在社會上，就好比千萬「紅」中一點「黑」般備受觸目，任何運動到來都必成為「革命群衆」的打擊重點，逃得過憤怒群眾的拳頭，也逃不過革命小將的皮帶扣，還能活得到今天才怪。反而在監獄裡，你「黑」我「黑」大家「黑」，你「壞」我「壞」大家「壞」，運動到來時，照幹部的話說，打擊對象只是百分之幾的「壞中之壞」，其餘的雖然受點罪，都還能僥倖混得過去，不死的話還能活得到出監。

所以我對打倒劉少奇也好，緝拿「小平頭」也好，粉碎「四人幫」也好，現在對江青的審訊也好，作為勞改犯的過來人，都只當作是「狗咬狗」的鬧劇。一切就像眼前的電視機那麼遠，內裡乾坤既看不清也聽不見。事情在發生過程中都是驚心動魄的大事，但在人類的歷史長河中，不過是個小插曲，在將來的史書中不過是寥寥數語的記載而已。可是中共對中華文化之摧殘和對人性的扭曲，就不是在可見的將來可以復原。尚幸還有臺灣，在這塊寶地裏，燦爛的中華文化在發揚，固有的四維八德在人間。希望在臺灣。

第十八章 一個叛徒的叛逃故事

沒有擁抱沒有淚

回到廣州來的第三天中午，廣播說有冷空氣南下，下著小雨，天很冷，這裡沒有生爐子這回事，我捲在被窩裡聽樓上傳來收音機的廣播，外面走進來一個人，我一眼就認得出他就是我大哥鍾耀靈。他樣子沒變，只是蒼老了許多。

我趕快爬起來。他走近我床邊，甚至連我名字都沒叫，開門見山就說，前天收到電報就馬上到廣州來幫我找地方暫住。接下來，他的話顯得很沮喪：他說，他首先找的幾家都是在六十年代大饑荒時期受過我們接濟的親戚朋友，他們一聽說要收留的是一個犯過特務罪的勞改釋放犯，就都表示非常爲難，他還去了三嫂他弟弟那裡，都一一被婉拒。到最後才找到九姐秀芳她婆家的一個親戚，他們答應讓我留段日子，但不能在他那裡報戶口。

於是，我收拾了一下，隨大哥到了廣州市萬福路九姐親戚的家裡，等暫時安頓下來再作打算。

在路上，大哥同我講起了九姐的故事。聽過之後才知道九姐在文革時期被共產黨整得很慘，現在去了美國定居，我感觸萬千。我感觸的不是她在我身上立的功，致使我走到今天這地步。我想到的是她背叛了她所來自的階級成爲共產黨，最後又背叛了她所忠誠過的黨而投奔到敵人的懷裡去。她曾經是個甘願把兄弟作爲祭品貢獻給黨的共產黨員。她迷戀過黨，但黨不愛她，就因爲她生來就打下了剝削階級的烙印，她在文革時期被她效忠過的黨整得家破人亡。她在人生道路上是如此迂迴和失落。這不能說是誰之過，她不過是在這齣時代悲劇中扮演過一個小角色而已。

萬福路這家人姓姚，年輕人都上班去了，一位老大娘在家招呼我們。大哥叫她做六嬸，是九姐夫的嬸母，一位慈祥的老大娘。她首先安排好我吃飯，然後她自個出去買東西。

等我把飯吃罷正想去洗澡，她回來了，買回來我幾十年沒穿過的底衫褲和一雙拖鞋。還有一瓶叫「906」的生髮水。因爲我剃了個光光的勞改頭，她叫我早晚都抹點，好讓頭髮長得快一些，說罷還翻出來一頂舊的解放帽，叫我戴上，說比光著個腦袋要好。

到了傍晚，上班的人陸續收工回來了，簡單打過招呼之後便各自回房間去了，既不熱情也不算冷淡。文革的陰影還在，他們有工作，有單位，有組織管著，顧慮自然難免。

算是把我安頓下來了，晚上大哥放下點錢就走了。

第二天，六嬸帶我去看醫生，不是因爲我有病，她只是請醫生幫我做個簡單的健康檢查。回程還順道買了些藥材和肉，說是要燉些湯給我補一補。其實，我並不需要什麼補不補，只要能吃上幾天飽飯，少幹些超體力勞動，身體自然就會好起來。就現代醫學觀點看，蛋和肉類是膽固醇的主要來源，澱粉質吸收過量的話，還會導致癡肥甚至糖尿病。中醫又說色慾過度會損肝腎，而所有這一切，我幾十年都沒有過。我除了筋骨勞損之外，我還能有什麼病。所謂的「都市病」，我想有也想不來。

她自己懲罰了自己

大哥走了，人家也上班去了，家裡就剩下我和六嬸，我們談了很多。關於我的事，大哥早向她介紹過了，她爲我的遭遇無限欷歔，是她老人家力排眾議把我收留下來的。

六嬸向我講了今天身在美國的九姐由「投共」到「投敵」的歷程。

原來九姐由開始監視我的活動，到最後成功抓獲我這個美蔣特務之後，她除了得到入黨的獎勵之外，畢業後還被分配到廣東省第一人民醫院當醫生。不久之後又被提拔爲血液科主任。

不過好景不常，到了文化大革命到來，醫院裡開展了「清理階級隊伍」運動。剝削家庭出身，又曾在殖民地受過中學教育的她，首當其衝地成爲被清理對象。最糟的是她還有一個美蔣特務的弟弟，並且曾經積極引導這個特務份子，利用學生身份混進祖國大門，從事反革命破壞活動。她以往的所有「效忠」紀錄，全部被改寫成爲犯罪歷史。

經過連番打擊之後，她和她家人被關進了「牛棚」(「文革」時期，共黨將地、富、反、壞、右份子及被打倒的「走資派」、知識份子統稱爲「牛、鬼、蛇、神」爲方便隨時揪出來批鬥凌辱，就把人關押於極其惡劣的環境，這地方就叫作「牛棚」)。每天被揪去批鬥，回來便是掃街洗厠所，受盡諸般凌辱。

不幸地，在她最落魄的時期，她唯一的孩子病危了。得到組織批准，由香港寄回來了特效藥。沒想到，藥是寄來了，卻落在造反派手裡，根據「老子反動兒混蛋」的邏輯，好藥當然不能用到「龜孫子」身上。就這樣，九姐眼巴巴看著孩子死在自己懷裡，

九姐她終於大徹大悟。文革剛一結束，她先生以親屬團敘名義，帶著她移民到美國，離開這片

曾教她熱愛過又傷心過的土地，並且在美軍的一個化驗室裏工作，爲美帝國主義的軍部效勞，她忠於她的新主子，我最近知道她到今天還不肯退休，這已經是她的第二次效忠了。

我回到香港以後，九姐也回來過香港幾次，每次同她見面之前，我都想好了許多問題要問她，我想問她，當年爲什麼一定要逼我走她的陽關道，而不準我走我的獨木橋？爲什麼我在香港的一舉一動，甚至在家裡講的電話，大陸公安都瞭如指掌？爲什麼我在獄中二十多年，作爲我的引路人的姐姐，一直不聞不問……？等等。不過一到舉家熱熱鬧鬧吃起團敘飯時，每次都問不出口。爲此，我一直耿耿於懷。

還是四姐夫的一席話，解開了我多年心結。他說：

「你是因爲反共而被共產黨抓去坐牢的，而她是被她賣身投靠的共產黨逼得家破人亡的。她的痛苦比你更入心入肺，她孩子的死已經是她的一種報應，你還恨她什麼。」

我從此釋然，再也沒有向她追問什麼的衝動，但每次見了這位姐姐，總有一種既同情又毫不親切的奇怪感覺。

實在的話，我沒有「愛我敵人」或者「寬恕罪人」這種基督徒的胸懷，我原諒她全因爲她已經懲罰了自己。

第十九章 我的戶口在那裡？

報戶口

在六嬸家過了多少天我記不起了，大概總有十幾天吧。七哥耀良回來過幾次看我，還吃過幾頓飯。文革後，加國的十一妹秀瓊給他辦了移民，但他願意留在香港。

有一天，大哥來到萬福路六嬸家，他告訴我幫我找到一位叫鍾樹基的堂兄弟，因爲他一個哥哥也曾犯了反革命罪被判過刑，不久前才釋放回來，他很瞭解也很同情我們這些勞改釋放犯的處境，所以願意讓我在他家報戶口。

告別了六嬸，離開了萬福路便搬到了耀華西街堂兄弟鍾樹基的家。

樹基兄住的是單位分配的公家房屋，不大，只有兩個小房間，他們夫妻倆和一對子女各佔一間，我就在客廳外面「朝桁晚拆」。廣州的老房子都沒有衛生設施，小便可以在廚房解決，大便就要到街外的公廁了，不過這是居民自古以來的生活方式，沒有人會覺得不方便。而我就更加無所謂了。

我哥把留下給我的生活費兌換成「外匯券」交給樹基兄。所謂的「外匯券」，是專爲歸國華僑和來華商人而設的，這是用港幣或美元向銀行兌換成與人民幣等值的代幣。方便他們到指定商店購買例如單車、手錶、進口香煙、洋酒之類的進口商品或者國內緊缺商品。

樹基兄夫婦都在國營企業工作，他們倆爲人忠厚，是個不問政治只知埋頭苦幹的所謂「逍遙派」，在單位裡可以說幾乎沒有敵人，並且多次被評爲「先進工作者」。不過，時移勢易了，爲了某些原因，他們也需要張羅一些「外匯券」到「友誼商店」去購買一些洋煙洋酒之類的來孝敬孝敬上司領導，我哥留下的「禮物」對他來說正是十分需要和及時的。

吃過晚飯，樹基兄不知打那裡借來一部磁帶錄音機，專門給我播放了一卷錄音帶，還特別告訴我說，這是香港的流行曲，唱歌的叫羅文。錄音帶是港客偷偷帶進來的，叫我好好欣賞一下，回味一下香港生活。不過在我聽起來，實在太陌生了，這些所謂流行曲的風格同五六十年代的歐西流行歌曲相距甚遠。何況羅文我又不認識，除非是 Patti Page 或者 Nat King Cole。不過我還是表示很欣賞，畢竟這些總比革命歌曲像首歌曲。

第二天早上。樹基兄帶上他們家的戶口本，同我到街道所屬的派出所報戶口去。

到了門口寫有「爲人民服務」五個大紅字的派出所，我們整理一下衣服，戰戰競競的走進去，首先見到的是坐在辦公桌旁，雙腳擱在桌子上，懶洋洋地看報的人民警察，我懷疑他是不是在值班。

我們走前必恭必敬地微微一躹躬，然後向他道明來意，他隔著報紙聽罷之後才很捨不得地把腳放下，樹基兄趕快趨前一步，雙手遞上早就預備好的洋煙一支，人民警察接過洋煙，湊到鼻子前仔細端詳了一下，又用力聞了一聞，才順手放進外衣口袋。

見時機成熟，樹基兄碰我一下向我示意，我立即雙手向人民警察呈上〈釋放証〉，人民警察接過《釋放証》，目光掃過一下，隨又高舉雙手，伸個懶腰，打個呵欠，然後慢慢站起來說：

「在這裡等一下。」一搖一擺的走進了後面的房間。我們倆順從地原地恭候。

幾分鐘之後，人民警察出來了，坐到另一邊去點起洋煙來，狂吸了一口，但煙久久沒有吐出來。再幾分鐘過後，又出來了另一位人民警察，由於當時還沒有恢復軍階軍銜制，從表面看不出他的級別，不過他那沒扣扣子的制服外衣有兩個大口袋，我們都相信他是個所長之類的人物。

所長沒坐下來，站著問：「報戶口嗎？」

我說：「是，對，是報戶口。」我微微哈腰。

他又問：

「你原來是廣州的嗎？」我都還沒答，他補充說：

「我是問你勞改前戶口是不是在廣州？」

我答：「我是從香港回來讀書的。」

所長不滿意：

「那是臨時戶口，你藉貫是那裡？」我說：

「我家在香港。」

坐一旁抽煙的人民警察大聲插嘴：

「香港、香港。所長問你鄉下，香港人就沒鄉下了嗎？啥東西？」

還是所長有耐性。慢慢坐了下來。

我趕快補充說：

「我鄉下是廣東四會。」

所長說：「那就對了嘛，我把你這介紹信轉到四會縣公安局去。明天給你開個証明，你到四會公安局去報戶口就得啦。」

說罷，他站起來，把拿著〈釋放証〉的手收到背後，走了。這表示他剛才的話是「終審判詞」，〈釋放証〉被沒收了。

我不甘心，我抗辯：

「報告隊長，那是我的〈釋放証〉。」我急了，把勞改犯的慣性都急出來了。

所長駁回我的抗辯：

「〈釋放証〉不就是報戶口用的嗎？」

所長邊說邊走進房間，「碰！」的一聲，門關上。

旁邊抽煙的放下煙屁股，站起來說：

「行了！行了！你們可以走了，現在沒空，明天來看看。搞好了就給你。哈，告訴你，有了我們開的証明，坐車坐船吃飯住店都沒問題，比你的什麼〈釋放証〉管用多了。」

說罷了還要加送我一句：

「什麼〈釋放証〉，你改造好了，嚇？」

改變我命運的寶貝文件，在他們看來只不過是張乘車住店的「介紹信？」我實在感到委曲，真想衝進去把〈釋放証〉奪回來。正要抬步，人民警察手一伸把我攔住：

「你想幹什麼?出去，你呀，就是沒改造好。」說時指指我的鼻子。

這句話大大刺痛了我，我想反駁，樹基兄馬上牽住我的手把我拉出派出所，語重心長同我說：

「他們是土皇帝，他們說了算，尤其是你現在的情況，還要靠他們開証明，一定要忍。」

回家路上，樹基兄同我說，不管什麼人要辦個城市戶口都不容易，何況是勞改過的。他們很怕不知道什麼時候再來個政治運動，這些人多了不好管理，所以都盡量把人送到農村去。

我憤憤不平，尤其我身上現在什麼証明文件都沒有，頓時失去了安全感。想了好一會，下了個大決心，對樹基兄說：

「走，現在就去打個長途回香港，告訴他們我的戶口可能要到鄉下去報，今後可能要住在鄉下，我要想辦法回香港。」

我不能不焦急，因爲鄉下的富農帽子還沒摘掉，如果富農家裡再加一個反革命勞改釋放犯，那麼家裡的成份就更複雜，處境就更惡劣，何況我在鄉下也等於是半個勞改犯，一旦政治運動到來，我和全家都將陷於更深的苦難。我希望香港那邊能瞭解我的憂慮，想想辦法。

到了電訊局打長途，首先要填一份登記表，由於要填寫居民証，所以能登記的只有樹基兄，在表格下面的講話內容一欄，我們填的是：「談近況、報平安。」

表格交了上去，然後等喊名字過去排隊交費，表示所填表格經審查之後被批准打這趟長途電話。終於輪到我們了，便走到像酒吧似的櫃檯前，併排五六個人各自拿起一個已經代爲接通的電話，又各自對著話筒大聲喊出你要講的話，好讓吧枱後面的「調酒師」能清楚地聽得見。站在樹基兄後面的我，雖然周圍雜音吵耳，仍然隱約聽到大哥說：

「電話費很貴，改天我回廣州再說吧。」

這是一九八〇年底，也就是文革結束後不久的事，如果不是得著於改革開放，往海外打長途電話的這一幕恐怕不會發生。

我的戶口在香港

大約過了一星期，大哥又來了。他告訴我，他同加拿大的妹妹秀瓊商量過，她本來打算以團敘名義申請我移民加國的，但現在知道連廣州戶口都報不上，回鄉下的意思實際上是繼續監視行爲，恐怕不會批准我出國的。他們商量的結果是想辦法幫我偷渡回香港，不過因爲香港剛宣佈取消「抵壘政策」（偷渡者成功進入市區即合法），中英兩邊的邊境都很嚴。爲了安全，最後選擇先「屈蛇」（偷渡）去澳門，然後再想辦法回香港。

大哥走了沒幾天，五哥鍾耀基來了，這是我二十多年來頭一回見到五哥。他們爲什麼不是頭一天就急不及待地趕回來擁抱我，而是抱著有事才來談事，沒事不見也罷的態度？我幻想的電影情節從沒上演過。不過我這時候想的是前路何去何從，也就是値不値得冒這個險的問題。

見面之後連寒暄都沒有便直接進入正題，他說他已經幫我找到帶我偷渡的「蛇頭」，過幾天會有人來找我，幫我安排去澳門。

我們談到這裡，都不約而同地望一下坐在一旁的樹基兄。因爲派出所知道我暫住他這裡，一旦我消失得無影無蹤，他可以說我回四會老家報戶口去了；但如果我中途被抓了回來，什麼解釋都沒用，我自己「二進宮」不要緊，人家一定會被牽連。樹基兄明白我們的疑慮，坦然地說：

「去吧，不要緊。那怕你出了事，他們也不會對我怎麼樣，我幾十歲了，沒有什麼可怕的。」

正經事三言兩語談完了。五哥留下兩張五百元面額的港鈔，就這樣走了，兄弟倆頭一回的見面連食頓飯都沒有。

屈蛇

三天後的一個晚上，來了一個一身香港打扮的年輕人，像探親訪友般大方敲門。他是「蛇頭」派來的聯絡人，告訴我明天早上來接我，要我穿得好一些，盡量像個香港人。臨走前，還留下半包「KENT牌」香煙。這是我頭一回抽的美國香煙，果然是名符其實「香的煙」。

我既興奮又緊張，同樹基兄都一夜沒睡，話都沒談夠天就微亮了。收拾好，穿上五哥臨走時留下的「行頭」：一件舊西裝和舊西褲，白襯衫加一雙舊皮鞋，樹基哥給了我一雙新襪子。這打扮今天看來很土，但在當時已經很洋了，要在白天，真不敢走在廣州的街頭上。

我心情難免緊張，改變命運盡在這一遭。成功了固然好，一旦失敗了，無論是給大陸邊防軍抓到，還是給澳門方面遣返回來，我「二進宮」固然跑不了，樹基兄的窩藏罪和五哥的引渡罪也都是要背上的。

想著想著，天大亮，帶我走的人來了。同樹基兄握手惜別。他還是這句：

「唔緊要，你放心去啦！」

兩人坐三輪車到華僑大廈，這是一幢位於珠江橋頭的七八層高的建築，裡面有酒店，有餐廳，也有只收外滙券的商店，是專門接待華僑和外商的酒店，這在當時已經算是相當豪華的了。

我們先在二樓餐廳飲茶，這又是我幾十年來頭一回吃到雪花白麵粉造的叉燒飽和點心，不過由於心情緊張，居然沒有好好品嚐八零麵的滋味。

坐下不久，陸續來了兩個也是港式打扮的年輕人，他們倆都帶了件大行李，好像剛從樓上酒店退房下來似的。他們坐下來飲茶吃點心，彼此都不需介紹，也沒有交談。完了，幾個人同我到門口登上華僑大廈的的士，車小人多已經擠得不堪，兩件大行李除了一件放後面行李箱外，其餘一件就壓在後座三人的大腿上。我的雙眼和鼻子就始終緊貼著大皮箱，幸虧的士沒給壓垮也沒停過車，一開車就一口氣駛離廣州。快到中午，的士停在中山市的長途汽車站。我們下了車。

這是直達澳門的長途車站。候車的旅客整齊地在圍欄內排隊，我們四個人帶著兩個大皮箱一直走到排隊的最前頭，有四個人把車票交下給我們就一聲不響地離開隊伍，我們四個人就取代了他們的位置站在最前頭。大家沒過說一句話，一切按默契進行。

不多久，一輛長途客車進站了，客車不大，最多是三四十個座位，我們站在最前頭的就首先上了車。車廂通道兩邊各有一列雙人座位。我們幾個人直向著車尾走去，佔了最後頭的一張橫排的長椅。正當陸續上車的人忙著找座位和往行李架上擱行李時，與我同行的人把大行李擺在椅子前，陪我來的三個人就併排站起來，擋住前面乘客的視線，並示意我鑽進長椅子底下，橫躺在大行李後面。同一時間前面走過來兩個也帶著大行李箱的乘客，同他們點點頭之後，五個人便併排坐了下來，正好佔了整張五人座位。他們的十條腿加上幾件行李，把橫躺在椅子底下的我遮個嚴實，從外面根本不會看到有人躲在椅子底下。

乘務員上車查過票之後不久，司機便開車了。客車一直駛往中葡邊界——拱北關。路不好，車子顛得很厲害，好在路程不長，終於到了。

因爲這是直達澳門的直通車，所以過關之前，乘客必須要在拱北關下車接受海關檢查証件，然後步行過關再上車。車子停了下來，乘務員打開車門通知乘客全部下車。掩護我的五個人也隨著其他乘客下了車，留下幾件遮擋住我的大行李。車廂裡除了我，空無一人，很靜。

正當所有乘客都拿著通行証準備排隊前往檢查站時，一把男孩的聲音：

「叔叔，仲有一個未出嚟（粵語：還有一個沒出來）呀。」

童言無忌才最有殺傷力，我腦子裡「轟」的一聲，兩眼一陣發黑。我從行李間隙看出去，女乘務員走上車廂來掃了一眼又走了下去。再過幾分鐘，兩個穿白色制服的人上來，彎下腰逐一檢查每張椅子底下，一直到我眼前不足兩呎，我已經清楚看到他們腳下那兩雙滿佈灰塵的黑皮鞋了。突然，我前面的一件行李被挪開，我便現形在他們兩人眼前。

「你阿奶的，出來，出來。」一口很純正的客家式普通話。

兩個人半推半擁的把我推到車外，面向車旁一橫排的乘客，問我：

「有沒有認識的？指出來。」

我沒說話。我背後被猛推了一下，我打了個趔趄。再問，我還是沒說話。兩個人在我背後推一下走一步，從排隊的頭一個面前開始一直走到末尾，又轉過身來往回走。

「再看一遍，找出來放你走。」

我還是搖頭。

隨著一聲「你阿奶」便是一個巴掌打在我後腦杓，我幾乎站不穩向前走一步。穿制服的同剛剛到來的兩個穿軍裝的嘀咕了幾句之後，有人過來把我扣上手銬。這次在眾多觀眾面前我終能「享受」到洋銬的待遇。

女乘務員帶著旅客往海關檢查站走，而我就被兩個穿軍裝的人帶到幾百米外的邊防站，關在一個小倉裡。這個小倉緊靠著他們的辦公室，從鐵閘往外望，可以清楚看到辦公室的情況。

班長的一句話

一個穿軍服的年青人拿著本子走到鐵閘前，向我問話。所謂問話只不過是個簡單的資料登記：姓名，年齡，籍貫之類的東西，連犯罪事實都沒問到，也許根本不需要。逮到這裏的都是唱同一個戲碼。

登記完了，他轉身把本子放下，拿起鑰匙過來把閘門打開，他後面還跟著一個也是穿軍服的年輕人，這兩個人算不算解放軍我不知道，因爲他們除了身上穿的像軍服之外，再也沒有能識別他們身份的任何標誌，就連個肩章胸章都沒有。

兩人進來先把我手銬解開，然後叫我把衣服脫下，只脫剩一條小褲頭。他們蹲下來仔細檢查衣服的每一部份，連衣服夾縫也反覆捏它幾下。當什麼都沒找出來，顯然有點失望。哎，有了，就從我西褲褲頭前面一個很小的口袋裡掏出了一張摺疊得很細的紙頭，打開來，一雙眼睛很仔細地研究這是什麼東西，站在他身後的小夥子也彎下腰來，伸出腦袋來看一下究竟。最後，明白了，這是一張港幣，是張面值五百大元的港幣。他們站了起來，說：

「衣服穿上，皮帶，鞋帶，還有這個，沒收，等下給你打個條。」

他收去的，是五哥留下的兩張五百元港幣的其中一張，另外一張在我身上小褲頭的夾縫裡沒給翻出來。

再過一會，閘門又打開，把我帶到裡面一個空倉，這是個稍大的監倉，對面兩個大倉早關滿了人，這些人不問可知都同我一樣是些失敗的偷渡者。這種「偷越國境」行爲在文革時期叫「叛國投敵」，是死罪一條。如今，人們卻把它叫作「高級旅行」。

我這邊可以清楚聽到對面倉的談話。他們的每句話都教我大開眼界。他們不爲這次失敗而懊悔，也不爲面臨的後果而憂心。他們努力爲這次失敗的「高級旅行」作「賽後檢討」。七嘴八舌地爲下次重新出發而交流經驗：喜歡渡海泳的一定要在全身抹上厚厚一層凡士林才好下水，白天不要去，但又不能在黃昏，否則你避過了解放軍避不過鯊魚。葡京酒店的燈光便是「仙人指路」。對於爬山愛好者來說，最好事先向動物園的員工買備老虎糞，有了它，邊境的軍犬就會避而遠之，連吠都不敢吠一聲。

他們時而高談闊論，時而低聲講大聲笑。各自表述自己一旦成功抵達彼岸之後，將會如何之後又如何，他們都期待著有朝一日必定衣錦還鄉。不過，一旦提到家鄉，便頓時一陣沉默，似乎都各有苦衷，盡在不言中。

這裡晚上吃的是糙米飯，有白菜和兩條指頭般大小的鹹魚。飯後不久，穿軍服的在外面大聲喊叫：「不講話了，睡覺，睡覺。」我估計時間最多是七八點左右，雖然對面的談話聲依然繼續，不過聲浪是低了許多，便再沒有受到干涉。很明顯，這裡不是監獄，只是把抓回來的人暫時關押，等湊夠人數便往外送。夜靜裡，此起彼落的鼻鼾聲會夾雜著一兩聲歎息。

第二天早上，兩個大倉的閘門打開，所有人全部被趕到外面去，再也不見回來。

從昨晚到現在，陸續都有人關進來，不過都關在別的空倉，這點教人納悶，爲什麼那兩個大倉的人都走了，只留下我，是不是我的情況特別嚴重，看來不像。難道這是一種優待。如果是的話，又是不是昨天那五百塊錢的作用。

這裡早上吃咸菜白飯。晚飯還是白菜鹹魚。半夜裡我一直在想，這回「二進宮」是無可避免的了。照共產黨的話說，這叫：「新賬老賬一起算。」我倒無所謂，「食得鹹魚抵得渴」，怕就怕連累了樹基兄這個大好人。一想到鹹魚也真覺得有點口乾，等巡倉的經過，我站到閘前：

「報告班長，口渴得很，能不能給點水喝。」班長停步打量我一下，一聲不響轉過身去。過了一會兒這位班長端著一個印著：「向雷鋒同志學習」的小缸子回來。隔著鐵欄柵遞給我，嘴裡嘟囔了一句：

「今天班長給你水喝，將來誰給班長水喝。」

這句話頓時把我聽呆了，話音雖然很含糊，但在夜靜中，我聽得特別清楚，而且至今都想不明白小班長這句話的含意。

第三天了，也許是關在這裡的最後期限吧。我同對面大倉的十幾個人一起被趕到院子外面去，經過點名核實身份的手續之後，被押上兩部大軍車。在車後面的布蓬還沒放下前，我回頭看看我住了三天的邊防站，腦子裡重現小班長講那句話時的一臉無奈的神色。至於那五百塊錢的收據，我倒完全不在意。

第二十二章 現代虎牢

山場拘留所

軍車開動了，對於我，這又是一次新的歷程。看看四周的人，看不出他們對這次旅程有絲毫的陌生，似乎一切都在他們的預案之中。他們不介意車外有武裝押送，車內都像老鄉遇到老鄉一樣，有講有笑，輕鬆得令我這個頭一回參加「高級旅行」的人覺得莫名其妙。

車子不知走了多久，終於在一間古舊的建築物門前停了下來。雖然門口的牌子寫著中山縣山場拘留所，但仍讓人覺得這是一間鄉下古老祠堂，或者是前清遺下的衙門。

十分鐘過去，軍車駛進了院子，犯人魚貫下車，照例是點名，蹲下。等到他們雙方辦好了交接手續，看太陽該是下午五六點鐘了，天色開始暗下來。軍車留下一股濃煙，開走了。

接收犯人的拘留所幹部拿著個本子走進裡間去了。接著從屋子後面走出來幾個人，從髮型看得出，他們肯定不會是幹部，其中一個二十幾歲的走過來，以幹部口吻向蹲著的人說：

「聽住，你哋嚟到呢度就要守呢度嘅規矩（聽好了，你們來到這裏就要守這裏的規矩），你哋好多都唔喺頭一次嚟呢度嘅（你們很多都不是頭一次到這裏來的），規矩你們都識，只要老老實實，配合得好，就不會食苦頭，知道未（知道了沒有）？」眼睛掃遍了蹲下的每一個人之後，才說：

「好，開飯喇。」

在這位權威人士「訓話」的同時，已經有兩個人抬著一塊古老門板出來，門板上面擺了十多碗飯。蹲著的人一聽到訓話完畢叫開飯，便都自動解散過去取飯，各自找個角落蹲下吃起來。我是最後一個過去拿飯的，白米飯上面有半個鹹蛋，幾條小魚乾，還有小撮白菜。對犯人來說，這簡直是頓很豐富的營養餐。

我蹲到一旁，把飯擺在面前。飯菜雖好，但前程未卜，實在沒有心思去享用。其他人都快吃完了。剛才向我們「訓話」的人叼著香煙走過來，問我：

「你做乜X嘢？做乜X唔食？」（你怎麼了？為什麼不吃啊？）

我說：「唔好意思，我唔想食，唔該同我分咗佢。」（不好意思，我不想吃，麻煩幫我分給大家。）這是勞改隊犯人處理剩飯的合法方式。

叼香煙的人詫異地盯著我的光頭，把嘴角的香煙拿開：

「真嘅，唔食？」（真的，不吃？）

我搖搖頭。他認真地再看我一眼，然後轉過身去吩咐兩個剛才抬門板的人說：

「你地攞去分咗佢。」（你們拿去分著吃）轉身走了，臨走時還回過頭來多看我一眼。

飯食過，天全黑了，院子裡掛在繩子上的燈泡亮了，幹部從裡面拿出來幾把理髮推子，交給剛才對我們「訓話」的人，沒說一句話便要轉身回去。

「報告隊長。」接過推子的人指著我對幹部說：

「他頭髮很短，不用剪了吧。」隊長點點頭，走了。

有人搬過來幾張板凳，同車來的那些人都很熟識規矩似的自動坐到板凳上，還是由送飯來的人操刀。推子所到之處，所有港式、葡式、西式的髮型全部變成光禿禿的「勞改式」，唯獨我得到特別許可，剛長出來還不到兩分的頭髮得到倖免。

在他們排隊剪髮的時間，爲我申請免剪的人走過來，問我：

「你啱啱出嚟？」（你剛出來？）他是從我的頭髮看出來的。我點點頭。

「犯乜事？」（犯了什麼罪？）

「打劫殺人。」我不敢說是反革命特務。

「幾年？」

「死緩無期改十九。」他表情驚訝，心想我犯的必是轟動一時的大案。

「踎咗幾年？」（蹲了幾年了？）

「二十三。」他眼睛瞪大。這難怪，他見慣的都是判個半年幾個月的鼠竊狗偷、小流氓、和偷渡犯，何曾見過這樣的「老行尊。」於是他又問：

「喺邊度？」（在那裡坐牢的？）

「青海。」

「係唔係德令哈？」（是不是在德令哈）他這樣問是想表示他懂「行情」。很明顯，他聽說過這個名聞天下的「露天監獄」。他臉上露出幾分對「老前輩」的景仰之情，因爲在小流氓的心目中，也有崇拜「英雄」的心理。

也就因爲我這番話，居然令我免於「二進宮」的命運。此是後話。

頭髮剪完了，幫忙管理犯人的勞動犯拿著幹部交給的名單，帶了七八個人走進院子後面去，回來又帶走了五六個，最後只剩下連我在內的四個人，由剛才同我講過話的小頭目帶走。

進到後頭，一個像四合院格局的地方，四面房子圍著天井中間一口水井。正面一間是進門時經過的大房子的背面，門窗被封死了。其餘三間「凹」字型面向天井的是「監牢」。我管它叫「監牢」而不叫監倉，就因爲它同千百年前古代的「虎牢」是一模一樣的。「監牢」同天井的分隔不是磚墻也不是鐵閘，而是一根又一根黑得發亮的木頭柱子，每兩根大碗粗的柱子之間大約相隔一個腳掌寬。牢裡面一個很小的燈泡發出無力的黃光，從外頭看進去是黑沉沉、陰森森的。如果我這裡描寫得不夠清楚的話，你可以想像電視劇裡頭大宋包青天把陳世美打入的「天牢」，不同的只是把古代「天牢」的火把換成現代的電燈泡而已。

小頭目把中間一個牢的牢門打開，讓我們四人進去。關門時他往裡面一招手，裡面馬上跑出來一個大個子，畢恭畢敬地隔著木柵俯首聽吩咐。小頭目大聲說話，好讓裡面的所有人都聽到：「渠喺山上落黎嘅，你地叫佢『阿歹』。」（山上下來原來意思是指曾經上山拜師學過武藝，黑道上則稱服過重刑的叫山上下來，又稱老前輩爲「阿歹」即「阿大」是老大哥的意思）

「識做，我識點做。」小監頭連番應道。

當「阿歹」的滋味

裡面，腳底下是一塊潮濕的泥地，人走過是一步一個腳印，空氣中散發著一股又黴又濕的氣味。三面靠牆的地方鋪有幾塊又髒又黑的木板，十幾二十人斜靠著牆坐在木板上，他們身上都找不出一片好布，還有光著腳丫的。正對木柵那面牆的左角，有個用作大小便的木馬桶，右角空出來一塊比較寬的位置，我就被招呼到這個角落。這個位置最方便犯人做一些不想讓幹部看到的事情，因爲外面的幹部是從右邊走過來的，他第一眼看到裡面的是左邊的馬桶，走到木柵中間才能回過頭來看到右邊角落的情況，犯監規的犯人已經有足夠時間去毀滅犯罪證據了。

我剛一坐下，同我一起進來的三個人已經被「招呼」到牢房中間的空地上，其中一個很懂規矩，馬上主動除衫、除褲、脫皮鞋；另一個稍有點猶豫，拳頭，膝頭馬上在他身上發功，同時還有一雙手幫他寬衣解帶，他似乎馬上明白過來了，立即主動配合。第三個沒等人家動手，就已經做完了他應該做的事情。幾件破得不像衣服的衣服已經丟到他們跟前，不過拖鞋欠奉。

過了不多久，外頭的小頭目帶著兩個人，拖著一個裝滿了衣服鞋子的大籮筐在外面停下，小監頭趕緊把剛繳獲的戰利品從黑木柱子中間遞出去。整個流程非常順暢，沒人說過一句話，但進行得熟練而有序。

夜裏，幾個人蓋一條破棉被，有人打呼嚕，也有人坐起來抓臭蟲，而我就坐在陰暗角落享用小監頭奉上的香煙，還有餅乾。他還說，累了就睡，我們這邊不會有臭蟲，木板底下都撒過辣椒麵。

早上，沒人管你睡到幾點，也沒人喊起床，等到外頭喊「開飯囉」才紛紛坐起來。

牢門一打開，就有預先被指定的兩個，很主動的去抬起馬桶往外走，等他們再把洗乾淨的馬桶抬回來，一籮筐的碗，一木桶的粥已經擺在木柵外，裡面的人各自走上前來拿起碗筷，又伸手接過兩杓子的粥，回到各自的位置上，吃起早餐來。

早餐是白粥一碗，面上有一小撮鹹菜。粥吃罷，開水也來了，拿著空碗自己去打開水，喝完了，把碗放回去，桶拿走，木柵門又再關上，沒人指揮但過程流暢，因爲大家都不是第一次的「訪客」了。所以人人都把這裡叫作「大酒店」。

從早上起身到吃過早上這一頓，我都沒有提過洗臉上廁所的環節，因爲本來就沒有這個環節。關在這裡的大多是等待分流的暫時性拘留，幾天不洗臉本來就不算什麼，至於大小便，前文已經提過，左邊牆角擺著一個公用馬桶，這裡沒有私隱，而且什麼事情習慣了就好，你會「如入鮑魚之肆，久而不聞其臭，亦與之化矣。」這也是適應性問題。而且什麼時候想坐就坐，想射就射，格外方便，所以不需要特設上廁所的環節。

吃過粥，我剛坐下來，飯後煙馬上就遞過來了。剛點著，一隻手把我煙奪過去，手肘碰我一下：「隊長。」果然木欄柵外頭一個穿藍色幹部服的男人從右邊走過來，走到木柵中間往裡面看了一眼，也許他還沒有習慣這股氣味，又走了。眼看他看罷了三個牢房之後走了出去。火柴一擦，煙又點著，煙剛抽完。昨天在外面拖著籮筐來收衣服鞋子的那個小頭目又出現了，他從木柱中間遞進來一包用舊報紙包起來的東西。小監頭接過後回到我身邊，小心把包裹打開：兩包香煙，一小包餅乾，還有一條一條的麵包皮。小監頭高興了，笑著對我說：

「昨天那兩雙皮鞋還很新，所以這次是兩包香煙，你看，還有一包是大前門。」大前門我聽說過，是上海煙，三角錢一包，農場職工給過我兩支，很香。

真沒想到在號稱能「把鬼變成人」的共產黨監獄裡，還有這種「強搶豪奪」和「倒買倒賣」的活動。這莫非就是我們今天在「改革開放」的大陸所常看到的強拆房子盲搶地的預演。

打從昨晚開始，我旁邊的人就一直想在我身上打聽勞改隊，特別是遠在天邊的勞改隊的情況，以便有朝一日，自己夠份量被發配邊疆時好有個心理準備，我也樂得吹噓自己在農場的「英雄本色」：我如何偷吃偷喝；如何躲過幹部的監管；如何同職工「搗鼓」，如何陽奉陰違，如何頂撞幹部；如何策劃過逃跑之類等等，像編劇本一樣，一半真時一半假，繪形繪色地向周圍豎起來的耳朵播送，越講得精采，遞過來的香煙就越多，連大前門都有。罷了，喝口左邊遞過來的開水，啃兩條右邊塞過來的麵包皮。「二進宮」的憂慮全煙消雲散了。

一門不錯的買賣

原來，除了等甄別的偷渡犯之外，我左右幾個都是些幾個月刑期的小偷、小流氓，關在這裡等刑滿，他們常駐不走便當了小監頭，不但可以同外頭的勞動犯合作發個小洋財，而且接觸來往的人多了，有關的事情也就知道得多。

他們拜託我如果下次偷渡成功，幫忙去找他們的江湖兄弟，希望同他們恢復聯繫。我問他，我為何還有下次機會。他告訴我，這裡的偷渡客大多都已經有三兩次的偷渡經驗的。好像偷渡也會上癮似的。他們恃著出身成份好，抓回來處分輕就不怕抓，抓了肯定會再走，走了也不在乎再被抓回來，反正抓了再走，走了再抓，這樣走得多了，經驗就豐富，離成功就越來越近了。

他的話引起我莫大的興趣，還沒等我問出口，他就把他所知道的詳盡地向我作出一番「指導」。原來，由於所有的偷渡犯身上都不會攜帶証件的，所以邊防抓到偷渡犯都首先關在邊防拘留所，集中到一定數量之後便送到這裡來，由這裡有經驗的幹部盤問，再分別遣送回原藉，確定不了原居地的便會送到廣州市，讓公安局來處理。

那些送回原居地的，頭一兩次多數都不過是罰幾個錢，最多是勞教一個半個月就算，當然，也有判刑的。

我問：既然會判刑，為什麼這些人不怕呢。我這問題引得周圍的人哈哈大笑，等他們笑夠了，煙也抽夠了。小監頭才說：

「判刑的多數是成份不好，像地主富農反革命什麼的，或者勞改過的。成份好的人偷渡只能當作人民內部矛盾來處理，每天都那麼多人偷渡，都判刑的話，多少監獄都不夠。那裡判得那麼多呢。」說到這裏，他湊到我耳邊說：

「明天幹部問你，你就說你是江門來的，只要能讓他相信，就會送你回江門去……」。他還沒說完，另一個小監頭就搶著插嘴：

「那邊不管你什麼人，收了錢就放人」，又一個接著說：

「這裏收錢送人，江門收錢放人，雙方都有好處，連偷渡犯都有好處，這你就不懂了。」

原來，偷渡犯到了江門收容站之後，家人只要在三天之內帶上八十元人民幣和三十斤糧票作爲伙食費，便可以把人領回去。在當時來說，八十元就相當於一個人兩三個月的工資，一斤全國通用糧票黑市價至少值一塊錢。放一個人就穩收相當於一個工人三四個月的工資。而且只要國內人民痛苦依舊，偷渡客便會前仆後繼，抓回來的偷渡犯就源源不絕，於是乎常抓常有，越抓越有，財源滾滾，這無疑是樁很不錯的買賣。而且只有共產黨才能想得出來。

那些沒人領回而要送去廣州市公安局的，後果就很難說，爲了要弄清楚你的身份，「過五關」之後遍體鱗傷是不可避免的，接下來便是根據形勢需要，交得起罰款的送去勞教，交不起的判你勞改。所以有經驗的偷渡客早就同家人約訂好，人走了以後三五天之內仍不見打電話回家報平安的，就帶上糧票和人民幣到江門收容站來贖人。

這番話讓我心情豁然開朗，上帝果然給我打開了一扇窗。希望在人間。謝謝上帝。

打人的都不是共產黨

第二天中午，外面喊名字，偷渡客逐個走出牢房，在天井排好隊點過名便被帶到大院子外面。院子裡早已擺好了三張桌子和三張椅子，四五十個犯人分開三條人龍蹲在三張桌子前面。院子不大，最後一個幾乎蹲到大門口。由於我是第一次「應試」，而且是許勝不許敗，我特別想聽聽人家是怎樣應對的，所以故意蹲當中一條隊的中間。

半個鐘頭過去，三個幹部出來了，其中一個四十來歲，短頭髮，穿的雖然同其餘兩個沒有分別，都是藍色幹部服，但我看得出她是個女的。根據我在廣州看守所的經驗，女的應該比較容易應付。一看到她坐在左邊一張桌子，我便決定等機會蹲到左邊一條隊去。

問話開始了，有問有答，也有記錄。他們好像故意把聲線壓低似的，一點也聽不見問的是什麼，答的又是什麼。一個問完了，起來到一邊站去，下來第二個，第三個。

出事了，右邊一個同中間一個幹部先後大力拍響桌子，桌面上的本子鋼筆都跳了起來。這好像是個訊號，只見兩邊早已侍候著的四五個勞動犯馬上撲過來，兩個對付一個，把兩個答問題的人，推到院子後頭去，裡面隨即傳出來幾聲：「不老實」和「哎喲、哎喲」的慘叫聲。

外面的問話在繼續，等到下一個問完，剛才被推到裏面去的那兩個才蹣跚地一瘸一跛走出來，後面跟著出來的勞動犯大喝一聲：

「企埋去。(站一邊去)」等他們倆蹲下了，施虐者隨手在他們面前丟下一瓶正骨水。

所有蹲著等問話的犯人都目睹整個過程，只有忙著問話的三位幹部連頭都沒動一下，依然非常專注地在本子上寫什麼。

事情非常明白，這是示範給所有犯人看看，雖然誰都想被戒到江門去，難道這裏幹部就不想嗎？不過，毛主席早就說過：「世界上怕就怕認真二字，而共產黨就最講認真。」在共產黨員看來，人民幣是可愛的，糧票也是可愛的，不過，除了有錢有糧票，你回答問題也得靠譜，造假也要假得「認真」才行，否則我們怎樣向毛主席他老人家交代。何況，總不能說全部在押的都是江門人吧。

至於說「不打人罵人」不錯這是老紅軍的傳統，大家都看見的，打人的都不是紅軍，也不是共產黨，而且共產黨最講人道主義，既然有人不舒服了，便馬上給正骨水。還要怎麼啦。

再有兩個人問完了，輪到下一個。隨著一聲：「丟那媽」，桌子又拍響了。由於事情發生在中間一行，勞動犯過去抓人時，左右兩條隊都紛紛站起來讓路，這一陣騷動，給了我機會由中間一條隊竄到左邊女幹部那條隊去，並且排在倒數第三個，我這個動作，站在旁邊的那個小頭目是看見的，他沒說話，還朝我微笑點點頭，表示我選得對。

看我無懈可擊的應對

問話的拍了幾次桌子，勞動犯也丟了幾次《正骨水》之後，終於輪到我了。上帝保祐，這一關非過不可，答得好，送到江門收容站還有一線希望；答得不好，不但用得上正骨水，還會被送到廣州市公安局，今後的戶口就註定要在勞改隊了。

我蹲到桌子前面，抬頭看看女幹部，她看來有點累了，她在喝水，喝了兩口把杯子放下，用袖子抹抹嘴，順便理了理頭髮，又挪了一下椅子之後才開口，問：

「姓名？」我答了。

「年齡？」我也如實答了。

「籍貫？」

我答：「廣東，廣寧。」她放下筆，抬起頭一雙大眼睛盯著我。她審犯無數，但就沒聽說過有「廣寧」這個縣的。

我趕緊補充：「我從少就喺外邊讀書和參加工作，聽講呢個縣早已經合併到四會去了。」她好像接受我這個解釋，又低頭寫點什麼。

「你犯咗乜嘢（你犯了甚麼）？」

「偷渡，偷渡去澳門。」

她放下筆：「梗係（當然是）澳門啦，唔通喺呢度偷渡去非洲咩（難道在這裏偷渡去非洲嗎？）」沒想到這位女的個頭不大而嗓門頂大的，好在她沒拍桌子。

我低下頭，表示投降。

她又問：「去澳門做乜嘢？」（去澳門幹什麼？）

「我爸一個人喺澳門碼頭打工，俾個貨箱責斷咗隻腳我去睇佢（給個貨箱壓斷了條腿我去看他）。」這個故事很感人，打動了她，她給了個回應：「唔。」

又問：「你單位喺邊？」（你單位在哪？）

「江門。」

「我問單位。」她的大眼睛又盯了我一眼。

「紅星第一小學。」全國到處都有紅星小學。名字是從兒童電影《閃閃的紅星》來的，她不能不信江門也有。

「紅星小學喺邊度（紅星小學在哪裏）？」

「解放路。」答問題一定要快而準，我做到了。全國哪個城市都有解放路，江門不可能沒有。

「你喺江門 幾多年？」

「我喺嗰度教書，戶口都喺江門。」

「我問你幾多年？」這次她頭都沒抬，不算很生氣。

「十幾廿年囉。」雖然答非所問，不過這很重要，表示我十多廿年來政治上沒犯過錯誤，起碼是個緊跟著黨的好老師。

「我問你住咗幾年。」她有點不耐煩。

「由19……。」我攀動指頭。

「你時常去乜嘢地方（你經常去甚麼地方）？」不等我說完就問下一條，表示對我的信任程度增加。

「我時常帶學生去少年宮，有時候同愛人去文化宮睇文工團表演，或者去解放戲院……」她分明在考驗我對江門的熟識程度。而我答的都是全國城市不可或缺的場所。而且表示我生活十分健康，我不是個小混混。

「好了，好了。江門嘅領導叫乜名（江門的領導叫啥名字）？」她還不肯放過我。

「江門嘅市委剛換咗班子，我唔清楚（我不知道）。我淨係知道管教育的領導叫李紅兵。」

我胡扯的事情當然連她都不會知道，她只好當作最新消息來接受。她又給了個「唔。」算是滿意。

等她在本子上寫完了最後一個字，才伸伸懶腰，說了聲：「走。」

我很欣賞自己剛才的應對。回到牢裡，知道有兩個人用過正骨水，其餘的都歡天喜地，深信很快就可以調去江門收容站，然後回家，等到頭髮留長之後又再重新出發。

西域來的騎兵

第二天一早，吃過番薯粥之後，外頭喊了聲「集合」，三個牢房的所有犯人都放出天井集合站好。連我都以爲馬上就要調走，因爲再過幾天便是一九八一年元旦。

幹部來帶人了，不過不是帶往前面院子去，而是被帶到拘留所的後院去。後院是塊空地，有籃球場大。百多個犯人成堆站在院子中間。在這裏可以望到圍場外有兩支高高豎起的旗桿，一支是五星紅旗，另外一支是「八一」軍旗。以前每次例行搜倉檢查，犯人只會到前院去等候，而這次來到後院，連小監頭都覺得奇怪是怎麼回事。

站了不大一會，後院的小門打開，從外面進來七八個個頭不大，但精神奕奕的小夥子，他們的共同點都是藍眼睛、紅臉、高鼻子穿馬靴的。像這樣的人我在青海見過，他們是哥薩克騎兵。我正捉摸著爲何南方這裏會有草原的騎兵呢。

前面一聲「站好。」隨著吆喝聲，所有犯人都好像受過訓練似的，自動站成三排。那幾個目露凶光的小夥子雙手收在背後，以首長檢閱部隊的姿態，慢慢地一步一步在第一排犯人面前走過。看有站得不直的，往肚子就是一拳頭；腳後跟沒靠攏的，用腳猛力一掃。

看完了第一排，回頭在一二排中間往回走，由於兩排人中間的距離很窄，要不開大動作，有看不順眼的，便用手上的馬鞭往犯人下頜頂一頂，使勁往肚子戳一下。越看越像日本「皇軍」在檢閱「僞軍」。還有一次，幾乎想把腰間的馬刀拔出來，把他面前的犯人嚇得倒退了兩步，站在老遠的幹部只是看，也不哼個氣。

就這樣搞了二十分鐘左右，把百多犯人折騰夠了，才從進來的小門出去了。當大家以爲可以鬆口氣了，不料又進來了十幾個。還好，他們這一次只是站在門旁往這邊看了一會，嘴裡嘰嘰咕咕的說了些什麼，哈哈大笑一番便出去了。

幹部給勞動犯作了交待，勞動犯就指揮所有犯人分別回到原來的牢裡。不過這次被打過的就沒有正骨水了，躺在牢裡等痛楚慢慢自己過去。僥倖逃過一劫的在議論到底發生了什麼事。

得出的結論是：由於現在是冬天，下水偷渡的少了，爬山過去的多了起來，中央特地從北方調來一批騎兵，由他們在邊境的山頭上巡邏。他們今天叫我們出去，是想要見識一下偷渡犯到底是什麼模樣的，方便今後識別。說到這裡，全部犯人幾乎都笑彎了腰，因為凡是偷渡的，無一不是港式打扮，好方便混入市區，而他們今天所看到的偷渡犯，好衣服都換成香煙麵包皮了，現在個個都是丐幫的造型，世界上那裡有人會穿件破爛進入澳門的。將來他們在山頭上遇上我們的一身好打扮，一定以為我們是歸國華僑回鄉祭祖的，說不定還會向我們行個敬禮呢。

兩個小監頭也高興起來，慷慨地拿出餅乾香煙來回饋給大家，一人分一點，有福同享。盜亦有道，誰說不是。

又是一個早上，還沒吃飯，天井外的勞動犯拿著名單喊名字，另外幾個勞動犯分別把三個牢的牢門打開，把叫到名字的犯人放出來到天井集合，總共有七八個，小監頭告訴我，這些人是要送去廣州的，他們後果難料。小監頭說罷，拍拍我說：

「吃過飯就輪到你了，去江門收容站，到了那邊，再想辦法通知家人，越快越好，三幾天沒人來領，也會送去廣州的。」

他還給了我一個聯絡電話，叫我記好了，說他下個月出去之後也會過澳門的，相約好將來我們一起闖世界。

第二十一章 江門收容站

還沒到中午，三個牢房有幾十個人被叫到前院集合，人人除了一身破衣裳，都沒有一點行李，只有我身上還是穿著出門時的衣服，頭髮也沒有剷光，格外顯得不一樣。我乖巧地站在一個大個子後面，免得太出眾。我們分乘三部卡車離開拘留所，直駛向江門市。

臨到車停下來，已經天微黑，沒有路燈，但仍然看得出這是兩幢頗爲結實的平房，門口的牌子大大個字寫著江門市收容站。左邊一幢平房的窗戶又低又多，看來定是辦公室，或者是幹部宿舍。另一幢窗戶很高又很疏，應該就是關押犯人的倉了，這裡頭一個房間的門口還掛上「接待處」的牌子。我們幾十個人就被放在這間「接待處」裡，奇怪的是，門口居然沒有班長，也沒有警衛，只有兩名年青幹部站在門口，無聊地抽起煙來。接待處裡面有個綠色的茶水缸，我看過了，是空的。

大約過了半小時，一男一女兩個年輕人進來喊名子，分開四、五個一批被帶到裡面去，最後一批是我同另外三個人被帶到中間一個倉裡。倉不大，空洞洞的百多英呎一個房間，除了人便什麼都沒有。

倉裡十多個人有站著的，也有坐在地下的，還有幾個在來回踱步，一副焦慮的樣子。門是木門，比看守所的門大，齊眼高的地方還有一個三十二開本大小的窗戶，有塊可以推開的玻璃，我隔著玻璃往外看，走廊外沒人，很靜，只是隱約聽到鄰倉傳過來的歌聲和嘻哈聲，這些人似乎都胸有成竹，知道很快會得到救贖吧！

倉門的對面有個臨街的窗戶，要踮起腳尖才看得到窗外，這裡沒有監頭，也沒有組長。我試試攀著窗的鐵枝往外望，外面是馬路，有行人經過，也有汽車，不過很少。我望著窗外正想著怎樣通知廣州的人，有人敲響門洞上的玻璃片，我趕快下來乖乖坐到牆角，敲玻璃的人不見了。

坐了很久，都沒聽到外面有看守所那種懾人心弦的鐵門撞擊聲，也沒有威嚇性的喝罵聲，一切都很平靜，而我的心卻翻騰著「怎麼辦」這三個字。

開飯了，門打開，一個很年輕的女看守員在門外向裡面招手，我們一個跟著一個走到門口，從她手上接過一個搪瓷碗，裡面盛了多半碗飯，面上有一小塊帶魚，還有一小杓黃豆。在我看來，這又是一頓營養餐，不過我還是沒有食飯的心情。我急，急在時間不等人，那怕現在就同廣州聯繫上，他們還得通知香港，再由香港來到江門，最怕是他們不知道我待在這裡是有期限的，加上近幾次同他們見面時所感覺到的那種冷淡，他們不會有迫切感，等到他們施施然到來時，我已經被關在廣州市公安局了。

我端起飯碗扒了兩口就放下了，坐在牆角呆呆地看著天花上的小燈泡。

門再打開，這回是派開水，飯吃完的都拿著空碗去打開水，而我的飯沒吃，女看守看了我一眼接過我飯碗，遞給我一個乾淨的飯碗打開水。我馬上就想，這人不錯，是不是可以請她幫忙和怎樣請她幫忙。能行嗎？

晚飯吃過，一切回復平靜，我看到坐在那邊有兩個輕鬆聊天的，便過去蹲在他們跟前，先點點頭打個招呼，一聲不好意思便直接請教他們是怎樣聯絡外面家人的，他們一個笑著告訴我，他們早就同家裡約訂好，如果沒有接到他從澳門打回去的電話，便會天天來這裡查名單，今天傍晚他們才來過，不過已經下辦公了，明天早上就會來贖人。他身旁的一個微笑點點頭。

他又指指對面躺著的那個說：

「今天早上他已經把家裡電話給了倉裡每一個人，只要有人出去，就會幫他通知家裡的。」

我說：「靠得住嗎？」

「每天都有好些人出去，總會有人肯幫忙的，將來在澳門見了面，請他飲茶便是。」

我再問：「沒有紙怎麼辦？」

「你問問大家，會有的。」

我謝過之後，問遍倉裡每一個人借紙筆，都說沒有，我幾乎絕望。我站起來在倉裡來回踱步。走到門前，從小窗隔著玻璃往外望，外面燈很亮，有一個看守走過來，我趕緊閃到一旁。我突然想起剛才派飯的小姑娘，我再透過小窗往外頭望了很久，不過，來回走的還是剛才那個男的。看來，她今晚不會來值班了。

既然有了方案，心裡就稍爲踏實了點，便隨便找個地方坐下，水泥地板冷得很，躺下一定會凍僵，還是靠牆坐下好。半睡半醒地一直到天亮。

早上沒有人喊起床，這裡根本也沒有床，不過很早就開飯，魚是沒有了，是大米飯和醃菜黃豆。派飯的還是昨天夜裡值班的那個男的，我一心要等那個女看守，心不在焉的吃了一半就送回去，不過這個男的沒有給我開水喝。

恩人是個小姑娘

這已經是第二天了，真是急死人。我站在門旁眼都不眨地死盯著門上那片小玻璃。盯著盯著眼睛都累了。忽然眼前一亮，從小窗外頭往裡看的那隻眼睛換了個樣，一點不錯，是個女的，我猝一下起來撲向大門，透過小窗看出去，走廊那邊的背影正是那個年輕女看守。我一直看著她的背影直到她走遠。等她再走過來時，我小心地敲了敲玻璃片。她聽到了，她轉過頭來，猶豫了一下，走過來推開小窗的玻璃片。

是我先開口的，我不知道該怎樣稱呼她，只好直接地說：

「對不起，我想請你借點紙和筆，不知道行不行？」

她沒說話，把玻璃片推回去，走了。我不知道她到底行還是不行，只好原地站著等她再來。過了不大一會，她又出現了，玻璃片被推開，首先遞進來巴掌大的一小片紙頭，然後是一支指頭長的小鉛筆。一句話都沒有，玻璃片推回去就走了。

巴掌大的紙，夠寫什麼呢？要裁開來分給人家帶出去肯定不夠。想著想著，已經有三個人被叫了出去再沒有回來，由於當時的民居是沒有電話的，我只好再冒險一次，乾脆在巴掌大的紙頭上，小心地寫下萬福路和耀華西街的街道傳呼站電話號碼，請傳呼站把話帶到六嬸和樹基兄家裡，請他們帶錢和糧票到江門收容站來。在這麼一點紙頭上寫下這麼多字可實在不容易，能找到人肯花錢幫你打電話去廣州更不容易，那怕電話打出去了，傳呼站幫你傳話能傳得那麼準確無誤嗎？人來了錢應該沒問題，但全國通用糧票就只有到黑市市場才能買得到，真那麼容易嗎？不過，現在什麼都先甭考慮，首先是這張救命符該交給誰呢？真是急死人。

我站在小窗前，無助地往外望，女看守又走過，我敲敲玻璃片，想把鉛筆頭還人家。在把鉛筆遞出去的同時，不知爲什麼我竟下意識地說了句：

「能不能幫我打個電話。」

她接過筆，但沒有即時關上玻璃片，我大膽地把手上捏得出汗的紙片遞出去。意外地，她竟伸手接了過去，連看都沒看便隨手放進外衣口袋，才把玻璃片推回。

我幾乎呆住了，既興奮，又不敢相信。興奮的心情是不用解釋的。我不敢相信的是她竟然會收下我的紙條；不敢相信她真會花錢幫一個不認識的收容犯打個長途電話。她會不會一轉身就把紙條撕碎扔掉？會不會笑我妄想？

心裡一團亂麻，打後的時間便只有著急和焦慮。呆坐，呆等，既有希望，又似絕望。

救星

清楚記得這是一九八〇年十二月最後一天的中午，從離開山場那天算起已經是第四天了，可以聽到窗外傳來敲鑼打鼓迎接元旦的響鬧聲。過了元旦，我幾乎可以肯定會被押去廣州市公安局。這是最後一天了。

昨晚一夜沒睡，倉裡到處都有人和衣躺下，我整夜坐一會又站起來，站起來又坐下。半夜裡特別冷，冷風從上面的窗口吹進來，天沒亮就有人坐起來，空間大了，我便可以在倉裡來回踱步，隨著天漸亮我腳步越快。

上午，倉裡走了幾個又來了幾個，不過都是調倉的，沒見放人。就剩那麼一點時間了。早飯我沒食，連今天有沒有派過飯我都沒有印象，一心只有焦慮。

門忽然打開，我心裡一震，是把女的聲音：

「鍾耀南，出來！」天哪，我腦袋轟的一聲，矇了，站著不會動。

還是那把聲音：「喂，你呀，出來呀！」

我定過神來才跟女看守走出去，經過走廊一直走到門口的「接待處」，我剛到門口就見到裡面坐著我最愛戴的七哥鍾耀良，他旁邊還有個沒見過的中年婦女，她應該就是一直都很同情我的嫂子張黎明了，她手抱一個歲把大的女孩。七嫂雖然仍身居大陸，但自從我出來以後，她有多次來信，除了同情我的遭遇，也訴說她和她一家在紅潮下坎坷的命運。

他們倆一見我進去，同一時間喊出一聲：「耀南。」這簡單而親切的呼喚不過兩個字，幾十年來還是第一次。我們沒有擁抱，沒有流淚，這已經都不需要了。七嫂拉拄我的手說：

「再等一下，他們在辦手續。」我們六目相視，誰也沒說一句話。此時此地，彷彿說什麼都是多餘的，縱有千言萬語，都只好等走出這個鬼門關再說。

三人默默地呆坐了好長一段時間，一個年青幹部進來向我七哥說：

「不行了，明天元旦，今天下午不辦公。站長在睡午覺，你們回去吧，放完假再來。」

他話沒落音，我急了，連說：

「不行，不行。」我沒說爲什麼不行，反正就是不行。傳話的年青人根本就不理我們的抗議，正伸手想把我帶回倉去。就在這一刹間，一個女的看守員在門口走過，她正是接過我求救字條的那一位，我拉七哥一把：「求她。」

七嫂抱起小孩趕緊大步走了出去截住女看守員，說了幾句之後，兩人一同走回「接待處」。

女看守員站在門口打量著我。七嫂拉著她的手指指七哥說：

「他是香港來的，我又是從四川來，請幫幫忙，我們來一趟不容易。」女看守員猶豫了一下，給她的男同事打了個手勢，轉身走了出去，自始至終她沒說過一句話。

她走了，我們三人一動不動的望著對面的辦公室，誰都沒有坐下來，連站一旁的男看守都好像有點緊張。

熬人的十幾分鐘過去，她再出現在門口，向我們這邊招招手。我們跟她走進對面房子的頭一個房間。一個四十來歲，肩上披著藍色幹部服的中年人坐在靠牆一張床的床沿上，正呷著一杯冒著熱氣的茶水。姑娘先開口：

「爸，他們都來了，你就給他們蓋了吧，人家老遠來的。」那個被叫作爸的中年人才慢慢放下杯子，又慢慢地欠起身來，走兩步坐到辦公桌前的椅子上。原來他就是這裏的站長。

桌面上有兩本已經攤開的大本子，上面是收容人員的名冊和備註欄。他好整以暇地架好了眼鏡，在抽屜裡拿出另一本較小的本子，翻開裡面一頁寫了幾個字。

七哥見事情在順利進行中，趕緊把錢和糧票小心翼翼地擺在桌面上。站長似乎不在乎，瞄也沒瞄一眼，就從抽屜裡拿出圖章往本子上按了一下。

站長站起來一步一步走了出去。小姑娘過來收拾好桌上的本子，把鈔票糧票數也沒數就放進了抽屜，頭也沒擡邊抹抹桌子邊說：

「行了，走吧。」我忘記了我們有沒有道謝便離開了「江門收容站」。

我的這位嫂子

我的這位嫂子叫張黎明，她爸本是東北鐵道局的總工程師，在國共內戰期間，東北還未全面落入中共手中之前，他已經接受了中共的統戰，願意在東北易手後留守崗位，保持東北鐵道的正常運作。

他愛國，他盼望東北早日得解放，在建設新中國中貢獻自己。他把他的第一個女兒，即我的七嫂命名為「黎明」，以示中國快要天亮了，陽光會為人間帶來溫暖。到中共全面佔領了中國大陸，他第二個女兒到來了，他深信祖國前途從此一片光明，他把他的第二個女兒命名為「大明」。等到了中共宣佈第一個五年建設計劃開始，這位愛國工程師，以為可以為祖國的建設無私地奉獻自己。於是，他把他的第三個女兒命名為「建明」。一點不錯，是建設祖國的「建」。可見他的一片愛國心是真誠的，是無私的，對新政權是有期盼的。

可是，甚至連上帝都沒有想到，只因為他早年娶了個日裔的太太，在文化大革命時期，便被誣指犯了「裡通外國」的間諜罪名，共產黨把這位愛國的老人家投進監獄。經過七鬥八鬥之後，讓他帶著赤誠之心屈死在獄裡。

他淌下的串串淚水是他至死都解不開的一個個問號。

他所遺下的三個以愛國之心命名的三個女兒，也被扣上了種種「莫須有」的罪名，扔進了「牛棚」，過著遭受清算，挨盡折磨的日子。與此同時，我這個在唐山鐵道學院教書的七哥，也因為他的剝削家庭出身，又受過殖民地教育，尤其是他有個當特務的弟弟，順理成章地也背負著「反動學術權威」的汙名而進了「牛棚」。

我嫂嫂黎明和我七哥在患難中相遇，共同的命運把他們撮合在一起，他們在苦難中互相依偎，他們是苦海中相依爲命的一對苦命人。

當我們剛走出收容站門口，七嫂猛然想起什麼又回頭走進辦公室。她對小姑娘說：

「謝謝你，真的很感謝你。」七嫂接著問：

「請問同志妳貴姓？」姑娘只顧收拾她爸的床鋪，頭也沒抬地說：

「行啦，行啦，我姓伍。」

一路上，我把我爲什麼急著一定要今天走的原因說了，他們都爲我捏把汗。

回到七哥他們入住的江門市華僑飯店，說起來才知道，原來是那位女看守員接過我的字條之後，便打電話到廣州六嬸家附近的傳呼站，恰巧七哥剛從香港到江門去公幹，途經廣州順便去探望六嬸，正好傳呼站送來了口訊，七哥便立即趕到江門去同四川來的七嫂會合。三十一號早上便已經趕到收容站，正好碰上收容站的站長在同其它部門的幹部爲了利益分配問題在鬧，鬧了整整一個上午，他們在辦公室的爭拗聲，連在接待處等候的七哥七嫂都聽得到。好不容易等他們鬧完了，以爲可以辦領人手續了，卻原來站長的午睡比人犯的命運還重要。如果不是有人代爲求情，很難想像會有什麼後果，因爲第二天便是元旦假期，過了元旦我便註定要「二進宮」了。

說到這裡，已經到了吃晚飯的時候了，七哥認爲必須要有些做法去答謝爲我們求情的小姑娘，便留下我在房間裡搞個人清潔，他們夫婦倆乘車回收容站去找那位姓伍的，看能不能請到她出來吃頓飯。

她只想要一個可樂罐

快六點鐘，他們回來了，顯得很高興，七嫂一進門就說：「找到她了，她答應會來。」我們三人收拾好東西，便預先到樓下的餐廳等她。七嫂不放心，走到飯店門口守著，因爲這裏除非有住客陪同，是不接待國內居民的。

起碼過了一個小時，她來了，是騎自行車來的。七嫂拉著她的手進來。坐下以後，她好奇地東張西望，看看這裡的裝潢擺設，看看周圍的客人，還特別欣賞垂掛在天花板下的水晶吊燈。

談話中，知道她是江門一所中學的高中畢業生，由於改革開放，單位安排工作的制度取消了，至今她還沒有找到工作，便暫時在她爸管理的收容站裡看管人犯。

爲了表示感謝，我們點了一些外面飯館不會有的小菜和幾瓶可樂，她都吃得津津有味，我們看著她很享受的樣子，自己也很安慰，終於有了報恩的感覺。這種感覺真好。

飯後，七嫂拿出幾件本來是七哥帶回來給她的新衣服和一些女性用品，要送給這位新朋友，而她只是挑了件素色的袂子，化妝品一律不要。餐廳隔壁就是「友誼商店」，七哥要七嫂帶她去挑些小禮物，她堅決不要去，再問她想要些什麼東西，讓七嫂去買。她搖搖頭又想了想，才說了句我至今還清清楚楚地記得的一句話：

「我能不能把這幾個汽水罐拿走？」她指的是市面上還沒有公開發售的可口可樂。七哥趕緊說：

「可以，當然可以，你要拿走什麼都可以，不如買幾罐帶回去。」七哥邊說邊向服務員招手。

她擺擺手說：

「不了，不要了，汽水我喝過了，我只要幾個空罐子。」我們都很不解。

七嫂問她要這些空罐子幹什麼?她像小學生向家長講述她今天在學校畫了幅什麼畫似的:「我回去會把它剪開,裁好一塊一塊的,用來包住自行車架子,原來黑啐啐的車架子就變成紅的了,頂好看的。在存車處裡頭我一眼就可以認得出我的車子。你知道嗎?特別是鏈子附近的地方,包起來好看還不會被鞋子磨掉漆皮。」

她說話帶點稚氣,還興奮地邊說邊用手比劃,她完全忘記了她面前的這個人,就在幾個鐘頭前還是個由她監管的人犯。

是的,我們在路上也見到過有幾輛用這些罕有材料打扮起來的自行車,很別緻,很有點「洋氣」。最後我們還是買了幾瓶可口可樂連帶桌上的空罐子都送了給她,她歡喜地地回去了。

經過文革洗禮,大陸人的人性有被改造成猙獰的,但還是有人仍保留著原本的樸實。誰又能想得到,接下來的經濟繁榮會使人墮落成今天如此可怕的地步。憑我內心講,我真心希望我們的民族能回到從前那種雖然不算富足,但民風純樸的年代。

這一夜,我們三人談了很多。我簡單概述了我自己幾十年的經歷。七哥低頭不語,七嫂在旁帶淚嘆息。她告訴我,她那位已經回日本去的母親都曾爲我的不幸而流過淚。

在我的一生中,除了她們,可能只有我媽會爲我流過淚。

七嫂又談了她爸媽和姐妹仨人的情況,大家都唏噓不已。我們的命運,是歷史的必然還是偶然,不管怎樣,我們都不幸地成爲時代的犧牲品。

談起了大哥、五哥的冷淡態度才知道,老爸去世時,我們都身處大陸,爲了繼承遺產,他們倆竟向法庭宣誓父親只生下他們兄弟倆。萬萬沒想到,文革結束後,連我都居然出了來。既怕要負刑責,又怕我們要分享,你想,他們能熱情嗎。

最後我同七哥說，我還是要走的。七哥說：

「只要你到了香港，我吃飯你也吃飯，我吃粥你也吃粥。放心，我有的你就有。」

第二天是元旦假期，七哥帶我到江門市一些親戚家裡走走，然後到處看看便過了一天。

第二十二章 我參加了「高級旅行團」

元旦過後，七哥只花了半天便辦完了公事。我們四人一同回到廣州萬福路，謝過六嬸，正是她幫我們買來的全國通用糧票。

一起吃過晚飯之後，七嫂抱著小女兒趕火車回四川，七哥也要回香港上班。

我告別了六嬸回到耀華西街樹基哥家裡，知道了在我離開的這些日子裡還沒有受到街道辦那些大嬸們的注意，也沒有被派出所追問才鬆了口氣，同樹基兄談起了我打算再試偷渡，他也表示贊成。我們一直談到深夜，暫停供電了，才開地舖睡覺。

這次失敗的旅行回來，心情沮喪到極了，身上無証件，無單位，又不敢到處跑，每天除了上公廁，以及每星期到派出所報臨時戶口之外，幾乎是足不出戶，連打個電話到香港去也由樹基兄代勞。

那個年代的廣州，電視機是罕有的新潮玩意，卡式錄音機也不過剛開始有，街角的茶樓門口掛有一部十四吋的黑白電視，每天就聚集了無數個人頭聚精會神地往上望。樹基兄不知打那裡借來的一部卡式錄音機還在，我對這部會發聲的小機器很感興趣。瞅著沒人在家我就偷偷把它拆開來，看看裡面的究竟；兩盒錄音帶也不例外。

結果是錄音帶變成一堆亂麻，被解體過的錄音機能不能恢復原有的功能就誰都不知道，因爲錄音機不接受亂如麻的錄音帶。沒試開過。

樹基兄家裡沒有收音機，不過街道上的大喇叭就整天在重播《新聞聯播》和《人民日報》社論。最可惡的是由街道辦事處的播音小姐朗誦出來，由「街道理論小組」所寫的學習報告，這些口號式的狗屁文章，她唸起來又陰陽怪氣的，簡直令人作嘔，偏又叫你躲也躲不起。這些號稱寫作班子的文章，比起勞改犯寫的思想匯報或者大會批判稿來，還差得遠呢。不過共產黨就是想憑這些謊言來把全國十億個腦袋染成紅色，儘管它的謊言一個個都不攻自破，但共產黨總有辦法用一個新的謊言去掩蓋舊的謊言，而且仍然可以叫你相信。這好比每天給籠裡的猴子餵一個蘋果，猴子就認爲世界上能吃的東西就只有蘋果，每天一個蘋果雖然吃不飽，但猴子認爲這是最合適的，而且視爲一種恩賜。原因全在於猴子完全被封閉，被隔離，被洗腦。猴子的主人之所以得逞，是因爲猴子被剝奪了自由，包括思想的自由。

差不多一個月過去了，我身體比剛來時好多了，七哥回來過兩次看我，都是因爲公事而順道經過廣州的，同他去過公園一趟，他帶來的「曲奇餅」，味道好得「出奇」，至今難忘，今天再吃同樣的東西，不知爲什麼一點都不覺得怎麼樣。七哥應我的要求，他每次都帶了些糖果衣物之類的到江門送給收容站姓伍的姑娘。

終於有一天，天下著雨，五哥第二次回來看我，告訴我由於上次闖關失敗，這次要改變方式，讓我循水路「篤卒」（粵語：象棋拱卒子過河）去澳門，不過收費很貴，是一萬多塊錢，不過已經談好了，主要由加拿大的十一妹秀瓊和大哥耀靈出的錢。叫我準備好，在家裡等消息。

「篤卒過河」靠快艇，快艇是什麼我知道，不就是用馬達推動的小舢板嗎，在茫茫大海裡，坐舢板是件危險事，死在海裡我倒不在乎，我還是怕再被抓回來，屆時不但「新賬老賬一起算」，還牽連了人家才可怕。

坐立不安的日子過了兩三天，天一直下著小雨，還份外的冷，雖然臨近春節，街上一點過年氣氛都沒有。天黑得早，樹基夫婦都還沒回來。

有人敲門，我以爲又是街道辦那個胖醜婦來叫開會，開門一看，原來是個穿得很體面的年輕人，他來找的是我。

他沒進來，就在門口站著告訴我，明天早上有人來帶我走，還特別叮囑我這回要穿得普通點，盡量不要引人注意。

這一夜，我同樹基哥都沒睡，又是一個促膝夜談。換上了「青年裝」，睜著眼等天亮。

還不到八點，他們的孩子出去了，樹基哥夫婦還沒上班，街上的人開始多了起來。昨晚來過的人坐一輛三輪車來到樓下，三輪車在外面等著，他自己上來敲門，大家都沒說話，我同樹基兄也只是點點頭，便隨他到下面登上三輪車。

三輪車直踩到市郊，已經九點鐘了。我們在一條小村的村口下了車，同我來的人給了踩車的十塊錢，這十塊錢不好賺，一部三輪車載兩個人，連續踩了近一個多鐘頭，但看來踩車的工友很滿意，高高興興地蹬著空車往回走。

一人有一個故事

我們走進小村，路很窄，沿路冷冷清清，沒有人，也沒有開店門的。走了五六分鐘，在一間很體面的磚瓦房前停下，敲敲門，半扇門打開，讓我們進去，經過天井，被領進內屋。

裡面已經有三男一女在食飯，一個看來是這裡負責人的中年漢子，叫我坐下來吃飯，說吃飽了就睡覺，睡好了晚上好出發，臨走還問我們身上有沒有帶上有文字的東西，有的趕快丟掉，地址和電話號碼只能記在心上，錢一點就夠了，不要多，但要收藏好。看來連「蛇頭」他們都沒有十分的把握。

飯菜很豐富，但誰也沒有心思去享用，都是心事重重的，更不要說是睡覺了，尤其在這大白天。地面上的紅方磚鋪了蓆子，擺了七八床棉被，幾個人各自找個地方，拉張被子蓋住下半身靠牆坐下。桌子上擺著兩包洋煙，是我首先伸手去抽出一支來給自己，然後他們都跟著來，互相借火點煙，沉悶的氣氛才舒緩了一點，話就來了。

共同的命運卻有不同的話題，有人說是到了澳門便想辦法去美國投靠親戚，有人打算到澳門打黑工，賺錢回家「救亡」，倒是那個女的目標很明確，就是到澳門去嫁人。

她同未來老公本來在上海是同期畢業的中學同學，後來一起在雲南西雙版納建設兵團墾過荒、吃過苦。最後不甘受騙，成爲「革命」的逃兵。

當年，毛主席的號召：「革命青年到邊疆去，在那裡大有可爲。」他們也看過很多宣傳片，一心以爲「支邊」便是：在高山上欣賞日出，在篝火邊吃羊肉喝馬奶茶，穿五彩繽紛的民族服裝過潑水節，是仙境般的日子。滿懷理想的他們都搶著報名，要求到祖國最需要的地方去。卻原來在兵團裡過的是勞改般的生活，幹的是奴隸般的工作，一年到頭除了砍樹除草就是開荒種茶，有人爲了幾個飯團，可以出賣貞操，有人爲了能退伍回家，可以自殘。她那個私訂終身的同學通過關係早先回了上海，並且搞到張通行証到了澳門定居；而她自己只因爲患了重病才得批准請假回家。她這次偷渡出去，就是爲了要永遠擺脫黨的「愛護關懷」，尋找自己心中的天堂。大家聽完了這淒美的故事，無不動容，祝福這對苦命鴛鴦終成眷屬。

她說罷，不知怎的大家的目光都投向我。我無論如何都不會說出我是個坐穿牢底的美蔣特務，當大家都希望我講講自己的故事時，我突然霍地站起來給大家派香煙，並且禮貌地逐一給點火，當點火點到那位才三十出頭的男子時，順便問他想去美國幹什麼，他低著頭含淚說出他催人淚下的故事：

他爸本是個「背脊朝天膝跪地」的貧困農民，有個哥哥當年賣身到美國去當苦工，由於省吃儉用，每年都會把省下來的錢寄回來給鄉下的弟弟代爲置些田地，以備日後回唐山安渡晚年。田地是以他爸的名義買下的。

到了一九五〇年共產黨在他鄉下搞「土地改革運動」，他爸就因爲名下的土地而被劃作地主成份，再加上有海外關係等等罪名，經過多番批鬥之後就給槍斃了。遺下他媽雖然還活著，卻也被扣上地主婆的帽子，過著備受歧視和折磨的日子。

他爸死時他出世才幾個月，他媽不想他這個地主崽子長大後一輩子做人難。在一個大除夕的下雪天，媽抱著他跑到公路旁，輕輕地把他擺在一棵大樹下，又在他身邊放下了一百元錢和一封信，而她自己就躲在老遠偷偷守望著，希望有路過的好心人，看了信拿了錢之後把他抱回去收養。如果抱回去的是貧下中農人家，孩子將來便是貧下中農成份；如果是幹部收養了他，將來便是在革命家庭長大，命運也將隨之改變。這是她媽一直盼望著的。

媽媽在冰天雪地裡守候了半天，路過的人都只是好奇地過去望一眼便繼續走自己的路。終於有一個幹部模樣的騎著自行車經過。媽媽看著他下了車，看著他走過去彎下腰，看著他檢起了信和錢，在遠處緊盯住他一舉一動的媽媽，多麼盼望他能再彎下腰去把孩子抱起來。可是媽媽萬萬沒想到，他把手上的信沒看一眼就撕個粉碎，舉手一揚，紙片同雪花一起飄走，只把那一百元錢塞進了口袋，接著他腳一伸，把呱呱地哭的娃，蹬到路旁的溝底去。哭聲霎時止住了，騎自行車的也走了。

媽媽頓時瘋了般趕緊撲過去，連滑帶滾的落到溝底，雙手抱起孩子緊緊摟到懷裏。哭聲又響了。娃娃沒受傷，只是受驚了，張開小嘴瞪著眼望住媽媽，硬是哭得喘不過氣來。傷心的媽媽把娃娃摟得更緊，想把苦命的娃重新放回自已的體內，讓孩子在媽的子宮裏安詳地躺著，永遠得到媽的呵護。媽的淚水夾著雪花落到孩子的臉，微弱的哭聲在媽的懷裡響起，頑強的生命復甦了。

回家的路上，媽媽的臉緊貼住孩子的臉，孩子睡著了，是那麼安詳。雪仍在下，太陽露出半個臉。媽媽的心泛起從來都沒有過的安慰，雖然臉上仍掛著淚水。

從此，這個地主婆同她的地主崽子舔乾淚水，咬緊牙關相依為命，在艱難的歲月裏掙扎著活下來。

地主婆在精神和肉體的交煎下，終於倒下了，她撬下自己幾顆帶血的金牙，緊握孩子的手說：「你要長志氣，到美國去找你那邊的伯父，讓媽看到你能過上人的生活，你媽才有勇氣熬下去。走吧，你就別惦著媽了。」

說到這裡，他把頭埋在兩膝間。我隱約能聽到：

「我一定能去得到，我一定要。」

我祝福他，還有他媽。

第一個春節是這樣過的

下午，又陸續來了幾個人，他們談他們的故事，我睡我的覺。我是不是麻木了。是的，我麻木了，二十多年間在監獄裏、在勞改隊，類似的人間慘事我聽得太多了，在這悲慘世界，再慘的事也不足爲奇了。

雖是白天，還是很冷，睡一會就醒，外面的人拿進來一大口袋的麵包，各人就著開水作晚飯吃。之後，一直到第二天，都沒動靜，再之後，依然沒動靜，還是吃了睡，睡醒吃。

終於，有人來了。來人一進門就說：

「那邊交待了，因爲春節，冬防很嚴，到處都有『黃狗』，快艇也不敢出海，叫你們還是先回去，等過了春節再說。」

說罷叫我們起來跟他走。一幫人從磚瓦房出來，走到村口，便是公路。他指指對面路口說：

「那邊有公車站，有車出廣州市，你們分開等車，不要站在一起，人多的地方別去。碰到『黃狗』不要怕，他們不管你，怕就怕民兵，看見配紅臂章的，要大方地走，不要引起他們注意。」說罷，每人給了十塊錢才揮揮手走了。

除了我，他們似乎都很熟識環境，三三兩兩分頭散去。留下我一個站在路旁。前路茫茫，不知何去何從。偶而經過的只是幾輛軍車和貨車，就是沒有公交車。

雨不大，但不停，又濕又冷。斜對面不遠處有幢還沒完工的樓房，三層高，二三樓只砌了半堵牆，看樣子是工人放假回家了。

我悄悄走過去，見大門給鎖上了，只好從房子後面的手腳架攀到第二層，裡面空蕩蕩的沒人，也沒有工具，只有幾堆泥沙。找到了兩個空的水泥袋，拍拍乾淨，往身上一裹，找個背風的地方蹲下。睡是談不上了，擋住冷風就可以。我這副抵得冷，捱得餓，吃得苦的骨架子，是從德令哈鍛練出來的，想不到今天居然能派得上用場。

半睡半醒到天微亮，遠處隱約傳來鞭炮聲。春節到了。

看看外面，路上冷清清的，要是現在走出去的話，路上只有我一個，無遮無掩的，容易引人注意，只好蹲回樓梯底下再等，希望下午人多了再出去。

又凍又餓地坐到下午，周圍環境依然沒變，外頭只得稀稀拉拉的幾個行人。只好再過一夜，該是初二了。從中午開始，路上來回走的人多了起來。身上衣服早乾透了，起來拍拍乾淨整理一下，看過地盤後頭沒人，便沿手腳架落到底下，大搖大擺地混在行人堆裡，無目的地隨著人流往前走。

到了一個十字路口，往拐角那邊望過去，是個小小的會堂，也許今天有什麼節目，門口聚了一大堆準備進場的人。路邊還有賣小食的，其中最吸引我的莫如烤番薯，我走過去，不問價錢便拿起一塊最大的就遞給他一張十塊錢，賣番薯的接過這張大面額鈔票一時不知所措，還是旁邊他老婆反應快：

「找，找，找給他。」一邊講邊從她自己的內衣兜裡掏出個小布包，很小心地打開，又很小心地數了九張一元鈔票給我，接過她老公手上的大面額紙幣，可能當時還沒有假鈔的觀念，她看也不看就收起來，小心翼翼地包好又放回內衣兜裡，雙手拍拍外衣覺得穩妥了，才叫他老公找我七角五分錢。這麼大一塊能吃的東西才值兩角五。現在的兩角五，肯定只能買杯自來水。

餓壞了的我蹲在一旁只消幾口就把這大塊烤番薯塞進了肚子裡。吃完了才覺得嘴巴給燙得夠嗆。搓搓肚皮之後四周看看，會堂旁邊有幾輛後面裝了座墊的單車一直停在那裡，偶而有人騎到單車後座去，騎車的人便把車踩走。這是廣州也有的簡便交通工具，都習慣把它叫作「單車尾」。

我站起來走過去，找一個健碩一點的司機，問他廣州市去不去，他上下打量我一下，說：

「廣州？邊殊？（那裏？）」我說耀華西街，他說：

「哦！耀華西街？我知道，不過路咁遠無有五元錢我唔去（不過路那麼遠沒有五塊錢我不去）。」我連想都不想就說：

「好，五蚊就五蚊。」

這是宗大買賣，司機認真地按按車胎，又檢查一下鏈條什麼的之後，便叫我坐到後面的軟墊上。這是一部很舊的英國製單車，香港名字叫「克家路單車」。司機雙手扶住車把手，推幾步便騎了上去，接著很邁力地踩。路很爛，單車有時一蹦一跳的，但總算沒把我摔下來。

單車走了大概半個多小時，路旁有個公車站，站旁有幾個小攤販。我的司機把車停在路旁，命令我說：

「攰啦，落嚟抖嚇。」（累了，下來歇一下）

他左右觀察一下，便招手把挽著柳條筐的叫過來，他從筐裡拿起兩個西樵大餅，遞給我一個，賣餅的倒了一碗茶水給他，他又要過一碗遞給我，說：

「俾，俾錢，茶唔使錢（給，給錢，茶不要錢），兩個大餅四角。」他見我不解地看著他，他補充說：

「俾就俾喇，行規嚟架。」（給啊，這是規矩）

對，行規，我懂了，給就給。

剛才吃了番薯，這塊大餅我只吃了一半，剩下的給了司機，他真行，他全吃了。

大餅吃過，茶也喝過，繼續上路。

越是接近市區路面便越是平坦。兩個輪的單車載著兩個人進入了市區，我一眼就認得出前面的海珠橋，和橋頭那幢廣州市最高的愛群大廈。（共產黨改稱為人民大廈）

到這裡司機不走了。他說：

「唔得喇，單車無氣喇，唔載得人，呢度係人民大廈，你叫第啲車喇。」（不行了，輪子沒氣，不能載人，你找別的車吧）

還沒到目的地就叫我下車卻沒說扣錢，我本該反對，不過我也明白，他是個鄉下人，只曉得廣州有幢十八層高的人民大廈，又那裡知道你什麼耀華西街呢。算了吧，他已經幫了我個大忙了。給了錢，他滿意地騎著他聲稱沒氣的單車走了。

回過頭找到一輛三輪車回到樹基兄家裡。

這次總不能算是一次成功的旅行，但肯定能算得上是一個有驚無險的春節。

這次我去了三天，音訊全無，樹基兄擔心我又出事了。見我能平安歸來，他大感安慰。

雖然是剛開始改革開放，人們似乎都忘記了「破四舊，立四新」的文革口號，不少人家已經供起了祖先牌位，燒起香燭了，也開始有善信到寺廟去進香了。

樹基家過年格外豐富，單位本來給配了一斤豬肉和一條魚，他一家昨天吃了。為了我，他還特別到自由市場高價買了一隻老母雞回來做開年飯。

初三那天，樹基嫂還幫我去廟裡祈了個福，保祐我得「貴人」扶助，下次「旅行」成功。

第三十二章　一次成功的「旅行」

文革時期試過春節不放假，現在恢復了春節假期，一放就是四天。四天過後，一切活動恢復正常，偷渡也不例外。

不知是初八還是初幾，「旅行團」的「領隊」又來了。這次約好在華僑大廈門口的的士站集合。我坐三輪車依時到了華僑大廈，「領隊」的站在大廈門口向我這邊招手。下了車，我同他在門口站了一會，又來了兩個，就是上次見過面的一男一女兩位。「領隊」看看手錶，四個人上了一部早就預訂好的的士，原來準備去美國的那位早就待在車裡。的士是蘇製的什麼車，車箱裡又小又窄，連司機擠六個人實在很不堪，前排司機旁只能坐領隊一個，後面四個人只好坐成前後兩排，前排坐在後排的大腿上，幸虧當時還沒有「超載」這個新名詞，雖然辛苦點，總算能順利抵達靠近海邊一處叫香洲的地方。

車子停在香洲中山公園門口，當時的公園還沒有門票的制度，一行人便扮成遊客直入公園大門，在公園斜坡的最高處，有座孫中山先生的雕像，我們幾個就按吩咐躲在石像座基的後面。

「領隊」走了。除了我們四個，公園裡再沒有人，偶而有三兩個行人在門口經過，有的稍停一下往裡望一眼就過去。我們躲在這裡是頗爲安全的，不過所有人都像小偷躲警察似的一動不敢動，一聲不敢響地蹲著。

天黑了，「領隊」帶了一個人進入公園，他才是我們的「蛇頭」。他們兩人機警地四周掃了一眼，便走到我們藏身的地方。

六個人分兩批跟他走下斜坡，公園門口早就有兩輛三輪車在等著。

天下著濛濛雨，車蓬都拉了起來，兩輛車坐四個人，他們倆就各騎一部單車。不知道走了多遠，在一條村的村口下了車，他們兩個一前一後的帶我們走進村裡，很窄的石板路，兩旁的房子全關了門，黑麻麻靜悄悄的像走在廢墟一樣。六個人從村口走到村尾，過了一大片農地，又進了另一條村，已經走了近半個小時了，誰也沒說過一句話，最後到達一間村屋的門口。

進屋以後，「蛇頭」叫我們全部坐下別說話。

大門關上，古老村屋沒有窗戶也沒有電燈，漆黑中，原來早已經有一堆人坐在這裡，誰也看不見誰是誰。各人自己摸索著找地方坐下，也有躺下來的。領我們來的人就守在門口抽自己的煙。而我們這些等待命運安排的就像蟑螂般躲在黑暗中一動不敢動。氣氛有點緊張。

幾個鐘頭過去，大門吱嘎一聲響，進來的人打著手電往所有人掃了一圈說：

「全部起身，跟住嚟（全部起來，跟著來）。」

所有人都輕輕地站起來走出門口，朝手電的方向走去。連「領隊」、「蛇頭」總共十一個人，隨著手電光束沿小路走了不到十幾分鐘，便隱約聽見海浪拍打岩岸的聲音，還有一股久違了的海水氣味，原來已經到達海邊了。

有點小雨，所有人都在石灘上一艘廢棄木船的旁邊蹲下。海面上漆黑一片，很遠很遠的地方有幾點燈光，在細雨中有時看到有時消失，每個人都緊張得不敢大力呼吸，還份外地冷。

不知道等了多久，輕輕的馬達聲由遠而近，一艘快艇悄悄地靠近，船頭擱在石灘上。

「去。」一聲口令，所有人衝向快艇，「領隊」和「蛇頭」扶穩了小艇，讓我們逐一跨了進去。他們倆站在石灘上點人頭，連開船的整整十個人。上了艇的人全部蹲下，艇很小，所有人擠成一團。

不知是誰喊了聲：

「我隻鞋……。」不過誰也沒理他。

「領隊」沒有上船，他和「蛇頭」在岸邊拚全力推動小艇。

「噗。噗。噗。」的馬達聲很輕很慢，小艇徐徐浮起，「蛇頭」這才跳上船來。小艇離開石灘之後便掉過頭來向前駛，開得越來越快。

雖然下著小雨，可幸沒有風也沒有浪，小艇駛得還算平穩，但還是有人要吐，於是想起身往艇舷靠，不過他稍一動便立即被「蛇頭」大聲喝止：

「不許動，蹲下。」他只好蹲回原位吐在自己身上。

快艇突然慢下來，馬達聲不響了。遠處有紅色綠色兩個光點在海面上閃動，若隱若現，一束殺白的光柱在海面上劃過，艇上所有人都盡量伏得更低，屏息住氣，一動不動。馬達完全停了，任由快艇在海面上飄浮，這樣起碼過了十幾二十分鐘，快艇又輕輕開動了，開始是慢慢的，走了不遠，突然全力向前衝，海浪啪啪的響，海水一撥接一撥地從頭頂上撲過來，小艇一次又一次拋高了又大力落下，嘔吐的人一個接一個。

雨完全停了，對岸的燈光也逐漸清晰，連顏色都可以分得出來，當大家都爲快到彼岸而感到有點興奮。

後面突然響起「呯！呯！」兩聲，天空頓時一片白亮，還亮得有點刺眼，是大陸巡邏艇發出的警告。快艇沒理會，馬達聲更響，直朝有燈光的方向狂奔，後面的追兵也沒有追過來。

不到幾分鐘已經可以約莫看到遠處有汽車燈光在公路上一閃一閃地劃過。我心想：原來另一個世界就在這麼近，專制和自由，就差這麼一點點距離。

快艇終於平穩地擱在沙灘上，沙是黑的，山邊的公路旁有幢三層高的白色房子。

岸上跑過來兩三個人扶住快艇讓我們下船。「蛇頭」叫我們全部靠牆坐在白色房子的牆根下。快艇掉頭走了，剛才接我們的人也不見了。

疏疏落落的汽車在頭頂上經過。每個人衣服都濕透了，還冷得發抖，但誰也不敢站起來活動一下。天邊開始露出魚肚白，但還沒有看到太陽。

突然，從白色房子側邊的一條階梯上走下來一個人，看得出來是個洋人，頭髮鬍子全白了，穿一件能蓋到腳面的白色長袍，上半身還罩上一件黑色披肩，白鬍子白頭髮被海風吹到一邊去。

他落到沙灘，不經意地稍微轉過頭來瞄了瞄蹲在牆根下的一排陌生人，又若無其事地轉過頭去看海，然後低下頭望住自己腳前的砂礫，雙手抱在胸前慢步往前走。就好像牆根下本來就沒有人一樣。

我們九雙眼睛帶著惶恐的眼神一直注視著洋人的背影，直到他遠去。

太陽射過來了，一片暖和的陽光有點刺眼，應該是八點過後了。

早前接應我們的兩個年輕人又出現了，抱了一大堆舊衣服撂到我們面前說：

「換衫，快喲。」

聽到命令後，各自脫下身上的濕衣服，又挑了兩件看來合適的穿上；那兩個女的就乾脆撿了件大衣披在濕衣服外面就算。

送衣服來的人指了指兩個披上大衣的女人，跟著他沿著剛才洋人下來的階梯走上公路。

不一會兒，一陣馬達聲由近而遠，人再沒下來。

大概半小時過去，下來的人又帶走我和另外一個跟他上到公路。兩輛電單車沒關引擎泊在路邊，有人幫我們戴好頭盔。上了車，馬達聲一響，兩輛搭載著偷渡客的電單車便風馳電掣地沿公路駛去。

駛到跨海大橋的橋頭，其他要過橋的車輛都要停下來繳過橋費，唯獨我們就沒停下來，馬不停蹄地直奔橋上去，沿路都不見有人來堵截。

順利過了橋，進入了熙來攘往的新馬路，人多車多，比我學生時代來澳門時熱鬧多了，多了很多新建築。以前蹲在行人路旁，手挽幾籠「掩仔蟹」和幾盒杏仁餅、大江穌的小販沒有了，中央賭場不知還在不在，不過整條新馬路都能看得到的那個大大的可口可樂招牌還掛在那裡。

拐了幾個彎之後，電單車在一幢頗新的四層樓房前面停下來，我們下車除下頭盔，一個在門口守候的人接過我們兩人，帶我們走上樓梯，進入三樓一個不大的單位，裡面除了先前到達的兩個女的，另外還有幾個不認識的。我們進來時，有人正向他們問些什麼，好像在核實他們在澳門的親友地址。

桌面上擺了兩盆麵包，還有西餅蛋糕、汽水。不過每個人都忙著憑記憶往紙上寫親友的連絡辦法。這是因爲我們出發之前，外面的親友只幫我們向「蛇頭」交了部份的偷渡費，人到達澳門之後餘數繳清，這裡才會放人。可以說，屋裡的每一個人都是偷渡集團手上的人質。

而我是沒有任何聯繫辦法的，因爲一切都由五哥他老婆安排的。我的這位嫂子可以算得上是半個江湖人物，她在葡京酒店靠幫賭場招徠賭客作營生，也就是所謂的「疊碼仔」。五哥把收集來的偷渡費交到她手上，一切由她打點。所以我安心品嚐久違了的蛋糕汽水。

我旁邊那個女的用電話打去 call 台同家人聯絡。原來她本來就是澳門人，前幾個月帶了些電器什麼的回大陸想賺點小錢，沒想到貨被沒收，人也被關了兩個月，所有証件下落不明。放出來以後，投訴無門。沒有証件，留不下來也走不出去，最後只有選擇偷渡一途。

她告訴我，昨晚我們登陸的地點叫黑沙灣，我們看到的白色房子是一所天主教會辦的痲瘋院，早上走過的洋人便是痲瘋院的神父。他們不問世事，只顧幫助無助的世人。所以看見我們也作沒看見一樣。

可見，吃這碗黑道飯的人懂得利用這地方作偷渡的登陸點，是多麼有頭腦。他們犯著法去幫人們改變命運。望主保祐他們。阿門！

下午，陸續有人被帶走，從此各奔前程。患難之交臨別前都會彼此祝福，交換地址。

很快，是黃昏時間了，兩個年輕人把我帶到新馬路後面小街的一間叫佳佳的西餐廳，同一位上了年紀的女人見面。她就是我從沒見過面的五嫂。

她同帶我來的人談了一些我似懂非懂的話之後，帶我來的兩人先走，留下我同五嫂，我們是剛認識但又是至親的人。我們喝著茶又談了一會。隨後五嫂帶我到《葡京酒店》她的房間，吩咐我先洗個澡，換上一套舊西裝，然後帶我去吃飯。

光著頭穿西裝，有點怪怪的，不過，五嫂她告訴我，在葡京酒店範圍內儘管放心，不管你是什麼人，也不問你有沒有証件，在這裡都是絕對安全的。只不過後天她就要回香港了。

人情薄過紙，何處是吾家

晚上，大哥同五哥從香港過來澳門見我。五哥告訴我，由於我是香港出生的，照道理應該可以回香港去，但因為沒有能夠証明我身份的辦法，單憑出世紙又不能証明什麼，所以先要瞭解一下可以怎麼辦。目前最首要的是要幫我在澳門找到個棲身之所。

最後決定先找一位叫阿芬的叔伯兄弟，因為阿芬的女兒早年偷渡到香港時，相當長的一段時間就是住在我們家，直至找到工作嫁了人。阿芬夫婦移居到澳門來已經有一年多，算是安定下來了。

第二天，我們三人便乘車到氹仔阿芬的家。寒喧一番之後說明來意，阿芬都還沒說什麼，阿芬他老婆一聽見「偷渡」二字便馬上打斷大哥的話說：

「我們這裡地方小，只得一房一廳，廳外有阿萍他哥在打地舖，實在不好意思。」

我想，一個男的可以打地舖，兩個就不可以了嗎？這分明是不想背上窩藏黑市居民的罪名。不合法的事情是不能勉強的，只好告辭阿芬家再另想辦法。

在澳門還有一家造神香的小工廠叫陳馨祥的，當年是我老爸借錢給他來澳門創業的，找他幫忙應該沒問題。

這家小工廠有十幾個男男女女的工人在裡面搓香泥造線香。起初我們還受到老闆的熱情招呼，又是茶又是水的，不過話到入題談到我的問題時，陳老闆便苦衷連連，而且理由都十分充份。說是由於附近的工廠僱用了不少黑工，惹得移民局經常來檢查，一旦被查了出來，營業執照就會被註銷，所以愛莫能助，並且說他願意出錢幫我到外面住旅館。

面對這位既有道理，又有人情味的老闆，我們還能說什麼？

告別了陳老闆，出去找到一家叫廣州大旅店的簡陋旅館。你光看它的古老陳設就知道它在上世紀是一間曾經輝煌過的客棧。五十塊錢一晚，房間很小，比監倉還小，只有板床和小書桌各一張，地下有搪瓷洗臉盆一個，房間間隔是木板的，貼了張花露水美女海報，還有個毛巾掛勾，好在不問証件，給錢就住，不過事先聲明，警察來查房的話，後果自負。

大哥他們留下些錢，當晚就回香港去了。明天怎麼辦，我自己也不知道。

在大旅店住了幾天，也不是太太平平的，隔天都會有警察來查房。每當警察進來，老闆娘便大聲向二樓喊：

「查房啦，唔好落樓住，番入房先。」（不要下來，先回房間去）

她邊喊邊把寫有我名字的小牌子從牆上芳客留名的水牌上摘下，同警察先生說這些人已經退房了。就在這一點點時間，我已經從二樓後面的天橋過到鄰屋的天臺，沿後樓梯落到後街了。

這樣下去當然不是長久之計，當知道五嫂又來了澳門，於是便退了房去找在葡京混生活的五嫂。她幫我換過一身比較像樣的衣服，暫時跟她在賭場裡幫忙。

名義上是幫忙，其實也沒有什麼忙可幫的，成天就在賭廳裏東蹓蹓、西站站，有時幫她的客人買些零碎東西，香煙、水果、三明治什麼的，還試過幫人家去典當東西（當年的當鋪是不問身份証的）。工錢是沒有的，吃的由五嫂簽單。睏了就在賭場員工的休息間裏打個瞌睡。

過了沒幾天，五嫂又走了。我再回到廣州大旅店。大旅店客滿，怎麼辦？其他地方都要身份証，我只好白天在馬路上當「遊客」，是「遊蕩」的「遊」，看見迎面而來的警察就閃進商店裏裝作選購東西，沒商店就大大方方登上人家住宅的樓梯，扮成回家的樣子。晚上就躲進南灣一些未完工的樓房裡綣縮著過一夜。趁早上工人上班前就要離開，到公園加入大媽們的晨運圈子。白鴿巢花園是我的理想樂園，那裡遊人少，警察更少，甚至中午還可以躺在椅子上睡個覺。

躲躲閃閃的原因不是因爲我的長相像個偷渡客，全因爲頭頂上那不爭氣的頭髮，快三個月了，還長不到半寸，不倫不類的，同我渾身上下的打扮很不相稱，既不像個本地人又不像個鄉下人，明眼人都看得出我這個人「來歷不明」。

隔天我就打電話回香港問五哥我回港的事。當時在澳門打長途很方便，不登記什麼，交錢就行，沒錢的接線生會幫你問對方願不願意負擔通話費。每三分鐘爲限，電話接通了就叫你，通話夠三分鐘，接線生會插話問你要不要加時，你說願意就可以講下去，完了再補錢。這我才恍然大悟，有這種人性化服務的就叫做「萬惡的」資本主義，再合理化的才叫作「無惡不作」的帝國主義。

問了幾次才知道，要恢復我香港人的身份遠比想像中困難得多。

要找出四五十年前的出生証明固然不容易，由於我是由私人助產士接生的，醫院檔案裡沒有我的出生記錄，那就必須要找到幾十年前在利源東街執業的助產士朱六姑，朱六姑早已去世多年，尚幸她女兒朱某某還繼承了她母親的事業，最難得的是她還保留著她母親當年的接生記錄；終於找到了我的「出生證明」了。

不過單憑一張紙又如何去証明一九三六年登記的鍾耀南就是四十五年後今天的鍾耀南呢。要證明當年的娃娃臉同今天滿是縐紋的是同一張臉，而且這張臉還存活在世上就更難。五哥不但要去廣州冒險把我留下的判決書拿回來交給人民入境事務處；他還要翻箱倒櫃找出一張早年有我在內的全家福照片；有了這許多的物證還不夠，還必須要有一個活生生的人證。終於找到了一個宣稱當年曾「親眼目睹」我來到這個世界的阿姨，於是麻煩她老人家到民政事務署去舉手宣誓。又幸虧阿姨還能在唸完了她的誓辭一個月之後才登極樂而去。

做完了這一切又一切之後，總算叫人民入境事務處的官員相信，在出世紙上登記的這個鍾耀南就是我，還活著，如今藏身在澳門。

這麼多難關，這麼多好在，幸虧，如果沒有上帝的幫忙，我真不敢相信五哥能一一辦得到。

本來，港英政府對國共的政治問題，歷來都非常敏感，一旦發現中臺雙方的政治人物在香港有所活動，都會馬上遞戒出境，所以我一直擔心香港政府對於我這個明擺著的臺灣前特務，說不定也不許入境。不過可能因為經過當年的「六七暴動」（一九六七年五月六日，香港左派工會、學校，藉大陸「文革」之機，發動「反英抗暴」運動，揚言要收回香港。到處放置土製炸彈，縱火殺人，警民死傷逾千。經軍警鎮壓，暴亂於同年十月告終。）和文革。在港英政府的心裡，就只剩下「防共」了。人民入境事務處收到所有証明之後，不但不介意我是個臺灣前特務和勞改釋放犯，還立即發給一張叫「緊急護照」的文件，在把這張便條式的文件交給我五哥時，還特別地囑咐一句：

「快去把他接回來，現在澳門對黑市居民抓得很緊。」

當晚，五哥帶著這張「緊急護照」找到了我。當我身懷這張護身符便像拿了免死金牌一樣，大搖大擺地在嚮往已久的「紅街市大牌檔」路邊，吃了頓豐富的宵夜，這是我躲在澳門個多月來的頭一回。

我終於再成為香港人

我憑「緊急護照」順利回到香港。第二天便到人民入境事務處辦身份証，他們說要先把緊急護照換成正式護照才能辦香港居民身份証。我問辦證的官員，我要不要提交在大陸的證件。他告訴我，我家人交來的証件都已經影印存檔。原來如此。

這裡應該感謝所有幫助過我的人，包括我妹、堂兄樹基、江門收容站的伍小姐、七哥、七嫂、六嬸，還有已經去世的五哥、大哥、阿姨。此外，勞改多年來也遇到過不少好同犯、好組長以及在我最困難的時期幫助過我的所有人。雖然有些人曾對我作過「無情」的「鬥爭」，這我都理解。因爲有時候我同樣也這樣做過。

尤其值得我懷念的一位傳教士林獻羔，他沒有正式向我宣道傳教，但他讓我知道什麼是愛和關懷，怎樣對待我的敵人，讓我在最困難最無助時看到十字架；還使我下半生再沒有敵人，身心安詳。

三十多年過去，回顧我的前半生，我雖然曾經淪爲階下囚，但我無悔。

我沒有失敗，至少我做到了我想做的事情；

我失去過自由，讓我從此更堅強。

我無愧，在強大壓力下，我沒有向邪惡低頭，我沒有屈服過。

共產黨可以折磨我，但不能改造我，反而讓我認識什麼是共產黨。

在出賣我的姐姐面前我可以自豪地說：「姐姐，我沒有錯，是你錯了。」

我可以大聲對全國同胞說：「我沒有罪，有罪的是共產黨。」

有人會問，全國千百萬的勞改犯，在共產黨多年的「劫持」下，難道不會產生「斯德哥爾摩症候群」的效應嗎？爲什麼不能由仇共變成親共？我說絕不會，道理很簡單：

其一，所有囚犯都看不到自已前途：雖然共產黨也承諾過接受改造，「前途光明」，但勞改犯們都知道，那怕有命離開監獄，餘生便是留場就業，繼續變相勞改，那怕有朝一日放回到社會中去，仍要終生背負勞改釋放犯的歷史包袱，永世不得翻身。那怕摘掉帽子又怎麼樣？只不過是由小監獄進到大監獄而已。

其二：共產黨的幹部是帶著「階級仇恨」來管治他們的「階級敵人」的。他們把犯人的一切不規範言行都視作敵我的階級矛盾來對待，又以奴役的手段搾取犯人的剩餘價值，被奴役者無法從刼持者那裡得到保護，兩個階級之間的矛盾就永遠無法取得調和。

其三：共產黨對犯人所強加的教條理論以及所謂形勢教育，被犯人的切身感受所完全駁倒。犯人簡單一句話：「形勢大好，就是吃不飽」，就能把一切謊言粉碎。犯人有了「思想再好，我還是坐牢」的認定，你講什麼馬、恩、列、斯，毛都沒有用。

共產黨不斷強化它的專政手段，已經證明了所謂沒有階級沒有國家機器的大同世界就連他們自已都不曾相信過。犯人不會把共產黨作爲依靠，不會把幹部視爲朋友，不會對共產黨有任何好感，不會把共產黨的勝利視爲自己的勝利，不會把共產黨的話視作承諾。沒有信任又何來「斯德哥爾摩症候群」的基礎。

現實是現實的

我由澳門回到我出生的地方—香港蘇杭街九十九號三樓。可幸的是我還能趕得上在這幢四層高的老房子住了幾個月才被拆卸。

所謂「睹物生情」，當年沖涼、小便、煮食多用途的廚房只多了一部洗衣機；從小學到中學都趴在那裡做功課的「石屎樓梯」仍是光線不足；日本投降那些日子曾經掛過青天白日滿地紅旗的露臺，仍然可以望到太平山，還有兒時玩過冒險遊戲和放紙鳶的天臺，那邊角落的厠所還在，裡面的糞桶同幾十年前是一樣的，半夜裡還有一位「夜香婆」上去「倒塔」。（倒塔：清理糞便）我彷彿回到了昔日的童年。景物依舊，只欠媽的慈顏和爸的微笑。

話說回來，我馬上就要面對現實了。我回家所遇到的第一個場景，卻是倫理電影上從來沒有出現過的。

頭一天返抵家門，我正拿起茶杯想倒杯茶，便聽到背後的五哥的聲音：

「番到嚟香港，添日就要自己出去搵野做啦。」（回到香港，明天就要去找工作了）

我坐下端著茶杯想，脫離社會幾十年了，又無一技之長，我能幹什麼呢？我還沒來得及把話說出來，大哥就接著說：

「呢度俾你一百蚊，用嚟搭車搵工嘅（給你一百塊用來坐車去找工作的）。你唔怕辛苦，可以做地盤，地盤錢多；如果唔怕時間長，可以做酒樓，酒樓包食仲有宿舍。」

我的第一份工是在中環永安大廈地下的快餐店 Burger King，時薪四元。在店後面負責切菜和打掃清潔，還包括送外賣上附近的寫字樓。由於想多賺一點，第二份工便轉到灣仔一間通宵食肆，上班時間是晚六朝八，一天十四個鐘頭，沒有禮拜，包薪一千八；第三份工是酒樓雜工，負責倒痰盂，抹地洗廁所；之後轉到廚房，由「細路」、「大細路」做起，做到「水枱」、「上雜」、「打荷」、「幫廚」、「鑊尾」。（以上是粵式酒樓廚房由低至高的職稱，「細路」是雜工，到「鑊尾」便開始可以煮菜了）這期間我同一位失婚婦和她的孩子們一起生活，算是有個家了。

我在工餘時間去學開車，居然還給我考到個駕駛執照，給我多一條活路。我參加粵菜的廚藝班，滿以為學成之後，憑廚藝證書和廚房經驗可以移民加拿大同十一妹他們團敘。沒想到幾番申請才得到兩年的工作簽証，雖說兩年後可以申請居留，不過，掉下一個女的帶兩個年幼孩子，我實在不放心，最後只好放棄。

後來由於所在的酒樓結業，於是跑到地盤裡去開廿四噸的泥頭車。因爲在地盤範圍內開車是不需駕駛執照的，夠膽就行，行家管這個叫「開無牌龍」，爲了吃飯養家，膽自然就大。甚至夠膽幫「炮王」裝炸藥開山爆石，因爲可以多賺點外快。炸平了鑽石山之後我又失業了。還是爲了養家，便硬著頭皮拿著個「雪藏牌」（從未使用過的架駛執照）去開專線小巴。從沒在馬路上開過車的我，載著十幾個乘客一步一驚心地滿街跑。不少乘客還說：

「這個司機開車真夠小心。」他們當然不知道我連一點路面駕駛經驗都沒有。尚幸沒出過什麼事故。

開了一兩年，有了駕駛經驗之後，我便自立門戶去租部紅色小巴在江湖行走。開紅巴無疑辛苦加倍，但可以憑多勞多得來解決一家幾口的住房問題，不再四個人擠在一間四五十呎的板間房裡，還不會因爲孩子「百厭」而兩次被「包租婆」趕走。我每天幹十二三個小時，多年來都是從年初一幹到年卅晚，全年不曾休息過一天。辛苦是辛苦，但我從不埋怨，也不叫苦。因爲我再也不是爲了「立功贖罪」，更不是爲了「改造自己」。我不是在「建設祖國」，也不是在「爲人民服務」，我純是爲了讓我和我老婆還有我的孩子們能活得好一些；爲了孩子能上學、能有午飯錢、能學音樂、能交補習費、能有自已擺書桌的地方、能繳水電費、甚至夏天還能裝部冷氣機讓孩子們能睡好覺。我付出的一切都是爲了我和我的家人，這點辛苦也太值得了。雖說是自私的，但卻是實在的，這才不是矇人的漂亮話。

我童年的日子並不富裕，現在也不富裕，但很滿足也很幸福。從來不知道怨天尤人，從不因爲沒去過荔園遊樂場就怨天怨地，沒去過安樂園吃雪糕就哭哭啼啼，也從不因爲沒有午飯吃就幹爹罵娘。也許，正因爲這些童年經歷，讓我能夠咬著牙熬過那二十三年的苦難日子。我學會了在逆境中求生存；學會了「打掉門牙和血吞」。如今，社會上生活水準比我兒時不知好上多少倍，每當看到有人埋怨生活不及他人，埋怨社會沒有滿足他的需要，埋怨孩子沒有去遊學，埋怨孩子沒有學鋼琴、埋怨孩子不能到麥當勞開生日會，還有埋怨住「板間房」有多委曲，每次我聽到就會發笑。

如果有人問我，爲什麼不回臺灣，說不定還有個一官半職，至少會有個補償，

一點不錯，我回去過，我回去過「政大」。現在的「政大」已經不是當年在爛攤子上的「政大」，而是門衛深嚴，牆高房子大了。門前的警衛連門檻都不讓我跨進一步。我打過電話去，說明我是早年的校友，只想回母校參觀一次。他們給我的答覆，竟然是要我正式寫封申請預約的信，還要我提供當年的在學証明，以及現在的工作職銜，以便校方準備相應的接待安排云云。

算了吧，他還以爲我今天是在「行政院」當部長呢。如果我告訴他我的職銜是小巴車長，說不定他會找個司機來帶我去參觀「政大」的停車間呢。

我也去找過「情報局」，他們認爲我實際上是沒有正式工作過，難怪在我被關押二十多年中，國民黨政府一直不聞不問，遑論拯救了，如今，我回來了，他們只答應可以發放有限的慰問金。如果我願意現在復職，過去中斷了的資歷可以延續，待遇說不定可以追溯。

我毅然拒絕了。我當年投筆從戎加入中華民國情報系統，是因爲我要服務的是以「反共抗俄」爲宗旨，以「反攻大陸」，拯救大陸同胞爲國策的中華民國。如今，請問問國民黨上上下下每一位官員，有誰還知道「反共抗俄」是怎麼回事。「反攻大陸」的國策還在不在，如果不在，請告訴我是什麼時候正式宣佈取消的。不錯，時移勢易了，這些口號在今天也許不合時宜了，縱使你忘記了是你們讓四萬萬五千萬同胞陷於魔掌，但至少你也該記得你是怎樣失去這片九百五十萬平方公里的

國土而偷生在這個孤島臺灣吧。今天的國民黨滿足偏安於小島。「帝女不知亡國恨，隔江猶唱後庭花」，共產黨不打過來便阿彌陀佛了。如今尚幸蒙中共恩賜一紙「臺胞證」，得以以客人身份踏上本來屬於自己的土地，既可以喝茅台嫖娼妓，又可以開工廠發洋財。每當看到國民黨大佬向他們以前稱作「匪」的共黨高官哈腰請安，並顯出沾沾自喜的醜態，我就感到噁心想吐。既然「卑躬」已經做到了，離「屈膝」還會遠嗎?弑君竊國的國仇家恨，早在「一笑泯恩仇」的勸酒聲中煙消雲散了。一旦乞得昔日仇讎施捨點殘羹剩飯，便又拜又跪，謝主隆恩諸事大吉矣。

臺灣的一山一水一草一木我都熟識都還在愛，唯獨今天這個國民黨還有這個中華民國我反而太陌生了。如果我要留在臺灣或者再被派往大陸，我都不知道我是爲誰效忠，爲何賣命。我寧願回來香港這個還有些許自由的地方安身立命。爲我的家，爲我自己，再苦再累也心安理得。

今天，我終於有了自己的房子，雖然是老得掉牙的舊房子，好在再也沒有「包租婆」。直到我體弱氣衰，車主說：

「你六十九了，無保險了。出咗事要自己執生。」（執生：發生意外自己負責）

老婆說：「你辛苦夠了。唔好再辛苦咯（不要再辛苦了）。」孩子們有了安定工作，也成家了。我想，也該歇歇了。

第二十四章 心裡的話

坊間記述文革和勞改的書籍雖然不少，但記述我所經歷過的幾乎沒有，而且都帶著批判行文的，我想應該有一本客觀一點，能記錄支流故事的書。於是，我開始想把這幾十年鮮爲人知的親身經歷記下來，以免它永久湮沒，不過由於我的惰性，所以一直沒有成事。

今天，許多人都向著崛起的強國，既得利益者努力爲共產黨護短，努力爲這個政權塗脂抹粉，他們不惜篡改歷史來文過飾非，致令很多人不知道這個強國本質的醜惡，更不會知道他今天的卑劣手段不過是老調重彈。其實，這些重新包裝過的舊貨色，我們每天每時都能看得到。

時間不多了，油快盡燈也快枯了，把我一生寫下來作爲自己的回顧也好，讓別人作爲消閒的話資也好，寫下了這十幾萬字，總算圓了我多年的心願。至於該如何去認識共產黨，是應該由讀書的人自己去完成的。

德令哈農場，甘都監獄，今天還在不在我不知道。故事是過去的故事，只要共產黨還存在，這些故事仍會繼續上演，「萬變不離其宗」，只是用更巧妙的包裝，使得它更冠冕堂皇，更能迷惑人而已。

寄語臺灣朋友：
香港是臺灣 前車之鑑
臺灣要爭氣
臺灣不能亡

上面所寫的，如果還能有什麼意義的話，也許就是：

「看他的過去就可以知道他的現在，看他的過去和現在就可以知道他的將來。」

毛澤東（1945）

國家圖書館出版品預行編目資料

共產黨監獄裡：一個死囚的故事 / 鍾耀南著. -- 初版. --
臺北市：博客思, 2014.8
ISBN 978-986-6589-75-1(平裝)

1.鍾耀南 2.傳記

782.887　　103001127

傷痕文學大系 7

共產黨監獄裡 -- 一個死囚的故事

作　　者：鍾耀南
美　　編：諶家玲
封面設計：諶家玲
執行編輯：張加君
出 版 者：博客思出版事業網
發　　行：博客思出版事業網
地　　址：台北市中正區重慶南路1段121號8樓14
電　　話：(02)2331-1675或(02)2331-1691
傳　　真：(02)2382-6225
E—MAIL：books5w@gmail.com
網路書店：http://bookstv.com.tw/
http://store.pchome.com.tw/yesbooks/
博客來網路書店、博客思網路書店、華文網路書店、三民書局
總 經 銷：成信文化事業股份有限公司
劃撥戶名：蘭臺出版社 帳號：18995335
香港代理：香港聯合零售有限公司
地　　址：香港新界大蒲汀麗路36號中華商務印刷大樓
C&C Building, 36,Ting, Lai, Road, Tai,Po, New,Territories
電　　話：(852)2150-2100　傳真：(852)2356-0735
出版日期：2014年8月 初版
定　　價：新臺幣 350 元整（平裝）
ISBN：978-986-6589-75-1